本书受国家自然科学基金–广东联合基金重点项目（U1901233）和华南理工大学中央高校基本科研业务费项目（HGWK201902）资助

人民币汇率波动下
金融市场的联动研究

钟永红　著

U0750905

中国金融出版社

责任编辑：吕　楠
责任校对：孙　蕊
责任印制：陈晓川

图书在版编目（CIP）数据

人民币汇率波动下金融市场的联动研究／钟永红著 . —北京：中国金融出版社，2022. 10
　ISBN 978-7-5220-1771-6

　Ⅰ. ①人… 　Ⅱ. ①钟… 　Ⅲ. ①人民币汇率—汇率波动—关系—金融市场—研究 　Ⅳ. ①F832. 63②F830. 9

中国版本图书馆 CIP 数据核字（2022）第 195961 号

人民币汇率波动下金融市场的联动研究
RENMINBI HUILÜ BODONG XIA JINRONG SHICHANG DE LIANDONG YANJIU

出版
发行　　**中国金融出版社**

社址　北京市丰台区益泽路 2 号
市场开发部　　（010）66024766，63805472，63439533（传真）
网 上 书 店　www. cfph. cn
　　　　　　　（010）66024766，63372837（传真）
读者服务部　（010）66070833，62568380
邮编　　100071
经销　新华书店
印刷　北京九州迅驰传媒文化有限公司
尺寸　169 毫米×239 毫米
印张　12. 25
字数　200 千
版次　2022 年 10 月第 1 版
印次　2022 年 10 月第 1 次印刷
定价　89. 00 元
ISBN 978-7-5220-1771-6
如出现印装错误本社负责调换　联系电话(010)63263947

前　言

　　人民币汇率形成机制的市场化改革，经历了一个比较长的过程。虽然早期的改革力度相对较小，但总体来说与我国经济体制改革的阶段特征是相适应的。2009 年中国人民银行推动人民币国际化进程以来，人民币汇率浮动幅度的扩大及人民币汇率中间价定价机制的完善，都增强了人民币汇率的浮动弹性。2015 年"8·11 汇改"后，人民币汇率双向波动特征有所增强。随着人民币汇率弹性的上升，企业和金融机构等微观经济主体开始主动适应汇率浮动，汇率在优化资金配置效率，构建国内国际双循环经济发展格局，增强金融服务实体经济等方面的影响日益重要。离岸市场是货币国际化的重要平台，主要国际货币的外汇交易基本都发生在离岸市场。货币国际化往往伴随着资本项目自由化，在人民币还未能完全自由兑换和资本项目还有限制的情况下，人民币在岸市场和离岸市场是有分隔的，但随着香港离岸人民币市场规模的扩大，由于其定价市场化程度很高，香港离岸人民币市场上汇率和利率已经对在岸价格产生影响。香港离岸人民币市场与内地在岸人民币市场主要依靠贸易项目、直接投资和金融市场三条桥梁来联系。近年来资本市场互联互通机制相继落地，离岸人民币进入中国内地资本市场的限制也逐步放宽。沪深港股通全年成交额由 2014 年的不到 2000 亿元人民币增加至 2021 年的 27.6 万亿元人民币；截至 2021 年 9月，债券北向通 4 年多来累计成交额 12.3 万亿元人民币，2021 年 9 月债券南向通也开通了。从股票市场和债券市场互联互通机制的成交规模和开通时间来比较，股票市场的影响要显著大于债券市场，因而本书中的资本市场主要考虑股票市场。

　　基于上述分析与认识，本书关于金融市场联动的研究主要包括以下几个方面。

　　（1）本书应用广义自回归条件异方差模型（GARCH 模型）对 2015 年"8·11 汇改"后人民币在岸与离岸市场汇差变化的影响因素进行探究，发现人民币在岸与离岸汇差与两地货币市场的利差和国际市场波动负相关，与人民币未来预期、风险溢价和国内国际市场利差正相关，而两地人民币兑美元汇差的波动受外汇政策改革和国际金融环境的影响更大。本书还应用马尔可夫区制转换向量自回归模型（MS-VAR模型）描述了人民币在岸与离岸市场汇差变化的区制特征和在不同波动状态下各影响因素的具体作用效果，发现人民币在岸与离岸汇差整体呈现低波动状态，高波动状态主要集中出现于"8·11汇改"后，且大多属于短期内的巨幅波动。脉冲响应表明人民币两地汇差越活跃，各影响因素的冲击效用越明显。

（2）人民币在岸和香港离岸市场的"复汇率"和"复利率"现象导致大量套汇和套利资金游走于两个市场之间，加剧了两个市场人民币汇率和利率的波动。央行不时对离岸市场流动性的干预，也导致了人民币离岸与在岸市场的联动关系变得更加错综复杂。本书先对比分析香港和内地人民币外汇市场和货币市场的发展，然后对两地市场的联通渠道、套利机制进行阐述，再基于2012年4月30日至2019年1月11日人民币在岸和离岸市场汇率、利率的数据，构建静（动）态的波动溢出指数，分阶段研究境内外汇率、利率四者之间的波动溢出效应及其变化。波动溢出指数结果表明，随着人民币在岸即期汇率日间波动幅度扩大和2015年"8·11汇改"的推进，在岸汇率对离岸汇率的溢出效应逐步削弱，但逆周期因子启用后，离岸汇率对在岸汇率的波动溢出下降，在岸汇率对人民币汇率定价的影响力又重新上升。由于两地金融市场的资金无法自由流动，离岸与在岸市场利率波动溢出的"信息传递作用有限"，离岸市场人民币利率的"异常波动"主要受离岸汇率波动的影响。

（3）自2005年"7·21汇改"以来，人民币汇率市场化特征越来越明显，汇率双向波动日益常态化；2005年5月启动的股权分置改革对中国股票市场的持续健康发展也具有重要意义。这两项市场化的制度变革直接导致中国汇市与股市之间的关联更加紧密。本书使用2005年8月1日至2020年12月31日的数据，运用时变参数随机波动率向量自回归模型（TVP-VAR模型）中的等间隔脉冲响应函数和时点脉冲响应函数对人民币汇率波动向A股股价传导5个渠道的时变性影响进行检验。等间隔脉冲响应结果表明人民币汇率波动冲击对股价的影响主要出现在当月和滞后1个月，6个月之后的影响几乎为0，且不同时期的传导效应呈现显著的时变特征。我国货币政策调控手段从数量型向价格型的转轨，使利率渠道的影响超过货币供应量渠道，资本市场对外开放的扩大也推动了短期资本渠道的敏感性。时点脉冲响应结果表明2015年"8·11汇改"时短期国际资本流动渠道的影响最大，而2018年A股纳入明晟指数（MSCI指数）时心理预期渠道的影响最大。

（4）随着我国深化并扩大内地与香港金融市场的互联互通，香港成为国际投资者配置人民币资产、投资内地资本市场的主要跳板，这些改革都增强了香港与内地外汇市场与证券市场间的关联性和互动性。特别是 2015 年 "8·11 汇改" 后，两地股票市场、外汇市场多次同时出现剧烈波动，引起社会各界的广泛关注。本书应用结构向量自回归模型（SVAR 和 DCC-GRACH 模型）分别研究 4 个市场之间的均值溢出效应与波动溢出效应。2015 年 "8·11 汇改" 前内地和香港跨区域股汇两市短期内均值溢出效应很弱且不稳定，但 2015 年 "8·11 汇改" 后人民币离岸汇率变动会同时影响内地和香港股市的表现，并且在岸汇率对沪深 300 指数和恒生指数的冲击反应变弱，离岸汇率对沪深 300 指数和恒生指数的冲击反应变强。离岸汇率对股市的波动溢出效应大于在岸汇率对股市的波动溢出效应，说明汇率的市场化程度越高，股汇市场间的联动效应越强。沪深 300 指数与恒生指数的波动具有正向联动性，说明沪深港通作为国际资本进入内地、内地资本走向世界的双向渠道，有效提升了内地与香港股票市场的联动效应。

本书是集体智慧的结晶。钟永红与其指导的三位研究生一起参与了本书部分内容的撰稿，尚雅迪撰写了第五章、邓数红撰写了第四章部分内容和第六章、王雪婷撰写了第七章，其余章节和最后总纂定稿由钟永红负责。受作者学识所限，书中难免存在不足之处，敬请读者不吝批评指正。

中国金融出版社刘钊院长和吕楠编辑十分仔细地审阅了全稿并提出了许多宝贵意见，在此一并表示感谢！

目　录

第 1 章 绪 论

1.1 研究背景与问题提出

1.1.1 人民币在岸汇率实现了双向波动的常态化

外汇市场是可考证且现存最古老的金融市场，也是世界上单日交易量最大的国际金融市场。在开放经济条件下，汇率作为两种货币相互交换时换算的比率，是宏观经济中处于核心地位的经济变量。2005 年 7 月 21 日，中国人民银行正式宣布开始实行以市场供求为基础、参考一篮子货币调节、有管理的浮动汇率制度，人民币不再单一盯住美元，从而形成更富弹性的人民币汇率机制。2010 年 7 月 19 日，中国人民银行和香港金融管理局签署新修订的《关于人民币业务的清算协议》，人民币离岸市场（CNH 市场）的发展进入快车道，人民币在岸汇率形成机制的市场化改革加快。中国人民银行分别于 2012 年 4 月 16 日、2014 年 3 月 17 日将银行间即期外汇市场人民币兑美元交易价浮动幅度由 5‰上调至 1%和由 1%上调至 2%，人民币汇率波动幅度扩大，意味着汇率双向波动更加常态化，市场对人民币汇率的影响越来越突出。我国对人民币汇率实行有管理浮动，既包括银行间市场的汇率浮动区间管理，也包括银行对客户办理结售汇业务使用挂牌汇率的浮动区间管理，后者主要规定挂牌汇率买卖差价的浮动区间。随着人民币汇率市场化改革不断深化，我国对挂牌汇率的有管理浮动逐步放宽，2015 年 5 月中国人民银行发布《关于银行间外汇市场交易汇价和银行挂牌汇价管理有关事项的通知》，规定银行可基于市场需求和定价能力对客户自主挂牌人民币对各种货币汇价，现汇、现钞挂牌买卖价没有限制，根据市场供求自主定价。目前各家银行的挂牌汇率随行就市、一日多价。

2005 年 "7·21 汇改" 后，人民币经历了大约 10 年的升值周期，人民币兑美元汇率在 2014 年 1 月达到最高位，在此期间，市场对人民币汇率的预期呈现单边升值趋势。2015 年 "8·11 汇改" 后，人民币汇率走势告别单边贬值，汇率走势有升有贬，人民币汇率波动性明显提高，双向波动成为新特征。第一阶段是贬值阶段，从 2015 年 8 月 10 日至 2017 年 1 月 3 日，人民币兑美元即期汇率从 6.2097 贬至 6.9557，贬值幅度高达 10.7%；第二阶段是升值阶段，从 2017 年 1 月 4 日至 2018 年 3 月 30 日，升值幅度达 10.8%。第三阶段是新一轮贬值阶段，从 2018 年 4 月至 2018 年 11 月，即期汇率从 6.2803 贬至 11 月 2 日的 6.9771，贬值幅度达 11.09%。进入 2019 年，中美贸易摩擦成为牵引人民币汇率震荡的首要因素，全年人民币汇率呈现"涨—跌—涨"三个阶段，前 4 个月人民币汇率上涨 1.71%，5 月至 9 月初，人民币汇率回吐涨幅并再度下跌 6.16%，9 月至 12 月人民币汇率逐渐收复失地上涨 3.05%。总体来看，2019 年人民币兑美元汇率双向浮动特征更加明显，且年化波动率也高于 2018 年的平均水平。2020 年前 5 个月，受新冠肺炎疫情影响，国际外汇市场波动加大，人民币兑美元汇率震荡贬值，人民币兑美元中间价由 6.9614 贬至 7.1316，贬值幅度为 2.45%。6 月初起人民币兑美元汇率震荡升值，2021 年后，人民币兑美元汇率中间价和即期汇率双双突破 6.5。

到 2021 年 8 月 11 日，2015 年"8·11 汇改"实施已整 6 年。在此期间，人民币汇率市场化程度明显上升，直接体现就是人民币兑美元汇率的波动性与 6 年前相比明显加大。中央银行通过不断调整和完善中间价机制，强化跨境资金流动宏观审慎管理等，保持了人民币汇率在合理均衡水平上的基本稳定，在提升市场效率的同时，守住了不发生系统性金融风险的底线。

1.1.2 中国金融市场已经形成复杂的联动关系

传统金融市场理论研究一般假定金融市场是线性的，但实际上金融市场是非线性的。作为一个独立的动力系统，金融市场不同要素之间是相互关联与相互影响的，外汇市场也是如此。随着国际经济全球化与金融自由化趋势加快，各国外汇市场高度关联，各经济体的汇率无论在收益率还是波动性方面都紧密相关，并且汇率波动的关联表现出明显的非对称性特征，测度金融风险的二阶矩信息波动率指标也呈现出显著的非对称、波动集聚与溢出等效应。当一个市场受到风险冲击而发生价格变动时，其他市场也可能跟随发生变动，且投资者往往会根据价格变动去推测其他市场价格的变动，从而导致其他市场最终可能发生与该市场的同向变动，从而产生金融市场联动。随着全球金融自由化的不断扩大，以及金融市场间信息传播、资金流动和市场运作等方面的联系不断增强，不同金融市场间的收益率越来越具有协同变化性，表现为各市场间的联动。这种联动不仅存在于不同国家的不同金融市场间，也存在于同一国家的不同金融市场间。我国利率市场化改革的完成，汇率形成机制市场化改革的推进和金融市场的对外开放均有利于金融机构动态预测和形成资产价格，促成各个金融市场之间的价格传导和联动（李胜男、安然，2017）。

利率和汇率分别是一国法定货币的对内和对外价格，在开放的经济环境中，二者之间具有较强的联动关系，而这种联动关系也是维持一国经济内外部均衡的关键。在利率汇率联动过程中，利率会通过货币市场供求关系、金融市场投资收益率、国际资本流动、经济增长等方面间接影响汇率的变化；而汇率也会通过国内物价水平、短期资本流动等方面间接影响利率的变化。在利率管制和利率自由化条件下，利率汇率联动机制的作用过程是不一样的。在利率管制条件下，需要货币当局的及时干预才能维持货币市场、本币资产市场和外汇市场的稳定，进而保证宏观金融的稳定；而在利率自由化条件下，市场本身的传导机制就可以维持宏观金融的稳定，基本不需要货币当局的干预。因此我国在开展汇率市场化改革的同时，要及时推进利率市场化改革，并从内部和外部疏通利率汇率渠道，以形成利率汇率联动机制，充分发挥利率汇率变动带来的协同稳定效应。从1996 年 5 月银行间同业拆借自主确定利率开始，我国根据经济金融发展的实际需要，积极稳妥地推进利率市场化改革。截至 2015 年 10 月末，商业银行、农村合作金融机构存款利率浮动上限的放开，标志着我国利率市场化基本完成。利率市场化有利于金融机构动态预测和形成资产价格，也有利于形成各个金融市场之间的价格传导和联动。与此同时，人民币汇率形成机制市场化改革也在积极推进。从 1994 年初人民币官方汇率与外汇调剂市场汇率并轨，到 2015 年"8·11 汇改"完善人民币汇率中间价报价和 2015 年 12 月 CFETS（China Foreign Exchange Trade System）人民币汇率指数的正式推出，2015 年我国利率和汇率市场化进程都主动加速，表明中国货币政策两大调控工具的市场化机制加快建立。随着利率和汇率市场化改革基本到位，利率汇率的联动逐渐增强。

我国资本市场对内改革、对外开放的扩大和人民币汇率市场化定价形成机制的完善，为进一步促进中国资本市场与全球资本市场的一体化与风险共担创造了条件，股市与汇市的互动更为紧密，但也出现了新的问题，金融风险的跨境传导使无论是宏观还是微观的风险管理变得更加复杂。2020 年上半年受新冠肺炎疫情的影响，全球金融市场剧烈动荡。美国股指多次熔断，主要国家的股市、债市、汇市都大幅下挫，震荡幅度为历史罕见。2020 年 6 月以来，人民币汇率快速升值，同期国内股市也出现明显上涨。市场上再次出现"人民币升值有利于股市上涨"的观点，我们认为汇率和股价同为资产价格，汇率和股价之间的影响渠道较多，其中沪深港通联通机制下北向资金的流入有利于内地股市走强。

金融市场间的联动关系是整个金融体系有效性的表现，更加灵活的汇率制度需要能够承受汇率波动的金融体系。金融市场的风险管理失当会导致金融体系不能正常发挥功能，并对实体经济产生损害，严重的情况下，会阻碍改革开放进程的进一步推进。在资本账户开放和人民币汇率形成机制市场化改革的进程中，人民币离岸市场的发展能够提高人民币的国际信用度，为人民币未来成为国际储备货币打下基础，同时可以为在岸市场金融体制改革的深化提供经验和参考。因此，研究人民币离岸金融市场与在岸金融市场之间的联动关系具有重要的现实意义。

1.1.3 人民币市场的"复汇率"与"复利率"现象

随着中国经济外向型程度的提高和国际货币体系重塑的需要日益提升，我国重点通过培育香港离岸人民币市场这个门户来推动人民币国际化。自 2009 年起，中国人民银行致力于推动香港离岸人民币市场的发展，一方面，与香港金融管理局签订双边本币互换协议，使香港离岸人民币的资金池不断扩张，推动香港成为最大的跨境贸易和境外投资的人民币结算中心，并且不断探索跨境人民币贷款业务；另一方面，完善香港人民币回流机制，支持香港离岸人民币债券发行。2011 年 6 月 27 日，香港财资市场公会推出人民币兑美元（香港）即期汇率定盘价（CNH），标志着离岸人民币汇率正式形成。随着香港 CNH 规模迅速壮大，香港现已成为全球最主要的离岸人民币中心，香港的人民币即期汇率 CNH 已成为离岸人民币市场的首要参考汇率，香港人民币同业拆借利率 CNH Hibor 已成为香港银行间市场人民币流动性及香港离岸基准利率的重要指标。

香港离岸人民币与内地在岸人民币两个市场在监管环境、货币政策、市场参与者和市场预期存在较大差异，导致人民币汇率及利率在离岸和在岸两个市场存在明显差异，出现了"复汇率"和"复利率"现象（见图1-1）。离岸与在岸市场汇差和利差促使套汇和套利资金在两个市场之间游走，加剧了人民币汇率和利率的波动，人民币离岸与在岸市场汇率和利率的联动关系变得愈加错综复杂。

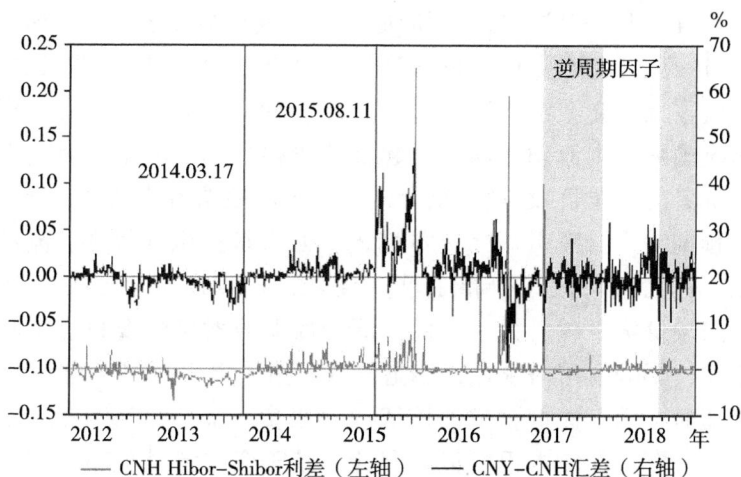

图 1-1 CNH Hibor-Shibor 利差与 CNY-CNH 汇差

（资料来源：Wind 数据库）

2015 年前，人民币处于升值周期，汇差和利差推动了境内人民币以跨境贸易或投资结算的形式向离岸市场转移，并最终表现为人民币国际化在 2010 年至 2015 年的进展加快（张明、王喆，2021）。

1.1.4 中国外汇市场与资本市场的联动

2005 年"7·21 汇改"以来，沪深 300 指数与人民币汇率之间的相关关系开始显现。特别是当汇率变动幅度较大时，汇率和股价的相关关系略有增强（见图 1-2）。

图 1-2 沪深 300 指数与美元兑人民币即期汇率的走势

（资料来源：Wind 数据库）

2014 年 11 月以来沪港通、深港通和债券通相继开通，中国内地与中国香港资本市场之间实现了互联互通，在两地资本市场互联互通的情况下，国际资本流动会在汇率和股票价格之间建立连接。一方面，汇率变动预期会影响国际资本流动方向，引起股票价格变动。如果国际资本流动引发国内投资者的"羊群效应"，则会进一步加剧股票价格变动。当一国货币存在升值预期时，会吸引国际资本流入，尤其是投机性较强、流动频繁的短期资本，进而带动股票价格上涨。反之，贬值预期会促使国际资本流出，带动股票价格下跌。另一方面，国内股票收益率情况也会影响国际资本流动方向，影响本币需求进而引起汇率变化。当外国投资者对一国股票市场更乐观时，国际资本会增加该国股票投资，促使本币升值。反之，则会减少股票投资，促使本币贬值。因此，基于资本流动渠道，汇率和股票价格之间应该呈负相关关系。2020 年 6 月以来，人民币汇率快速升值，同期国内股市也出现明显上涨。市场上再次出现"人民币升值有利于股市上涨"的观点，持这一观点的理论逻辑是"人民币升值→提升人民币计价资产对外资的吸引力→刺激外资流入→推动股市上涨→人民币进一步升值……"（管涛、刘立品，2020）。

1.2　国内外研究现状

1.2.1　人民币在岸与离岸外汇市场的汇差研究

国内外对于人民币在岸与离岸市场汇差及其形成原因主要从三个方面进行研究，具体如下。

一是从市场基本条件进行研究。香港金融管理局的报告（2012）指出人民币在岸和离岸汇率之间的差异是信息不对称和两个市场的分割造成的。由于人民币离岸与在岸市场一体化程度较弱，人民币在岸与离岸市场汇率价差与两个市场之间的利率价差有密切联系（吴丽华等，2018；贾彦乐等，2016；Craig 等，2013）。Murase（2010）、郭敏和贾均怡（2016）通过引入"托宾税"的概念，论证了资本管制对人民币在岸与离岸汇差之间的影响。项怀诚（2012）、徐文舸（2015）认为香港离岸市场和人民币在岸市场在市场体系、交易基础、管控力度等方面存在的差异性会导致两个市场之间出现汇率差值。贺力平、马伟（2019）通过对比美元、欧元、日元、英镑及人民币的在岸存量与离岸存量情况，提出人民币在岸与离岸汇差的产生与两个市场发展规模差异性存在联系。Ren、Chen 和 Liu（2018）借助实证分析，提出人民币在岸市场与离岸市场之间的汇率差异和波动性会随人民币跨境流通渠道的拓展而减小。严兵等（2017）、Funke 等（2015）通过运用 GARCH 模型结合市场基本面要素，进一步探究了在岸与离岸汇差与市场经济条件和资本流动性之间的关系。

二是从国际环境变化角度进行研究。美元走势对在岸和离岸人民币汇率差值具有显著影响（Li 等，2020）。Ning 和 Zhang（2018）的研究表明，短期国际资本流动易造成人民币汇率产生波动，同时跨境资本进出将会伴随大量套利行为，最终对两地汇差产生影响。吴丽华等（2018）通过 VAR 模型发现人民币在岸与离岸汇率价差与离岸市场人民币存量及全球投资者风险偏好有密切联系。朱孟楠、张雪鹿（2015）采用修正了的汇率决定微观模型研究发现，人民币在岸与离岸汇差具有自动收敛机制，且与投资者风险偏好的差异息息相关。白晓燕、王书颖（2018）用 TAR 模型提出人民币两地汇差存在门槛效应，且长期内受全球风险偏好及汇率预期的影响。邢雅菲（2017）采用 DCC-GARCH 模型和 VEC 模型揭示了国际金融市场波动对人民币在岸与离岸汇差的产生也具有一定的解释力。

三是从相关外汇制度改革角度进行研究。Liang 等（2019）研究发现，人民币汇率改革在长期可以缩减人民币在岸市场与离岸市场汇率价差，在短期则会产生扩大效应。还有学者采用 MS-VAR 模型探究人民币在岸与离岸汇差的区制特征，指出资本项目管制是形成人民币在岸与离岸汇差的重要原因（王芳等，2015；郭敏、贾君怡，2016；石建勋、孙亮，2017；王涛等，2018）。Li、Lu 和 Qu（2019）通过 MF-DMA 模型和 MF-X-DMA 模型，发现 2015 年的"8·11 汇改"一方面能够提升货币政策在人民币离岸市场上的有效性，另一方面会削弱两地市场之间的相关性并对两地汇差产生影响。Wan、Yan 和 Zeng（2020）发现"8·11 汇改"后，随着人民币中间价定价机制的不断完善，有管理的浮动汇率制度有助于推进人民币在岸与离岸市场一体化进程，使两岸市场信息流的传递更加畅通。

1.2.2　人民币在岸与离岸外汇市场的联动研究

自从香港离岸人民币市场建立后，离岸市场人民币交易规模扩大、影响力增强，人民币离岸汇率和在岸汇率之间的互动性逐渐增强（Prasad 和 Ye，2012；Maziad 和 Kang，2012；马正兵，2015；盛宝莲、庆楠，2015；Cheung 等，2018；Qin，2019；Sun 等，2019）。一些学者基于不同的研究方法得到 2015 年"8·11 汇改"前在岸市场掌握了人民币汇率定价权的结论。伍戈、裴诚（2012）运用条件均值和 GARCH 模型发现，在岸汇率对离岸汇率具有引导作用，在岸市场在人民币汇率定价上具备主动性。赵胜民等（2013）采用有向无环图方法及递归预测方差分解技术发现，无论是在岸人民币（CNY）即期汇率定价权还是 CNY 远期汇率定价权均掌握在境内。刘增彬（2013）基于 MGARCH-BEKK 模型分析了 CNY 即期汇率、CNH 即期汇率、CNH 远期汇率及无本金交割远期汇率（Non-deliverable Forwards，NDF）四者之间信息传递的方向，发现人民币汇率定价的主动权仍然在 CNY 即期市场。Sun 等（2019）研究发现人民币在岸市场与离岸市场汇率之间存在较强的交互相关性，且即期市场的交互相关性比远期市场更显著。Qin（2019）指出人民币在岸市场与离岸市场之间存在非对称双边因果效应。

随着人民币汇率定价机制市场化改革的推进，一些学者认为 2015 年"8·11 汇改"后在岸市场影响力减弱而离岸市场影响力增强，人民币的定价权逐渐向离岸市场转移（李政等，2017；Cheung 等，2018；王盼盼等，2018；刘静一，2019；钱燕等，2019；谭小芬等，2019；Wan 等，2020）。叶亚飞、石建勋（2016）采用 DCC-GARCH 模型验证了 CNY、CNH 和 NDF 三个市场间的人民币兑美元汇率波动相互影响。李政等（2017）参考 diebold 创立滚动协整溢出指数，验证了人民币外汇市场在境内外联系具有较强的时变性。2016 年 3 月以来，人民币即期定价权逐步转移至境外市场；对远期市场而言，总体上是由 CNH 市场掌握，但在中央银行加强干预外汇市场的时期，CNY 市场仍掌握着远期定价权。Cheung、Hui 和 Tsang（2018）发现随着人民币市场化程度的不断加深，人民币离岸市场汇率的波动在短期内将会影响在岸人民币中间价的稳定。王盼盼等（2018）采用门槛误差回归模型，实证分析"8·11 汇改"前后 CNY 与 CNH 汇率联动关系的变化特点，以及中央银行政策对二者关系产生的影响变化，CNH 汇率引导 CNY 汇率大幅贬值。此外，也有学者专门以扩大波动幅度为分界点进行联动关系的研究，发现在扩大波动幅度后，CNH 汇率与 CNY 汇率的联动关系有所加强，更有利于信息传递（徐苏江，2015；David 等，2015 等）。虽然研究方法不同，研究结论有别，但几乎所有学者都认同境外因素已越来越多地影响人民币即期市场，人民币 NDF 市场向国内人民币即期市场的信息传导机制使人民币 NDF 汇率将起到价格发现的作用，人民币在岸市场与离岸市场的联系更加密切，独立经济政策的实现将会变得更加困难。

针对人民币在岸市场与离岸市场之间的溢出效应，国内外学者均进行了研究分析。吴志明、陈星（2013）、Leung 和 Fu（2014）认为人民币在岸市场汇率对离岸市场汇率存在波动溢出效应。陈文慧（2015）发现 CNY、CNH 和 NDF 的动态关系中，NDF 市场溢出效应最高，CNY 市场次之，CNH 市场最弱，价格发现的主导权在 NDF 市场。刘静一（2019）则认为离岸人民币对在岸人民币的极端风险溢出效应更加显著。

1.2.3 人民币外汇市场与股票市场的联动研究

20 世纪 90 年代以来，新兴市场国家爆发了一系列以外汇市场与股票市场相继崩溃为主要特征的金融危机，使汇市与股市之间的互动关系成为国内外学者关注的重要问题。国外对汇率与股价关系的研究开始较早，研究成果也很丰富。迄今为止发展最为成熟的两个理论分别是流量导向模型（Dornbusch 和 Fischer，1980）与股票导向模型（Branson，1983；Frankel，1983）。2005 年 7 月 21 日人民币汇率形成机制改革之后，股价与汇率关系开始回归市场化关联。陈雁云、赵惟（2006）就人民币升值对股票市场的影响进行了定性分析。吕江林等（2007）研究了人民币升值对我国不同种类股票收益率及波动率的短期影响，并得出了股市正在趋向规范化的结论。一些学者常用建立 VAR 模型或 VECM 模型的方法对两个市场的相关性进行分析（方国豪，2016；程海星等，2016；于乃书等，2018 等），由于样本期的不同，得到的结论也各有差异。李泽广、高明生（2007）实证研究发现，我国股价和汇率之间存在稳定的协整关系和双向的因果关系。邓燊、杨朝军（2007）研究结果发现，股价和汇率之间虽存在协整关系，但只存在由汇率到股价的单向因果关系，郭彦峰等（2008）所得结论也与此一致。巴曙松、严敏（2009）没有发现股价与汇率之间存在长期均衡关系。方国豪（2016）研究发现 2009 年 11 月 1 日至 2016 年 3 月 15 日，建立 VAR 模型得到股汇两市场的波动无显著关联的结论。程海星等（2016）基于 2005 年 8 月 1 日至 2015 年 10 月 23 日的数据，应用 VAR 模型，发现汇率与股价存在微弱的负相关关系，汇率对股市的影响效果随时间推移上升。于乃书、于棚土（2018）基于 2005 年 8 月 1 日至 2016 年 12 月 30 日的日数据，应用 Johansen 协整检验和格兰杰因果检验方法发现长期内汇率和股价存在协整关系，而因果关系在长期和短期的表现不同：短期内汇率变化是股价的格兰杰原因，长期内则相反。

其他分析方法也被广泛应用于汇率与股价的关联研究。叶陈刚等（2016）基于 Alder-Dumas 拓展模型，根据各国货币的贸易权重计算出人民币贸易权重汇率，与 2006 年至 2012 年上证 A 股、深证 A 股价格指数共同构建回归模型，研究发现汇率与股价指数存在负相关关系，即人民币汇率贬值造成股票价格指数下降；沪深 A 股受汇率影响的程度因市值不同而相异。苏志伟、姚宗良（2016）引入 Morlet 小波时频相关性分析方法，实证分析 2011 年 1 月至 2016 年 3 月汇率与股价的短、中、长期关系得到结论：二者除短期内存在股价到汇率波动的正相关性外，中长期均无相关性。卜林等（2015）采用有向无环图（DAG）技术，实证检验了 2005 年 7 月至 2013 年 12 月短期国际资本流动、人民币汇率和资产价格之间的动态关系，得出汇率与股价无因果关系的结论。孙刚、李树文（2015）采用滚动相关分析法及 Toda-Yamamoto 因果关系检验，实证研究了 2008 年国际金融危机后至 2014 年 6 月人民币实际有效汇率与上证指数之间的关系，发现二者走势存在同期相关，且实际汇率周期滞后于上证指数周期约 3 个月，二者的因果关系仅存在于周期的波动上，二者走势并不存在因果关系。

关于外汇市场与股票市场之间的波动联动性，国内外学者大多采用GARCH 模型及其拓展模型检验二者的溢出关系。贾凯威（2015）将 2005 年 8 月至 2013 年 11 月作为样本区间，并以 2008 年全球金融危机为界分为危机前后两个子样本建立 VAR（1）-MGARCH（1,1）-BEKK 模型，全样本估计结果验证了"股票导向理论"，即存在股市对汇市的负外溢效应。子样本估计结果表明，金融危机前后外溢效应方向发生了改变，危机前溢出方向为汇市到股市，危机后为股市到汇市。熊正德等（2015）采用小波分析与多元 BEKK-GARCH（1,1）模型研究了 2005 年 7 月 22 日至 2012 年 6 月 30 日汇市与股市的波动溢出效应，发现其在短期和长期有不同的表现：短期（2 日内）仅存在股市对汇市的波动溢出，而长期（周甚至月）则表现为双向溢出，且汇市对股市的波动溢出效应更为强烈。史芳芳、任晓勋（2016）基于 VAR-GARCH-BEKK 扩展模型实证检验了 2014 年 3 月 18 日至 2016 年 1 月 15 日汇率与股价的溢出效应得到结论：存在汇率到股价的单向均值溢出及波动溢出。肖芝露、尹玉良（2018）建立三元 VAR-BEKK-GARCH 模型，综合考虑汇市、股市、债市三个金融子市场间的波动溢出效应，发现汇市与股市间有双向的波动溢出效应。

有些学者使用 Copula 模型研究汇率与股价的波动溢出效应。吴智昊（2015）选取 2006 年 1 月 1 日至 2013 年 12 月 31 日美元对人民币汇率与沪深 300 指数的日数据，应用变结构 Copula 模型，研究发现汇率与股价存在波动溢出效应，金融危机期间这种效应显著增强。Dong 和 Yoon（2017）选取 2005 年 7 月 22 日至 2015 年 11 月 30 日的样本数据，分别采用存在和不存在结构性突变的 DCC-GARCH 模型研究中国股票市场与外汇市场的时变相关性与条件波动持续性，研究发现中国股市和外汇市场之间存在负向溢出，该结论支持流量导向模型。张艾莲、靳雨佳（2018）用 Copula 函数和 CoVaR 方法相结合，研究 2005 年 7 月 22 日至 2017 年 8 月 1 日的汇率收益率和股票收益率数据，发现汇率与股价存在双向风险溢出效应；股市与汇市的上行风险和下行风险溢出效应并不相同，其中股市的上行风险溢出效应更显著，而汇市的下行风险溢出效应更显著。

1.2.4　研究评述

尽管有关人民币在岸市场与离岸市场差异的研究已相当丰富，学者也认同人民币在岸与离岸汇率之间存在差异且具有较强的波动性，但对 2015 年"8·11 汇改"后人民币离岸在岸市场汇差变化趋势和双向波动特征的研究文献较少。因此，本书从人民币在岸与离岸市场条件、国际金融环境及人民币外汇制度改革的角度，运用 GARCH 模型对造成人民币在岸与离岸汇差变化的影响因素进行分析；同时借助 MS-VAR 模型探究不同阶段人民币在岸与离岸汇差波动性的特征及其主导因素。

人民币在岸市场和离岸市场之间的"复汇率"和"复利率"现象导致套汇和套利资金游走于两个市场，不仅不利于人民币外汇市场的稳定，还加剧了两地人民币汇率和利率的波动。目前已有一些文献关注人民币离岸和在岸市场汇率、利率的联动，但将两个市场汇率、利率纳入统一分析框架的研究则较少，且联动关系也较少测算波动溢出的程度，关于在岸即期汇率中间价日内波幅扩大和逆周期因子引入等制度性变量对波动溢出关系和溢出强度效应比较的研究也很少。

浮动汇率制广泛推展，汇率过度波动开始成为股市脆弱性的一个重要来源。但是股价和汇率波动并不是直接关联的，它们之间通过其他金融变量和货币政策产生联动（Hashem 等，2015）。关于汇率与股票价格的联动性，国内外已有大量学者进行了研究。针对这个问题，既要分析二者之间是否能够相互影响，又要探究二者之间存在怎样的风险传导机制。国内学者的研究重点在于对关联性的验证，而关于风险如何传递的问题却少有人研究。2005 年"7·21 汇改"以来，人民币汇率双向波动特征日益常态化，人民币汇率与其他汇率的联动效应也随着人民币国际化水平的提升而显著增强。与此同时，香港与内地资本市场互联互通的措施相继推出，外资进出 A 股的便利性提高，近年来境外主体积极增配人民币资产。在此背景下，人民币汇率波动的风险是如何向股市传递的，不同传导渠道之间有何差异性？离岸人民币汇率波动是否会影响在岸股指的变化？人民币离岸汇率和在岸汇率哪个对股市的影响更大？这些问题的探讨对我国在金融对外开放进程中守住不发生系统性金融风险的底线具有重要意义。

1.3　研究思路和结构安排

本书主要研究人民币汇率形成机制市场化改革和人民币国际化进程中，香港离岸人民币金融市场与在岸人民币金融市场的联动关系。人民币汇率形成机制的市场化改革增强了汇率弹性，人民币汇率双向波动特征日趋明显。中国香港作为离岸人民币业务的开拓者，已发展成为全球最大的离岸人民币业务枢纽。在人民币资本账户开放还有限制的情况下，香港人民币离岸市场和内地人民币在岸市场只能有限联通，人民币在岸市场汇率与离岸市场汇率产生价差并持续存在。中国资本项目对外开放与人民币国际化是相辅相成的，香港在人民币国际化和资本项目可兑换的改革实践中积极发挥先行先试的作用。一系列香港与内地资本市场互联互通的措施相继推出，香港成为通往内地和国际市场双向门户的桥梁，也促进了香港与内地金融市场的联动效应。

第 1 章介绍了本书的研究背景并提出研究主题。阐述人民币汇率波动下香港人民币离岸市场与内地在岸金融市场联动研究的必要性；评述人民币离岸市场与在岸市场联动研究的现状和现有研究存在的不足，指出从人民币汇改视角和汇率波动特征来研究金融市场联动的前景与意义。

第 2 章回顾了人民币汇率形成机制市场化改革的内容、成效及人民币国际化的成果与挑战。人民币汇率形成机制的改革始终坚持市场化的方向，改革的渐进性选择与我国改革开放的总体进程相匹配。

第 3 章梳理了汇率决定理论的发展，并联系实际对人民币汇率波动的影响因素进行了综合分析，为解释人民币离岸市场和在岸市场汇差形成的原因及汇率波动提供了理论基础。

第 4 章介绍了人民币在岸和香港离岸的外汇、货币市场，分别从市场定位、市场规模、参与者、价格形成机制和监管机构 5 个方面对两地市场进行对比分析；对在岸离岸汇率和利率的联通渠道、套利机制进行了分析。

第 5 章对人民币在岸与离岸汇差的影响因素及区制特征进行了实证分

析。先应用广义自回归条件异方差模型（GARCH）检验国际市场波动、在岸与离岸市场利差、国内与国际市场利差、人民币未来预期、风险溢酬、国际金融环境及外汇制度等因素与人民币在岸与离岸汇差变动之间的相关关系；然后应用马尔可夫区制转换向量自回归模型（MS-VAR）对人民币在岸与离岸汇差波动的区制转移特征进行了分析。

第 6 章对 2015 年 "8·11 汇改" 后人民币离岸、在岸汇率和利率的联动关系进行了研究。针对人民币在岸与离岸市场的 "复汇率" 和 "复利率" 现象，从价格波动溢出视角，按人民币汇率形成机制的市场化改革进程，分阶段比较人民币离岸与在岸汇率、利率的价格联动关系，探究人民币汇率形成机制的市场化改革对人民币汇率保持合理均衡水平稳定的影响效果；基于 VAR 模型检验了不同阶段四者的价格引导和均值溢出效应，并运用波动溢出指数方法分阶段计算两两之间静态波动溢出指数，还计算动态波动溢出指数反映变量之间的时变特征。

第 7 章对 2005 年 "7·21 汇改" 以来人民币汇率波动对 A 股股价通过 5 个渠道传导的效应进行了比较。首先阐述了有关汇率波动与股价的经典理论，然后分别从利率、货币供给量、国际贸易、国际资本流动、心理预期 5 种途径探讨汇率与股价之间的传导机制，为实证研究奠定基础。先采用 IGARCH 模型测算汇率波动并对汇率波动进行划分，然后分别建立包含汇率波动、股价和传导中介的 TVP-VAR 模型，通过等间隔和特定时点脉冲响应图分析传导中介的时变作用，比较不同传导中介的作用强度和方向。

第 8 章对沪深港通开通下人民币汇市与股市的联动关系进行了研究。随着沪深港通的开通，香港和内地人民币汇率、股价的联动关系越来越显著。对沪港通开通以来内地与香港两地汇率市场与股票市场的联动关系、应用结构化向量自回归模型（SVAR）和 DCC-GARCH 模型分别研究了 4 个市场之间的均值溢出效应与动态相关关系。

第 9 章是研究展望。中国金融的改革开放为金融市场联动奠定了制度基础，尽管本书对中国香港与中国内地人民币外汇市场、货币市场和股票市场间复杂的联动机制和联动的时变特征进行了研究，也得到了非常有意义的研究结论，但需要指出的是，本书的研究工作仍然存在一定的局限性。中国外汇市场的改革仍在继续，资本项目的开放也将稳妥推进。历史的车轮滚滚向前，在新的国际国内政治经济环境下，未来人民币汇率波动和人民币国际化都会面临新的问题，中国在岸金融市场与人民币离岸金融市场的联动关系也将有新的特征。

第2章 人民币汇率市场化改革和人民币国际化

2.1 人民币汇率形成机制的市场化改革

2.1.1 改革开放初期的人民币汇率制度

汇率制度是一国货币当局对该国汇率水平的确定、汇率变动方式等问题所作的一系列安排或规定。汇率制度大体可分为固定汇率、有管理的浮动和自由浮动汇率制度，其中固定汇率和自由浮动汇率是汇率制度的两种极端形式，有管理的浮动汇率制度被认为是介于二者之间的中间道路。汇率制度的选择既受到经济、政治等因素的影响，也与一国开放程度、发展阶段等因素密切相关（谢伏瞻等，2018）。计划经济时期，人民币汇率在大一统的外贸和外汇体制下失去了经济调节功能，人民币汇率主要是我国外贸部门计价和结算的工具，人民币汇率制度也经历了单一盯住英镑、盯住一篮子货币再到单一盯住美元的演变。当时人民币兑美元官方汇率由 2.60 上调到 2.40，1979 年底进一步上调至 1.50。因此计划经济时期，我国没有真正意义上的外汇市场和汇率制度（王宇，2019）。

1978 年 12 月 18 日至 22 日，党的十一届三中全会召开，拉开中国改革开放的大幕。改革开放初期，作为从计划经济向市场经济的过渡，中国先后实行过两种形式的汇率双轨制度：一种是 1981 年至 1984 年官方汇率与内部结算汇率并行的双重汇率制度，另一种是 1985 年至 1993 年官方汇率与外汇调剂市场汇率并行的双重汇率制度。1981 年至 1984 年，官方人民币兑美元汇率为 1.5。同时，为调动外贸企业出口创汇的积极性，将贸易外汇内部结算价确定为 2.8。1985 年 1 月 1 日，中国宣布取消贸易外汇内部结算价，将官方外汇牌价统一到贸易外汇内部结算价的水平，实行单一汇率。此后，官方外汇牌价逐步上调，1985 年 10 月上调到 3.2，1986 年 7 月上调到 3.7，1989 年 11 月上调到 4.72，1990 年 12 月上调到 5.21，1991 年 11 月上调到 5.40。到 1993 年 12 月底，官方人民币兑美元汇率为 5.79 左右。外汇调剂市场建立于 1985 年 11 月，允许外资企业和深圳、珠海、厦门和汕头 4 个经济特区内的中国企业在外汇调剂中心根据双方商定的汇率买卖留成外汇。1988 年，官方允许保留外汇留成的内地企业到外汇调剂中心买卖外汇。外汇调剂中心的汇率始终高于官方汇率，且同样呈现贬值的趋势，从 1985 年的 5.2 左右贬到 1993 年底的 8.7 左右。在实行汇率双轨制的阶段中，内部结算汇率与外汇调剂市场汇率为我国外贸体制改革引入了最初的市场因素，为我国官方汇率提供了最初的市场参照。官方汇率与外汇调剂结算价格并存，这种汇率制度是从国家整体的开放程度考虑的，同时与整个市场机制改革的进程相适应（谢伏瞻等，2018）。"1994 年汇改"时，人民币兑美元官方汇率为 5.80，外汇调剂市场汇率为 8.72（见图 2-1）。

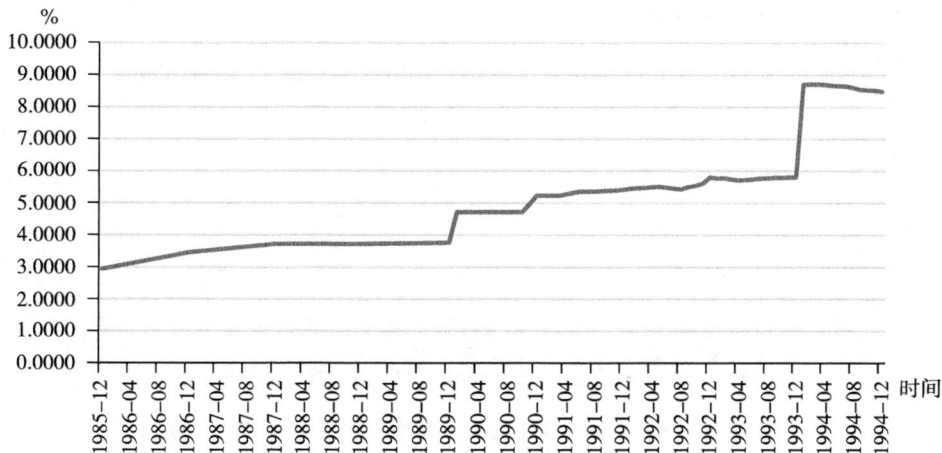

图 2-1　1985 年底至 1994 年底美元兑人民币平均汇率（月）走势

（资料来源：Wind 数据库）

2.1.2　人民币汇率形成机制的三次重大改革

汇率水平和汇率制度问题的核心是汇率形成机制。人民币汇率市场化改革的目标是要建立一个以市场供求为基础的、有管理的浮动汇率制度，维护人民币汇率在合理、均衡基础上的基本稳定。随着经济开放程度的不断扩大和市场体制机制改革的不断深入，汇率双轨制已经不能适应改革开放的需要。1993 年 11 月党的十四届三中全会提出"加快金融体制改革，改革外汇管理体制，建立以市场为基础的、有管理的浮动汇率制度和统一规范的外汇市场，逐步使人民币成为可兑换货币"。现行人民币汇率形成机制的基本框架形成于 1994 年，人民币汇率形成机制的基本框架是：企业、个人和金融机构参与银行柜台和银行间两个层次的外汇市场交易，由供求关系在国家规定的中间价波动幅度内决定市场汇率，国家对中间价的形成方式和市场汇率的波动幅度实施管理和调控。

1994 年人民币汇率市场化改革正式起步，此后人民币汇率改革一直沿着市场化道路、坚持渐进方式、朝着建立健全有管理的浮动汇率制度方向不断推进。人民币汇率形成机制经历了三次大的机制改革和八次小的调整，人民币汇率定价已经越来越市场化，基本实现了市场化目标（见图 2-2）。

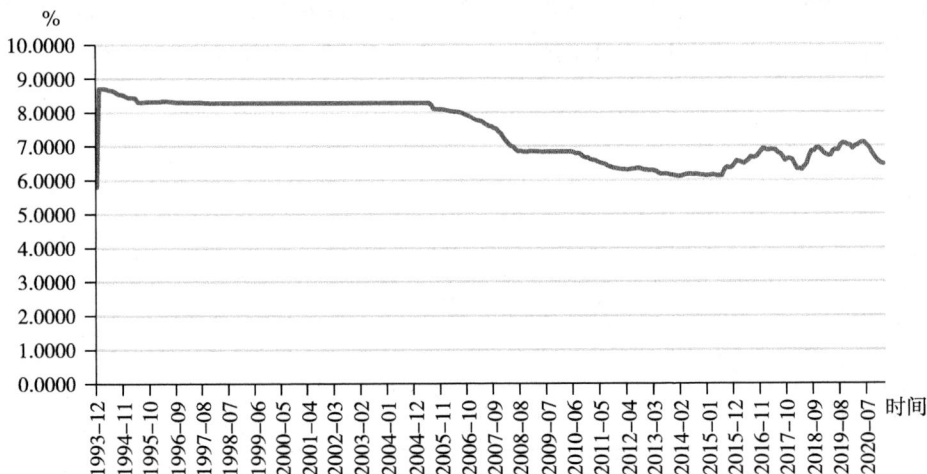

图 2-2　1993 年底以来美元兑人民币平均汇率（月）走势

（资料来源：Wind 数据库）

人民币汇率形成机制三次大的市场化改革如下。

第一次是 1994 年的汇改。1993 年 12 月 28 日，中国人民银行发布《关于进一步改革外汇管理体制的公告》（以下简称《公告》），根据《公告》的规定，从 1994 年 1 月 1 日起进一步改革我国的外汇管理体制，主要内容包括：一是取消官方汇率和外汇调剂市场汇率并存的双重汇率制度，实行人民币汇率并轨，并轨时人民币兑美元官方汇率由 5.80 下调至 8.72；并轨后的人民币汇率，实行以市场供求为基础的、单一的、有管理的浮动制。由中国人民银行根据前一日银行间外汇交易市场形成的价格，每日公布人民币对美元交易的中间价，并参照国际外汇市场变化，同时公布人民币对其他主要货币的汇率。二是建立全国统一的外汇市场，企业和个人按规定向银行买卖外汇，银行进入银行间外汇市场进行交易，形成市场汇率，建立全国统一规范的银行间外汇市场。三是取消外汇留成管理，实行结售汇制度，对办理结售汇业务的银行规定外汇周转头寸限额。四是建立了±0.3%的人民币汇率日浮动区间。

人民币汇率并轨时，人民币兑美元官方汇率由 5.80 下调至 8.72 的市场汇率，一夜之间将人民币贬值 33%。1994 年汇率并轨取得了超预期成功，当年就取得明显的效果，扭转上年进出口逆差的局面，实现进出口顺差 53.9 亿美元；吸引的外商直接投资规模扩大到 337 亿美元，同比上升22.5%。人民币兑美元汇率不仅没有像当时市场大多数人预期的继续贬值，反而稳中趋升，到 1997 年底，人民币汇率较 1994 年并轨之初累计升值5.1%，外汇储备较 1993 年底累计增长 5.6 倍（管涛，2019）。这些为中国成功应对 1998 年亚洲金融危机的冲击及 2001 年成功加入世界贸易组织提供了有力的支持。然而，1997 年亚洲金融危机爆发前后，周边国家货币大幅贬值，面对国际外汇市场的剧烈动荡，我国政府庄严承诺人民币不贬值，当时人民币兑美元汇率为 8.28，为保持汇率不贬值，进一步收紧人民币汇率的浮动区间，逐渐演变成事实上的"盯住美元"制度，这导致人民币市场化进程短期受挫。

第二次是 2005 年的"7·21 汇改"。2000 年至 2005 年，随着我国改革开放不断深化，经济快速增长，成为世界上经济增长最快的国家；同期经常账户顺差持续扩大，分别为 205.09 亿美元、174.05 亿美元、354.22 亿美元、430.52 亿美元、689.41 亿美元和 1323.78 亿美元；外汇储备规模也不断扩大，分别为 1655.7 亿美元、2121.6 亿美元、2864.1 亿美元、4032.5亿美元、6099.3 亿美元和 8188.7 亿美元。人民币面临较大的升值压力，且人民币兑美元汇率在浮动区间内持续升值，2005 年 7 月 21 日，我国进一步完善人民币汇率形成机制改革，将人民币兑美元官方汇率从 8.72 升值到8.28，实行以市场供求为基础、参考一篮子货币进行调节、有管理的浮动汇率制度。这一调整主要顺应外汇市场供求关系的变化方向，解决我国国际收支失衡和经常账户持续顺差的问题，推进我国经济结构调整和产业结构转型升级。如果将考察的周期拉长，眼光放远，1995 年至 2005 年单一盯住美元汇率制度是金融危机期间的应急之策，虽然使汇率改革进程持续的时间更长，但并没有从根本上改变人民币汇率市场化改革的大方向。事实上，2005 年的"7·21 汇改"以后，人民币双边和多边汇率同时出现了大幅升值，这均反映了外汇市场供求关系的影响，而不是参考一篮子货币进行调节的结果。2008 年新修订的《外汇管理条例》再次明确：人民币汇率实行以市场供求为基础的、有管理的浮动汇率制度。事实证明，在人民币升值压力下推出的 2005 年的 "7·21 汇改" 是比较成功的（管涛，2018）。

关于人民币汇率中间价的形成方式，2005 年 7 月 22 日至 2005 年末，中国人民银行于每个工作日闭市后公布当日银行间外汇市场美元等交易货币对人民币汇率的收盘价，作为下一个工作日该货币对人民币交易的中间价。2006 年 1 月 4 日起，中国人民银行授权中国外汇交易中心于每个工作日上午 9 时 15 分对外公布当日人民币兑美元、欧元、日元、港币和英镑汇率中间价，作为当日银行间即期外汇市场——含柜台交易市场（Over - the - Counter，OTC）方式和撮合方式，以及银行柜台交易汇率的中间价。人民币兑美元汇率中间价的形成方式是，中国外汇交易中心于每日银行间市场开盘前向所有银行间外汇市场做市商询价，并将全部做市商报价作为人民币兑美元汇率中间价的计算样本，去掉最高和最低报价后，将剩余做市商报价加权平均，得到当日人民币兑美元汇率中间价，权重由中国外汇交易中心根据报价方在银行间外汇市场的交易量及报价情况等指标综合确定。人民币兑欧元、日元、港币和英镑汇率中间价由中国外汇交易中心分别根据当日人民币兑美元汇率中间价与上午 9 时国际外汇市场欧元、日元、港币和英镑对美元汇率套算确定。

第三次是 2015 年的 "8·11 汇改"。2015 年 8 月 11 日，中央银行施行 "8·11 汇改"，对人民币中间价报价机制进行改革，强调基于前一日的参考收盘价决定第二天的中间价，意在放弃对人民币中间价的直接管理，让人民币汇率更多地由市场供求来决定。人民币兑美元汇率中间价一次性下调，3 天内人民币大幅贬值，创下历史纪录，之后第 4 天贬值戛然而止，随后中央银行宣布即日起将进一步完善人民币汇率中间价报价，要求做市商参考上一日银行间外汇市场收盘汇率，综合考虑外汇供求情况以及国际主要货币汇率变化向中国外汇交易中心提供中间价报价。2015 年 12 月 11 日，中国外汇交易中心发布人民币汇率指数，强调要加大参考一篮子货币的力度，以更好地保持人民币对一篮子货币汇率基本稳定。基于这一原则，目前已经初步形成了 "收盘汇率+一篮子货币汇率变化" 的人民币兑美元汇率中间价形成机制。中国人民银行在《2016 年第一季度中国货币政策执行报告》中解释："收盘汇率+一篮子货币汇率变化" 是指做市商在进行人民币兑美元汇率中间价报价时，需要考虑 "收盘汇率" 和 "一篮子货币汇率变化" 两个组成部分。其中，"收盘汇率" 是指上一日 16 时 30 分银行间外汇市场的人民币兑美元收盘汇率，主要反映外汇市场供求状况。"一篮子货币汇率变化"是指为保持人民币对一篮子货币汇率基本稳定所要求的人民币兑美元双边汇率的调整幅度，主要是为了保持当日人民币汇率指数与上一日人民币汇率指数相对稳定。做市商在报价时既会考虑 CFETS 货币篮子，也会参考 BIS 和 SDR 货币篮子，以剔除篮子货币汇率变化中的噪声，在国际市场波动加大时，有一定的过滤器作用。经过一段时间的磨合，政策效果已初步显现，市场预期趋于稳定，人民币对一篮子货币汇率保持基本稳定，人民币兑美元双边汇率弹性进一步增强。2016 年 3 月人民币兑美元双边市场汇率的平均波幅为 0.17%，比 2 月有所提高，也高于 CFETS 人民币汇率指数、参考 BIS 货币篮子的人民币汇率指数、参考 SDR 货币篮子的人民币汇率指数 0.11%、0.14% 和 0.11% 的平均波幅（中国人民银行，2016）。

　　如果把人民币汇率形成机制的市场化改革置于全球视野，我们会发现人民币汇率改革在一定程度上被动受到外部美元强弱周期的巨大扰动。在 1981 年之前，美元指数呈回落趋势（见图 2-3），因而人民币兑美元汇率从 1977 年的 1.755 升到 1980 年底的 1.534。1994 年汇改和 2005 年"7·21 汇改"恰逢美元指数处于回落阶段，2015 年"8·11 汇改"遭遇的却是 20 年一遇的强美元周期。时至今日，人民币已经不再只是一个外部冲击的被动接受者，而是与美元、欧元和日元等主要货币之间形成一种相互影响的反馈关系。从效果上来看，2005 年和 2015 年改革当期人民币的溢出效应明显增强，溢回效应明显减弱，净溢回效应显著下降。但从 1996 年至 2003 年、2006 年至 2013 年的数据来看，汇改的滞后效应减弱（王有鑫、唐诗，2016）。2015 年"8·11 汇改"以来，人民币汇率中间价形成机制逐步形成了参考"前一日收盘价+一篮子货币汇率"的定价形成机制，去美元化趋势明显。银行间外汇市场向更多的中央银行类金融机构开放，更多的外汇创新产品增加了市场的深度和广度，国内外联系加强，人民币汇率不仅受其他国际货币的影响，在国际货币体系中的外溢效应也明显增强。2020 年，中国人民银行继续推进人民币汇率市场化改革，完善以市场供求为基础、参考一篮子货币进行调节、有管理的浮动汇率制度，保持人民币汇率弹性，发挥汇率调节宏观经济和国际收支自动稳定器的作用。2020 年前 5 个月，受新冠肺炎疫情影响，国际外汇市场波动加大，人民币汇率表现出较强的韧性，对美元有所贬值，对一篮子货币小幅升值。在我国率先控制住疫情，经济基本面持续向好的推动下，6 月后人民币兑美元和一篮子货币汇率升值。

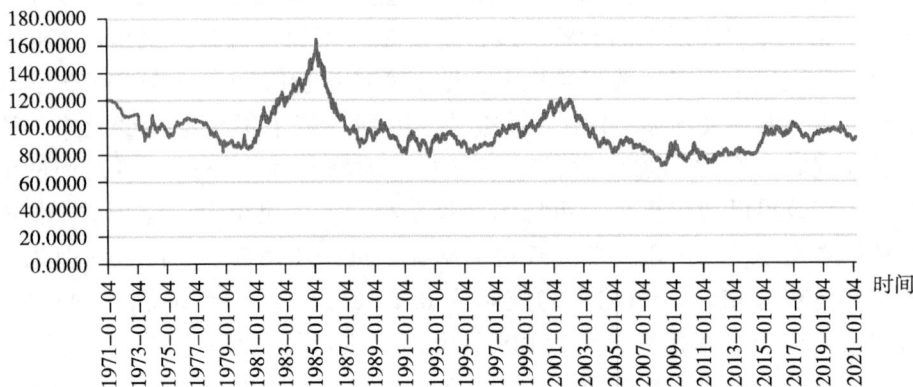

图 2-3　1971 年以来美元指数走势

（资料来源：Wind 数据库）

2.1.3　人民币汇率改革展望

2018 年以来，市场对人民币贬值的预期较强，宏观经济不够稳定，中美贸易摩擦前景不明，因此目前并非放开人民币汇率自由浮动的好时机。过去有一段时间，我们想先单兵突进，然后倒逼国内改革，现在看来是有问题的（谢伏瞻等，2018）。中国人民银行坚持市场在人民币汇率形成中起着决定性作用，加强预期引导，即以我为主又兼顾外部均衡，保持了人民币汇率在合理均衡水平上的基本稳定。人民币汇率"7"这个点位曾备受关注，市场和社会担心汇率"破7"会使预期发散。2018 年末，中国人民银行逐步建立了在香港常态化发行人民币中央银行票据的机制，优化了离岸人民币市场的结构，形成了稳定离岸人民币汇率预期的长效机制。在预期稳定的前提下，人民币汇率于 2019 年 8 月在市场力量推动下首次"破7"，又在短时间内调整恢复均衡"反向破7"，打开了可上可下的空间，汇率市场化程度进一步提高，灵活性进一步增加，说明随着中央银行逐步退出外汇市场常态干预，汇率市场化改革取得决定性成果。2020 年，在我国率先控制住新冠肺炎疫情，经济基本面持续向好的推动下，人民币兑美元汇率有所升值，全年人民币兑美元平均汇率与 2019 年持平。过去两年，人民币兑美元汇率年化波动率超过 4%，已与国际主要货币基本相当，发挥了宏观经济自动"稳定器"功能，促进实现内部均衡和外部均衡的平衡。进入 2021 年，"不确定"时期仍是最大的确定性。疫情发展的不确定性、美国新政府推出的提振经济措施、中国经济的复苏情况、2021 年宏观政策的方向，均影响了市场对汇率走势的判断。

　　延续之前人民币汇率市场化改革的路径，下一步人民币汇率的目标是实现更大波动率，打破价位禁忌，实现能升能贬，真正做到市场主导的双向波动。汇率是整个经济体系中的一个不可或缺的组成部分。人民币汇率市场化改革的好时机往往是在国内外经济比较稳定的时期，尤其是国内基本面较好的时期。推进人民币汇率市场化改革需要我国经济、金融领域各项改革的协调配合。目前，我国经济下行压力加大，汇率改革不宜单兵突进，稳汇率比汇率改革更重要。

2.2　人民币国际化

2.2.1　人民币国际化的成就

　　根据国际货币基金组织（IMF）的定义，货币国际化的本质是以本币实现全面可兑换、资本项目完全开放为基础，以本国发达的金融市场为依托，通过本币流出与回流机制，向全世界提供流动性的过程。因此，一国货币要成为国际货币，需要兼具贸易结算货币、投融资货币、储备货币三种功能。

　　回顾过去 30 年，人民币由最初的不准在中国内地以外地区流通，到逐步流入周边经济体，并在近年来成为贸易结算货币乃至投资货币，人民币随着中国内地的开放及经济高速发展而不断走向国际化。2003 年 3 月，《国家外汇管理局关于境内机构对外贸易中以人民币作为计价货币有关问题的通知》规定"境内机构签订进出口合同时，可以采用人民币作为计价货币"，拉开了人民币作为对外贸易计价结算货币的序幕。

　　2009 年 3 月 23 日，时任中国人民银行行长的周小川撰文指出，"此次金融危机的爆发并在全球范围内迅速蔓延，反映出当前国际货币体系的内在缺陷和系统性风险"。他提出，"将成员国以现有储备货币积累的储备集中管理，设定以特别提款权（SDR）计值的基金单位，允许各投资者使用现有储备货币自由认购，需要时再赎回所需的储备货币"。

　　我国规模巨大且一直持续的国际收支经常项目顺差加上汇率管制和对外商直接投资（FDI）的开放，造成了极大规模的货币错配，其中以美元计价的外汇资产的价值已经远远地超出其相应外汇负债的价值，当人民币兑美元升值将导致中国国际净资产（以人民币计价）价值的下降，人民币国际化可以增加我国以人民币计价的外国资产，并以此来减少人民币升值的风险敞口。

2009 年 7 月 1 日，《跨境贸易人民币结算试点管理办法》发布，既标志着跨境贸易人民币结算试点正式启动，也意味着由贸易带动的人民币国际化迈出了历史性的一步。上海、广州、深圳、珠海、东莞 5 个城市成为首批试点城市，上海、广东等地 365 家企业参加首批试点。为满足企业对跨境贸易人民币结算的实际需求，进一步发挥跨境人民币结算的积极作用，2010 年业务试点范围扩大至北京等 20 个省（自治区、直辖市），且不再限制境外地域。2011 年 8 月，跨境人民币结算境内地域范围进一步扩大至全国，当年跨境人民币结算业务金额迅速增长了 3.1 倍。人民币国际化进程走过的 10 年，人民币国际使用稳步发展，国际货币地位不断提升。国际货币基金组织（IMF）2021 年 7 月发布的官方外汇储备货币构成（COFER）显示，截至 2021 年第一季度末，人民币在全球外汇储备占比提升至 2.45%。环球银行金融电信协会（Society for Worldwide Interbank Financial Telecommunication，SWIFT）最新数据显示，在基于金额统计的全球支付货币排名中，人民币保持全球第五大活跃货币的位置，占比 2.46%，比 2016 年人民币刚加入特别提款权（SDR）篮子时上升 1.4 个百分点（周武英，2021）。中国人民大学国际货币研究所设计的人民币国际化指数 RII 从 2010 年的 0.02 上升至 2020 年的 5.02，经历了快速攀高、遇阻急落、企稳回升、又创新高的曲折过程（中国人民大学国际货币研究所，2021）。过去 10 年人民币国际化是中央银行的政策驱动和在岸及离岸市场相互配合的结果。

根据中国人民银行发布的《2020 年人民币国际化报告》和《2021 年人民币国际化报告》，这 10 多年来人民币国际化的成就主要表现在以下 5 个方面。

一是立足服务实体经济，跨境人民币贸易投资愈加便利化。跨境贸易人民币结算是人民币"走出去"的重要基础。随着跨境贸易人民币结算的开展，企业对跨境投融资人民币结算的需求日益强烈，并带动了后续人民币直接投资、金融投资的发展及配套设施的建设，促进了离岸市场的开拓与繁荣，中国香港、中国澳门、伦敦等人民币离岸市场逐步发展壮大，越来越多的境内外主体开始接受和使用人民币（刘连舸，2021）。2009 年跨境贸易人民币结算金额不到 36 亿元，但截至 2020 年 6 月底，跨境贸易人民币结算业务累计金额超过 47 万亿元（见图 2-4）。2020 年，与中国香港的货物贸易中使用人民币结算占全部货物贸易跨境人民币结算的 42.2%。中国香港继续保持我国货物贸易人民币结算境外最大交易对手地区的地位。

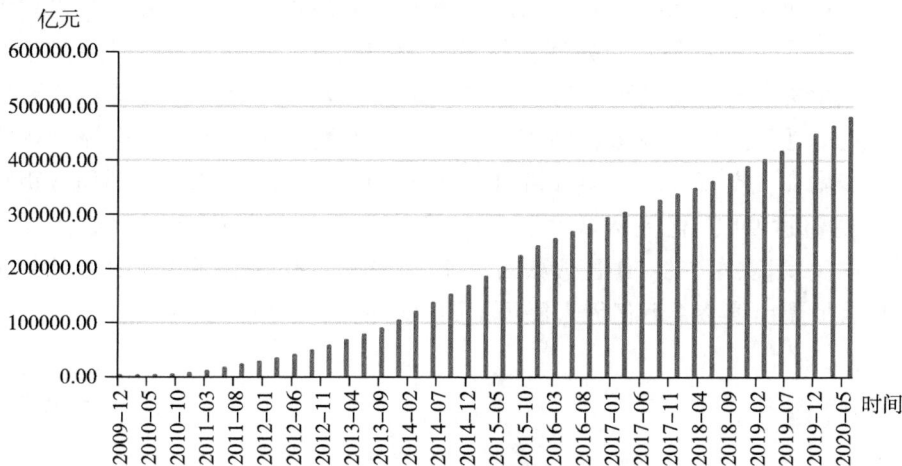

图 2-4　2009 年试点以来跨境贸易人民币结算业务金额累计数

（资料来源：Wind 数据库）

　　国际资金清算系统（SWIFT）披露的数据显示：截至 2020 年第四季度，伦敦人民币即期外汇日均交易规模达 399 亿英镑，较 5 年前增长了98.2%。根据 SWIFT 统计①，2021 年 2 月，人民币位居全球第五大外汇即期交易货币。从地域分布来看，英国是全球第一大人民币即期外汇交易市场，其市场份额为 38.4%；美国、中国、中国香港、法国位居第二位至第五位，市场份额分别为 14.6%、10.9%、10.7%和 7.1%。

　　2009 年以来，跨境人民币使用从贸易向投资扩展，由企业向个人延伸，从货物贸易覆盖至全部经常项目，从直接投资到跨境放款、跨国企业人民币资金池、全口径跨境融资。2020 年，跨境贸易与直接投资人民币结算规模分别为 4.90 万亿元和 2.59 万亿元。跨境贸易以人民币结算的峰值在2015 年，达 7.2 万亿元，占总贸易金额的 29.4%。2021 年前 6 个月，人民币跨境收付金额为 17.57 万亿元，占同期本外币跨境收付总额的 48.2%，较去年同期增长 2.4 个百分点。

　　二是金融市场加快开放和证券投资业务大幅增长，人民币金融交易职能显著增强。我国兼顾金融开放与风险控制，形成了人民币合格境外机构投资者（RQFII）、人民币合格境内机构投资者（RQDII）、沪港通、深港

---

　　①　SWIFT 是根据特定报文确认人民币外汇交易所涉及的金额，并按报文发送人及接收人的SWIFT 地址统计有关地点的交易额，而 SWIFT 地址未必反映办理或执行有关外汇交易的实际地点。

通、债券通、沪伦通、直接入市投资、基金互认、黄金国际版等投资交易通道，从而满足不同投资者的需求和偏好。近几年，国际主要指数先后纳入了A股和人民币债券，并逐步提升它们的权重。这反映了全球金融市场对人民币资产的高度认可，有利于进一步提升人民币资产作为国际主要储备资产的地位。中国股市、债市投资者范围不断扩容，跨境资金流动规模进一步增大，投资者对市场价格愈加敏感。截至2019年末，中国债券市场存量规模达99万亿元人民币，其中境外主体持债规模2.3万亿元人民币，同比增长26.7%；中国股票市场市值59.3万亿元人民币，其中境外主体持有股票市值2.1万亿元人民币，同比增长82%（见图2-5）。

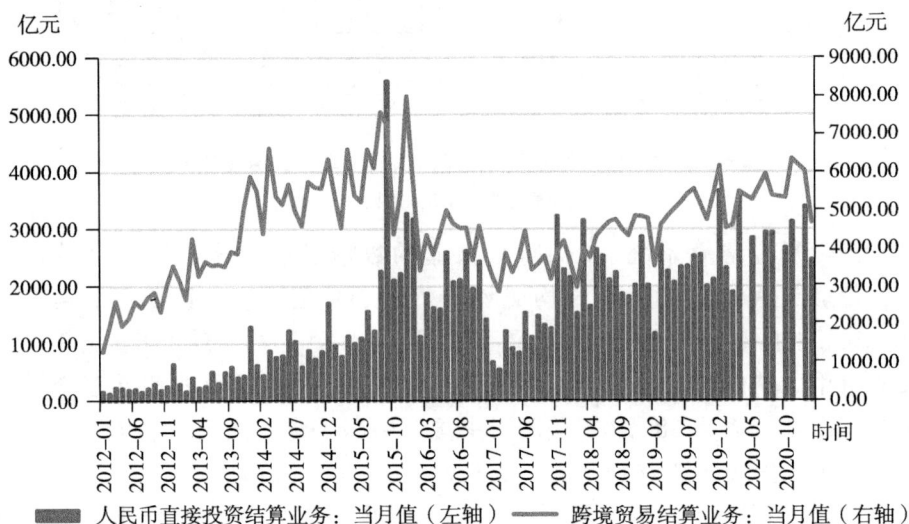

图2-5 2012年以来人民币直接投资和跨境贸易结算业务当月值

（资料来源：Wind数据库）

三是离岸人民币市场基本上遍布全球，在急速扩张后步入调整阶段。目前离岸人民币市场建设覆盖中国香港、中国台湾、新加坡、伦敦等地，其中中国香港逐渐成为全球最大的离岸人民币中心。离岸人民币市场产品体系已较为成熟，离岸场外交易市场（OTC）的人民币外汇产品包括即期、远期、掉期、货币掉期、无本金交割远期（NDFs）、期权等。离岸场内交易市场有多种人民币计价的投资产品，如人民币货币期货、人民币交易型开放式指数基金（ETF）、人民币房地产投资信托（REITs）等。2015年"8·11汇改"后，随着人民币汇率由单向升值转为双向波动，中国资本账户管控趋严，国内经济下行风险增大，离岸人民币市场进入调整阶段。

2020 年底香港人民币存款余额为 7216 亿元人民币，在各离岸市场中排名第一位，但还是比 2014 年底的峰值 10036 亿元下降了 30%（见图 2-6）。目前，中国香港是全球最大的离岸人民币业务中心，国际支付份额达75.1%，英国、新加坡分别位居第二、第三位。除中国香港外，其他离岸人民币市场在产品、机制、流动性、设施等方面仍有较大提升空间，基本上处于初级发展阶段。

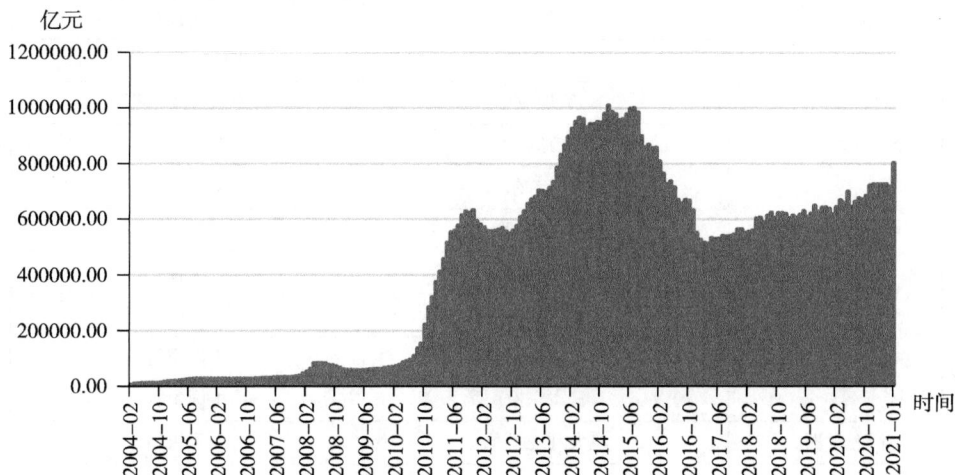

图 2-6　2004 年 2 月至 2021 年 1 月中国香港的人民币存款规模变化

（资料来源：Wind 数据库）

四是人民币国际化基础设施进一步完善，人民币清算行体系持续拓展，人民币跨境支付系统（Cross-border Interbank Payment System，CIPS）成为人民币跨境结算的主渠道。目前，全球支付系统高度依赖 SWIFT。随着人民币使用需求增长，中国积极推进基础设施建设。中国人民银行于 2012年开始建设 CIPS，并于 2015 年投入使用，2018 年二期全面投产。清算行安排到人民币跨境支付系统（CIPS）上线后，便积极与 SWIFT 等国际主体展开合作。截至 2020 年末，中国人民银行已在 25 个国家和地区授权了 27 家境外人民币清算行，覆盖中国港澳台地区、东南亚、欧洲、南北美洲、大洋洲、中东和非洲。支持 CIPS 不断扩展境外直参行和间参行，扩大业务覆盖面，提高清算结算效率，CIPS 直接参与者共有 42 家，间接参与者 1050家，覆盖全球六大洲 99 个国家和地区。截至 2020 年末，通过直接参与和间接参与，CIPS 实际业务可触达全球 171 个国家和地区的 3300 多家法人银行机构，其中 1000 多家机构来自"一带一路"沿线国家（不含中国）（见

表2-1）。自上线至 2020 年末，CIPS 累计为各类参与者处理业务 751.35 万笔，金额 125.04 万亿元。

表 2-1　部分人民币清算行安排

区域	地点	担任银行
亚洲	中国香港	中国银行
	中国澳门	中国银行
	中国台北	中国银行
	老挝万象	中国工商银行
	新加坡	中国工商银行
	柬埔寨金边	中国工商银行
	韩国首尔	交通银行
	卡塔尔多哈	中国工商银行
	马来西亚吉隆坡	中国银行
	泰国曼谷	中国工商银行
	菲律宾马尼拉	中国银行
	日本东京	中国银行
大洋洲	澳大利亚悉尼	中国银行
欧洲	英国伦敦	中国建设银行
	德国法兰克福	中国银行
	法国巴黎	中国银行
	卢森堡	中国工商银行
	匈牙利布达佩斯	中国银行
	瑞士苏黎世	中国建设银行
	俄罗斯	中国工商银行
北美洲	加拿大多伦多	中国工商银行
	美国纽约	中国银行
	美国纽约	摩根大通
南美洲	智利圣地亚哥	中国建设银行
	阿根廷	中国工商银行
非洲	南非约翰内斯堡	中国银行
	赞比亚	中国银行

五是人民币成为特别提款权（Special Drawing Right，SDR）第三大篮子货币，国际储备职能开始显现。2008 年国际金融危机后，中国经济率先复

苏，金融体系实力增强，人民币汇率稳定坚挺。为了应对主要货币流动性紧张、汇率剧烈震荡的局面，一些国家对中国提出了建立双边本币互换的需求。中国政府顺势而为，先后与 40 多个国家和地区的货币当局签署了双边本币互换协议共 3.5 万亿元，为维护全球金融稳定做出了积极贡献。随着人民币跨境与国际使用增长，2016 年 10 月人民币正式加入 SDR 篮子，份额达 10.92%，仅次于美元、欧元，进一步增大了人民币资产的吸引力，这是人民币国际化启动以来具有里程碑意义的重要进展，标志着人民币成为继美元、欧元、日元、英镑之后第五大国际货币。人民币作为储备货币的职能上升。据国际货币基金组织（IMF）统计，截至 2019 年第四季度，超过60 家境外中央银行与货币当局将人民币纳入外汇储备，人民币外汇储备总规模达2176.7 亿美元，全球占比 1.96%，人民币成为第五大储备货币，这是国际货币基金组织自 2016 年开始公布人民币储备资产以来的最高水平。据不完全统计，目前全球已有 70 多家中央国银行或货币当局将人民币纳入外汇储备。

2.2.2　人民币国际化的"特里芬难题"

1944 年 7 月"布雷顿森林协定"的确定，标志着以美元为中心的国际货币体系正式建立。它的核心内容就是美元与黄金挂钩，其他货币与美元挂钩，由美元来充当唯一的国际货币。1960 年，美国耶鲁大学教授罗伯特·特里芬（Robert Triffin）指出布雷顿森林体系存在自身无法克服的内在矛盾：各国为了发展国际贸易，必须用美元作为结算与储备货币，这就要求增加美元供给，对美国来说就会发生长期贸易逆差；而美元作为国际货币的前提是必须保持美元币值稳定，这又要求美国持续维持经常项目的盈余（贸易顺差）。一个国家不可能同时成为贸易顺差国和逆差国，这一悖论就被称为"特里芬难题"。

20 世纪 60 年代后，美国的国际收支逐步开始恶化，美元贬值的形势越来越严峻，并引发了资金外逃的狂潮。在此背景下，尼克松总统被迫于1971 年 8 月 15 日宣布实施"新经济政策"，布雷顿森林体系就此宣告正式结束。布雷顿森林体系崩溃后，牙买加体系于 1976 年建立并一直持续至今。虽然在牙买加货币体系下国际储备多元化，美元已不再是唯一的国际货币，但是美元在国际货币中的绝对优势和全球经济对美元的过度依赖，美国通过贸易逆差输出美元，导致美国的贸易逆差不断扩大，而贸易逆差在一定程度上也成为影响美国与其他国家经贸关系稳定的重要因素，所以牙买加体系也没能从根本上解决"特里芬难题"。当美元成为最重要的国际储备货币后，让美元保持坚挺，不再是美国政府的意愿，而是世界上大多数国家的共同意愿，因为如果美元贬值，储备美元国家的财富都会缩水。

"特里芬难题"揭示了一国主权货币作为国际储备货币必然面临的货币供给和币值稳定的矛盾。既然是悖论，则本身无解，只有通过国际货币体系改革，才能消除它存在的制度基础。

过去人民币国际化主要通过服务货物贸易结算推动人民币"走出去"，计价和价值储备职能明显滞后于结算职能的发展（张明、王喆，2021），对我国来说人民币国际化更像是一种"经常项"和"负债项"的货币国际化。从已有的国际经验和有关研究来看，仅依靠贸易结算结合离岸市场发展的模式难以真正取得国际货币地位，跨境贸易中的人民币净流出已经使离岸市场上的人民币存款储备增加，这增加了以人民币计价的外国负债，这种初级阶段的人民币国际化模式对人民币升值预期依赖程度较高。2018 年以来，我国陆续通过大宗商品期货交易这条渠道拓展人民币计价职能，上海国际能源中心推出了首个以人民币计价、对境外投资者开放的中国原油期货产品（INE），以人民币计价的铁矿石商品期货也引入了境外投资者等。未来人民币国际化模式应逐步从过去的"经常项"和"负债项"为主，向"经常项和资本型并重""负债项和资产型并重"转变，推动人民币在对外直接投资，尤其是股权投资的使用比例，促进人民币输入与输出均衡化。近年来，人民币国际化不断摸索新模式来应对深入推进人民币国际化很可能带来的"特里芬难题"，如扩大货币互换，发挥人民币在投融资中的作用，加强大宗商品人民币计价，用人民币国债置换美元国债，逐渐开放在岸金融市场，通过"一带一路"建设推动人民币的区域化和国际化进程，等等。

2.2.3 疫情下人民币国际化的机遇与挑战

2020 年，突如其来的新冠肺炎疫情席卷全球，给世界经济带来巨大冲击。各国中央国银行通过降低利率、资产购买和信贷宽松三类货币政策来应对经济的断崖式下滑。其中，美联储首先于 2020 年 3 月 3 日与 16 日分别调降联邦基准利率 50 个基点与 100 个基点，将联邦目标利率区间维持在 0~0.25%，此后利率区间一直保持不变。其次美联储还增持了国债与抵押担保证券（MBS）。其首次公布的购买规模为 7000 亿美元，包括 5000 亿美元的国债及 2000 亿美元的抵押担保证券，之后宣布资产购买规模不设上限，但除 3 月、4 月外，每月的资产购买规模维持在 1200 亿美元（其中美国国债800 亿美元、MBS400 亿美元）。美国实施的极端政策规模已经超过了 2008年国际金融危机时的救市规模，美联储总资产扩张规模突破 6.5 万亿美元，从绝对值上看与 2008 年后至 2019 年 10 多年来的扩张规模持平。在财政政策方面，新冠肺炎疫情暴发的 2020 年，美国共推出 5 轮财政刺激法案，总金额达 3.8 万亿美元。2020 年美国财政赤字达 3.35 万亿元，创历史最高纪录，是 2019 年的 3 倍多，约占美国 GDP 的 15%。随着美联储的极度宽松政策及美国的财政赤字率上升造成的美元全球信用受损，美元在短期内产生了贬值趋势。美国政府极端的经济刺激政策和中美两国在抗击疫情、经济发展上表现出来的明显反差，中国资产在全球金融资产中保值作用显现，人民币国际化面临新的机遇。

目前，在国际投资与经贸往来和金融交易（统称国际交易）计价清算中的份额，基本上是美元占比 40% 以上，欧元占比 30% 上下，日元和英镑占比 8.5% 上下，其他国家货币占比均在 4% 以内；在全球外汇储备中的份额，基本上美元占比 60% 以上，欧元占比 20% 上下，日元占比约 5.5%，其他国家货币占比均在 4.5% 以内。美元在国际交易计价清算及全球外汇储备中的份额尽管比高峰时下降了很多，但仍保持了其国际中心货币高高在上的霸主地位。美国在金融领域利用货币互换协议构建新的全球货币金融网络，以期继续保持美元的国际地位。2020 年新冠肺炎疫情期间，英国、韩国、巴西等 9 个国家的中央银行与美联储建立临时性货币互换协议，以获得美元流动性支持。所以美国有很强的动力围堵人民币国际化，从而不断巩固和强化美元国际地位。因此，人民币国际化战略仍要坚持顺应潮流，少说多做，趋利避害，不能盲目冲动，也不能急于公开挑战美元的国际货币地位。

人民币国际化仍任重而道远。人民币虽然已成为全球第五大支付货币和国际储备货币，但人民币作为国际货币的几个基本功能，包括支付功能、投融资功能、计价功能和储备功能，在国际市场的占比都在 4% 以内，这样的比例与人民币在 SDR 篮子中 10.92% 的权重还有较大的差距。根据 SWIFT的统计数据，按交易额计算，2015 年 8 月，人民币在国际支付货币中的市场份额为 2.79%，跃居世界第四位；而 2019 年 7 月市场份额下降为1.81%，排名降至第六位；2021 年 12 月，人民币在国际支付中的份额占比升至 2.70%，超过日元排名升至第四位，为 6 年来最高水平。从中我们可以看出人民币在国际支付中的份额变化，一方面与中国外贸在全球份额中占比的变化有关，另一方面与人民币汇率是否保持相对稳定有关。在美元波动背景下，人民币汇率保持相对稳定，提升了国际投资者在跨境贸易、投融资中使用人民币的信心。

人民币想要成为真正的可自由流通的国际货币，必须实现资本市场完全开放及资本项目的完全自由兑换，因此资本项目的开放与离岸人民币市场的发展依然是人民币国际化的重要驱动和方向。要稳步推进金融双向对外开放，继续完善汇率市场化形成机制，健全国际收支调节的市场体制机制；要改进对跨境资本流动的宏观审慎管理，运用基于价格的市场手段，加大对跨境资本流动的逆周期调节，减少对外脆弱性；要建设现代中央银行制度，改善货币政策调控机制，加强中央银行与市场的沟通和预期引导（管涛，2020）。新冠肺炎疫情爆发之后，人民币国际化迎来新一轮机遇，未来如何布局并突破既有理论，需要在总结人民币国际化 12 年实践经验的基础上，为以后的路径提供研判和对策。

第3章 汇率决定理论与人民币汇率波动的影响因素

3.1 汇率决定理论

汇率在本质上是两国货币所具有或所代表的价值量对比,那么货币本身所具有或所代表的价值量自然就是汇率的决定基础。汇率决定理论研究汇率受什么因素决定和影响。随着世界各国废除了黄金作为法定货币的地位后,如何衡量信用货币实际代表的价值量就成为一个难题。汇率因以两国货币之间的价值比率为基础,所以会随供求变化而相应升降。但从理论角度来看,有国际收支说、购买力平价、利率平价及资产市场说等汇率决定理论对汇率走势进行解释,每种理论都从一个侧面探讨了汇率的决定因素,具有一定的适用性。但从实践的角度看,即使不诉诸理论,我们也可以根据汇率市场中各个指标的实际波动情况,观察出汇率波动的一些内在逻辑,从而为研判汇率走势提供一定指导。

虽然多种理论可以为汇率走势提供解释,但在具体应用中,理论的适用性大打折扣,尤其是在即期汇率市场,有很多随机性因素在发生作用,运用确定性的理论来分析随机的汇率变动可能会产生方枘圆凿的结果。

3.1.1 国际收支理论

汇率问题是随着国际贸易的发展而出现的。国际收支理论是从国际收支角度分析汇率决定的一种理论,理论渊源可以追溯到 14 世纪。国际收支理论的早期形式是国际借贷学说。1861 年英国学者葛逊(George J. Goschen)在《外汇理论》(*The Theory of Foreign Exchanges*)一书中从国际借贷的角度提出了国际收支理论,他认为汇率的主要决定因素为外汇的供给与外汇的需求,外汇的供给与需求的产生来源于国际借贷,故国与国之间的借贷关系决定着一国的汇率。1944 年至 1973 年布雷顿森林体系实行期间,各国实行固定汇率制度。随着凯恩斯主义的宏观经济分析被广泛运用，很多学者应用凯恩斯模型来说明影响国际收支的主要因素，分析了这些因素如何通过国际收支作用到汇率，从而形成国际收支理论的现代形式，这一期间的汇率决定理论主要从国际收支均衡的角度来阐述汇率的调节，即确定适当的汇率水平。

3.1.2　购买力平价理论

瑞典经济学家古斯塔夫·卡塞尔系统阐述了购买力平价理论的基本思想，并极力将其付诸政策运用。在他的影响下，购买力平价理论成为 20 世纪以来最重要的汇率决定理论。该理论认为购买力是货币的价值所在，不同货币的兑换依据是它们各自的购买力，也就是说汇率水平与本国的价格水平紧密关联。购买力平价理论分为两种：一种为绝对购买力平价理论，另一种为相对购买力平价理论。绝对购买力平价理论认为两国货币直接兑换的均衡汇率与两国的物价水平之比或两国货币的购买力之比相等。货币购买力的直接表现形式为物价水平，那么如果一国国内物价水平提高，就等同于该国货币对外贬值。显然，绝对购买力平价理论有它的缺陷，而相对购买力平价理论的产生弥补了绝对购买力平价理论的不足。相对购买力平价理论认为汇率的变动由不同国家货币购买力对比的相对变动而非绝对变动决定。在实践中，购买力平价理论同样存在一些缺陷，如该理论仅考虑了可贸易产品未考虑不可贸易产品；该理论在当时资本流动较小，对汇率影响还较小的时候可以解释汇率水平的变化，但如今金融市场的交易量已远高于商品市场的交易量。国际清算银行（BIS）2019 年 9 月 16 日公布的报告显示，截至 2019 年 4 月，全球日均外汇交易量高达 6.6 万亿美元，创历史新高，较 2016 年的 5.1 万亿美元，同比增长 29%，外汇衍生品交易增长迅速，尤其是外汇掉期交易，远超外汇现货交易。金融交易旨在拉平金融资产的回报率而不是商品的相对价格，在这种情况下，资本流动对汇率的影响越来越大，购买力平价理论对当期汇率变动的解释能力越来越弱。

3.1.3　利率决定理论

利率决定理论最早可追溯到 1923 年由凯恩斯所阐述的利率平价理论（Interest Rate Parity Theory）。利率决定理论的核心思想是在利润的驱动下，资本会从利率低的国家转移到利率高的国家，而在资本转移的同时，资本家为了避免外汇风险会将套利与掉期相结合。大量的市场掉期将会导致低利率国家的即期汇率下降，远期汇率上升，高利率国家则正好相反，该过程会一直持续，直到资产所能够提供的利润率相等停止，此时两国利率差等于两国即期与远期汇率差。2014 年上半年与 2018 年年中人民币兑美元汇率走弱之前，相对于当时的美国和中国国债利差，人民币汇率都出现了高估的迹象。2013 年底美国和中国 10 年期国债利差为 -151 个基点，接近 2011 年底的 -154 个基点，但 2013 年底人民币兑美元汇率较 2011 年底累计升值近 4%。2017 年底美国和中国 10 年期国债利差为 -148 个基点，较 2016 年底的 -56 个基点显著扩大，但在此期间人民币兑美元累计升值超过 6%。因此，2014 年上半年与 2018 年年中人民币兑美元汇率的走弱，都体现了对汇率高估的修复（郭于玮、鲁政委，2018）。

3.1.4　资产市场假说

20 世纪 70 年代初期，在全球性固定汇率制度崩溃和各国金融市场已高度发达的背景下，不少经济学家发展出了一种新的汇率决定学说。由于这种学说侧重从金融市场均衡这一角度来考察汇率的决定，所以被称为资产市场假说。资产市场假说是一种从中短期的角度分析汇率决定与汇率变动的理论。资产市场假说强调货币市场和货币存量的供求情况对汇率决定的影响，认为汇率的决定由各国货币存量的供求引起。汇率决定货币市场的均衡而非商品市场的均衡；汇率的变化由两国货币供求关系的相应变化而引起。从长期来看，承认购买力平价理论，即过多的货币供应所引起的通货膨胀，必然使该国货币汇率下浮；从短期来看，两国金融资产的供求情况，即人们自愿持有或放弃这些金融资产的情况决定汇率。国民收入与本币汇率表现为正相关关系，国家宏观经济政策对汇率发挥着重要作用，强调合理预期对汇率变动的影响。

3.2　人民币汇率波动的影响因素分析

汇率以两国货币之间的价值比率为基础，随供求关系而相应升降。但要认识汇率波动的原因，就必须把握影响供求关系背后的因素，这些因素包括经济因素、金融因素、政治因素，甚至心理因素，各个因素之间存在既相互联系，又相互制约，甚至相互抵消的关系。例如，2020 年人民币兑美元汇率中间价累计升值 4513 个基点，升值幅度达到 6.47%。其中，离岸人民币兑美元一度触及 6.48945 元，刷新 2018 年 6 月以来新高纪录，这样的升值幅度实为罕见。人民币兑美元 2020 年强势上涨的主要原因有三：一是海外疫情持续暴发，中国疫情率先得到控制，成为全球唯一实现正增长的主要经济体；二是美国宽松货币政策导致美元指数走弱，2020 年以来，美元累计下跌约 6%；三是中国和美国利差扩大，外资增持人民币资产。所以在研究人民币汇率波动时要综合考虑，没有任何一个汇率理论能够有效地解释当下的汇率变化。影响人民币汇率波动的原因格外复杂，在分析研究人民币汇率的决定及其波动趋势时，既要回归本源，即回到汇率决定的基本理论和分析框架，也要从短期和长期视角来进行考察。

3.2.1 货币流通状况

在影响汇率变动的诸多因素中，货币流通状况是最主要的因素，对汇率的基本水平起着决定性作用。各国货币最初是通过与黄金的对比关系而建立的相互间的折算关系，并按这种折算关系进行各国货币之间的直接交换。在纯粹纸币的条件下，纸币自身并无价值或仅有微不足道的价值，但它作为价值符号，直接代表了一定的价值量（张志超，2017）。纸币所代表的价值量几乎完全取决于货币流通状况，货币流通状况又直接影响货币价值量的变动，从而引起汇率基本水平即真实汇率的变动。一般来说，在货币供给和货币需求两个方面，货币需求相对稳定，它与国民收入和经济结构等因素保持着比较稳定的函数关系。因此，信用货币价值量的变化主要取决于货币的供给量。当一国因货币供给增加过多而发生通货膨胀时，会使其货币的真实汇率下降，从而引起该国货币的名义汇率下降；反之则会发生相反的变化。通货膨胀影响本币的价值和购买力，会引发出口商品竞争力减弱、进口商品增加，还会对外汇市场产生心理影响，削弱本币在国际市场上的信用地位，这三方面的影响都会导致本币贬值。在信用货币制度下，汇率从根本上来说是由货币所代表的实际价值决定的。

曾经有段时期，一些媒体和学者喜欢以中美两国广义货币 M2 来简单比较，得出人民币"超发"从而人民币必然贬值的结论。中美两国的货币统计口径虽然都用到 M2，但两者之间存在较大差异（见表 3-1），以美国的 M3 与中国 M2 进行对比似乎更合理一些（管涛，2020）。

表 3-1　中美两国的货币统计口径比较

	中国	美国
M0	流通中的现金	流通中的现金
M1	M0+单位活期存款	M0+旅行支票+活期存款+其他支票存款
M2	M1+单位定期存款+居民存款+非银金融机构存款+非银部门持有的货币市场基金	M1+储蓄存款+10万美元以下小额定期存款+零售货币市场基金
M3	—	M2+欧洲美元+机构持有的货币市场基金+大额定期存款

资料来源：管涛. 汇率的突围［M］. 上海：东方出版中心，2020：298.

　　2020年新冠肺炎疫情暴发后，美国推出了3万亿美元的量化宽松，再加上美联储的零利率及一些非常规的货币政策手段，又推动2020年人民币兑美元强劲升值。

3.2.2　国际收支差额

　　汇率的形成是国际经济交往日益发展的必然结果。国际收支是一国对外经济活动的综合反映，对一国货币汇率的变动有直接的影响。外汇供求受到国际经济交往中两种活动的影响，一种是贸易流动（经常账户），另一种是资本流动（资本和金融账户）。在影响汇率波动的长期因素中，国际收支的经常项目是最重要的影响因素之一。随着金融全球化的推进，资本跨境流动的规模越来越大，国际收支下的资本项目对汇率波动的影响日益显著。仅以国际收支经常项目的贸易部分为例，当A国进口增加或产生逆差时，A国将对外国货币产生额外的需求，这在外汇市场上会引起A国货币汇率下跌（贬值）。反之，当A国经常项目出现顺差时，就会引起外国对A国货币需求的增加和外币供应的增长，A国货币汇率就会上升（升值）。

　　在20世纪90年代中期之前，美元对人民币存在较大升值倾向，企业及个人保有美元的欲望强烈，国家不得不出台强制结汇的政策。后来随着出口创汇能力的增强及外汇储备的增长，2007年8月13日，国家外汇管理局发布了《国家外汇管理局关于境内机构自行保留经常项目外汇收入的通知》，实行了13年的企业强制结汇制度正式退出历史舞台。但是，从历史数据来看，人民币汇率的升值周期与外汇储备资产增长的趋势同步（见图3-1）。2001年我国加入WTO后，对外贸易顺差持续扩大，导致外汇储备快速增加，在一定程度上推动了2005年的人民币"7·21汇改"。

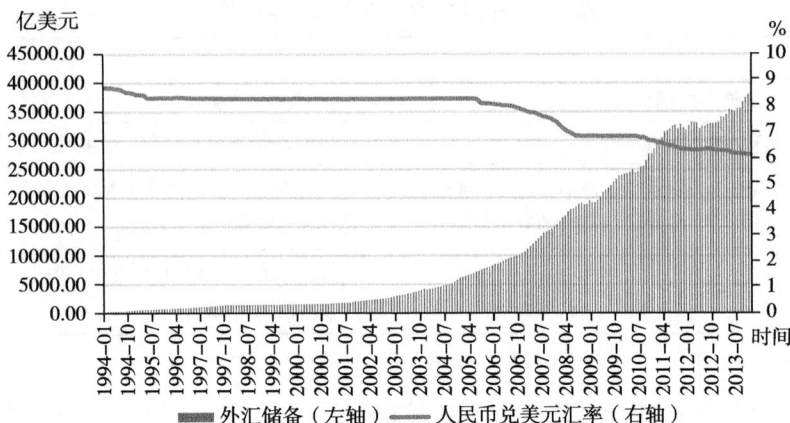

图 3-1 1994—2013 年外汇储备与人民币兑美元汇率的变化关系

(资料来源：Wind 数据库)

3.2.3 经济增长速度

经济增长是影响汇率波动的最基本的因素。根据凯恩斯学派的宏观经济理论，国民生产总值的增长会引起国民收入和支出的增长。收入增加会导致进口产品的需求扩张，继而扩大对外汇的需求，推动本币贬值。而支出的增长意味着社会投资和消费的增加，有利于促进生产的发展，提高产品的国际竞争力，刺激出口增加外汇供给。所以从长期来看，经济增长会引起本币升值。由此看来，经济增长对汇率的影响是复杂的。但如果考虑到货币保值的作用，汇兑心理学有另一种解释，即货币的价值取决于外汇供需双方对货币所作的主观评价，这种主观评价的对比就是汇率。而一国经济发展态势良好，则主观评价相对就高，该国货币坚挺。自 2005 年"7·21 汇改"以来，人民币多数时间均维持单边升值预期。从 2005 年"7·21 汇改"至 2012 年末，人民币兑美元汇率累计升值 31.68%，同期中国经济增速一直处于双位数的高位。

2015 年下半年开始，特别是 2015 年"8·11 汇改"后人民币开始了长达 1 年半的贬值周期，尽管中国人民银行多次出手干预，但外汇市场仍然经历了 1 年多的震荡。在 2017 年初稳定下来之前人民币兑美元汇率已降到差不多 7 的水平。这一时期的人民币贬值在一定程度上与中国经济增速下滑有关。例如，规模以上工业增加值月度同比数据由 2014 年以前的双位数降到了 10% 以内，特别是 2015 年开始降到 6% 以内，使投资者普遍担忧中国经济的前景（见图 3-2）。

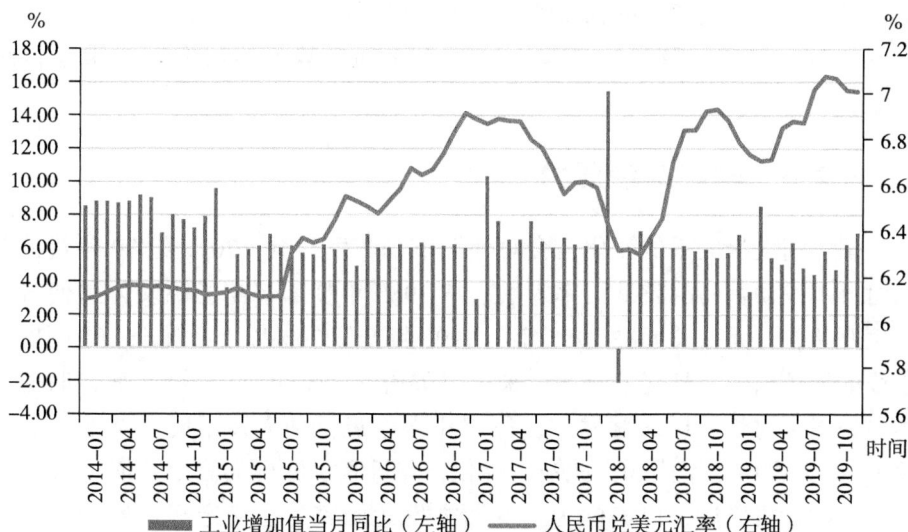

图 3-2　2014 年至 2019 年工业增加值当月同比与人民币兑美元汇率的变化趋势
（资料来源：Wind 数据库）

3.2.4　市场利率水平

利率高低会影响一国金融资产的吸引力。一国利率的上升，会使该国金融资产对本国和外国的投资者更有吸引力，从而导致资本内流，汇率升值。当然，这里也需要考虑一国利率与别国利率之间的相对差异。如果一国利率上升，但别国利率也等幅度上升，则汇率一般不会受到影响。如果一国利率上升，但别国利率上升得更快，则该国利率相对来说反而下降，其汇率就会趋于下跌。此外，还须考虑"利率差距"问题。利率对汇率的影响主要是通过对套利资本流动的影响来实现的。短期资本在国际间追逐高利时，除考虑利率外，还要考虑汇率因素。只有当外国利率加汇率的预期变动率之和大于本国利率时，把资金投到外国才会有利可图。这便是国际资金套利活动的"利息平价原理"。

目前，世界上交易量最大的货币是美元。根据国际清算银行的数据，美元的日均交易量为 2.2 万亿美元，其中美元离岸外汇交易占比约为 83%，因此美元资产的利率水平对全球外汇市场的影响巨大。金融资产的投资回报率往往以国债收益率为标志，这也是收益率较高的国家货币汇率升值的因素。2015 年至 2016 年，美元指数因为美联储加息而不断上涨，美国国债的高收益率吸引了大量的海外资金流入美国，美元走入单边升值行情，导致所有非美货币都在贬值，人民币也不例外。2015 年人民币 "8·11 汇改" 时，市场一致看空离岸人民币汇率的走势，都认为人民币会持续贬值。

3.2.5 国际政治压力

国际间政治关系的变化也会对外汇市场产生影响。20 世纪 80 年代，美国对日本发动贸易战就从汇率入手。从 1985 年签订《广场协议》迫使日元升值开始，日元对美元在 1985 年至 1995 年升值 70%以上，配合一系列贸易手段的连环出击，最终给日本带来了 "失去的二十年"。2002 年底，时任日本财务省副财长黑田东彦发文，称 "中国通过低估人民币向全球输出通货紧缩"。人民币汇率问题由此被国际化，美日联手施压人民币升值。2008 年国际金融危机以后，以美国为首的西方发达国家为了稳定经济发行了大量货币，同时为了缓解国内经济压力，西方国家要求人民币升值的呼声愈演愈烈。根据国内外经济金融形势和中国国际收支状况，2010 年 6 月 19 日，中国人民银行决定进一步推进人民币汇率形成机制改革，结束了紧盯美元汇率政策，人民币汇率双向浮动，弹性显著增强。2011 年 10 月 11 日，美国会参议院投票通过了《2011 年货币汇率监督改革法案》，要求美国政府对所谓 "汇率被低估" 的主要贸易伙伴征收惩罚性关税。美国把巨大的贸易逆差归咎于汇率问题，旨在向中国施压，迫使人民币汇率升值，截至 2013 年 4 月 17 日，人民币汇率中间价已经 7 次创出新高。

3.2.6 信息和心理预期

由于各国外汇市场都使用现代化的通信设施进行交易，因此它们之间的联系非常紧密，形成一个高效统一的世界外汇市场，市场上出现任何微小的盈利机会，都会立刻引起资金大规模的国际移动，这种盈利机会也会迅速消失。在这种情况下，谁最先获得有关能影响外汇市场供求关系和预期心理的 "新闻" 或信息，谁就有可能抢占投资的有利先机。在心理预期对汇率具有很大影响的情况下，外汇市场对政府所公布的 "新闻"（如有关经济统计情况等）的反应，不是取决于这些 "新闻" 本身是 "好消息" 还是 "坏消息"，而是取决于它是否在市场预料之中，或者是它 "好于" 还是 "坏于" 所预料的情况（张志超，2017）。例如，在政府公布经济增长或通胀指标数据之前，市场持相当乐观的看法，该国货币的汇率可能因此而上涨，万一公布的结果低于市场预期，即使数据对该国的经济来说仍然是个好消息，但汇率仍有可能因为失望性卖盘的压力而下跌。

在外汇市场上，市场交易主体买进还是卖出某种货币，与市场交易主体对该种货币未来走势的预期有很大的关系。当市场主体预期某种货币的汇率在今后很可能下跌时，他们为了避免损失或获取额外的好处，便会抛售该种货币。而当他们预料某种货币未来可能上涨时，则会大量买进。外汇交易者对某种货币的预期形成，在很大程度上取决于该种货币所在国的经济表现、货币供应量、利率水平、国际收支和外汇储备、政府的经济政策、国际政治形势等复杂的因素。汇兑心理学认为外汇汇率是外汇供求双方对货币主观心理评价的集中体现。评价高、信心强，则货币升值；反之，则货币贬值。这一理论在解释无数短期或极短期的汇率波动上起到了至关重要的作用。

3.2.7　中央银行的外汇干预

中央银行一般将外汇干预定义为在外汇市场上任何官方抛售或购买与本国资产相对的外国资产的行为。布雷顿森林体系崩溃后，许多经济学家预言中央银行的外汇干预会迅速消失，然而有证据显示，当汇率允许浮动时，官方外汇干预操作的使用实际上更频繁了。而且单边和协作的干预规模也随着时间的推移而不断扩张，西方国家对汇率的国际性联合干预日益重视。中央银行对外汇市场干预的目的主要是以下 4 个方面：（1）阻止短期汇率发生波动以防止市场出现混乱状态；（2）抵消汇率的中长期变动进行逆向调节，影响汇率的趋势；（3）建立一个不断移动或固定的目标汇率，或者当汇率同官方的货币政策不一致时，或者由于市场参加者没有得到足够的信息而导致汇率水平没有适当地反映未来趋势时，对这种偏离现象进行干预；（4）加速国际收支和本国经济的实际调节，并影响国内的货币供应量或政府的国际储备额。Williamson John（2007）提出参考汇率为外汇干预构建了一个框架，这可能有助于降低并稳定风险溢价的波动。在这一提议的"监管区间"观点下，在与成员国相互协商后，国际货币基金组织会围绕各经济体就有效汇率的估计均衡确立一个相对宽泛的区域。当汇率位于这一区域时，中央银行就不允许在外汇市场上进行干预。当汇率高于这一区域时，中央银行将会出售本国货币，买入外国货币，以对汇率施加向下的压力。反之，当汇率低于这一区域时，中央银行将出售外国货币，买入本国货币，对汇率施加上升的压力。外汇干预作为中央银行的一种政策工具，当资本能够在各经济体之间高度流动时，中央银行的这种干预影响不大，但是如果一国（或地区）资本流动性较低时，这种外汇干预可能产生显著的效果。欧洲主权债务危机恶化时，加剧了全球外汇市场的波动，各国干预外汇市场的力度和频率空前提高。2020 年上半年，新冠肺炎疫情发生后各国中央银行通过利率政策和贷款工具等为银行提供流动性，以缓解经济活动的收缩。与此同时，尤其是新兴经济体中央银行通过外汇干预缓解本国货币的贬值压力，减少汇率波动。人民币汇率形成机制的市场化改革初期，中央银行干预处于主导力量。2015 年"8·11 汇改"后，中央银行干预显著下降，外汇市场弹性上升，其中中国经济基本面和市场供求关系成为人民币汇率波动的主要影响因素。

3.2.8　其他影响因素

除上述各种因素外，其他因素如突发的重大国际政治和经济事件、地震甚至极端天气等都会对汇率波动产生重要的影响。

2011 年 3 月 11 日下午，日本发生了历史罕见的 9.0 级大地震，并引发了海啸和核泄漏危机，日经 225 指数随即发生了崩盘性的"地震"。与此相反，日元兑美元汇率一路飙升，3 月 17 日早盘东京外汇市场日元兑美元汇率一度达到约 76∶1，刷新了 1995 年 4 月第二次世界大战后的最高水平。市场分析人士认为，由于日元实行负利率，平时日本的银行和保险公司等机构投资者投资美元金融资产，地震发生后，日本投资者大量抛售美元债券和股票，将资金迅速汇回国内用于保险赔偿和灾后重建，导致日元走高[①]。

2016 年 6 月 24 日，英国脱欧公投结果公布，意外脱欧后，当日英镑兑人民币汇率一度大跌超过 10%，从 6 月 23 日的 9.8650 暴跌至 8.7479，创历史最低。

汇率的波动虽然千变万化，但归根结底在短期内还是由供求关系决定的。在国际外汇市场中，当某种货币的买家多于卖家，买方力量大于卖方力量时，汇价必然上涨。反之，当卖家竞相抛售某种货币、市场卖方力量占上风时，则汇价必然下跌。当前，我国人民币汇率主要由市场供求关系决定，中央银行不会将人民币汇率作为工具来应对贸易摩擦等外部扰动。

---

① 日本财长与谢野馨·不会干预汇市 [EB/OL]. （2011-03-17）经济观察网站，http://www.eeo.com.cn/finance/banking/2011/03/17/196631.shtml.

我国实行以市场供求为基础、参考一篮子货币进行调节、有管理的浮动汇率制度。随着汇率市场化改革的持续推进,汇率弹性逐步增强。无论是2017 年至 2018 年第一季度的人民币汇率升值,还是第二季度以来的人民币汇率贬值,抑或是 2020 年 6 月以来人民币汇率的升值态势(除 2021 年 2 月底有短暂的贬值外),基本都是由市场力量推动的,中央银行已基本退出常态式外汇干预,这从官方外汇储备和中央银行外汇占款变化上也能反映出来。2020 年 6 月以来的这轮人民币兑美元升值主要是由美元弱势所致。同一时期人民币兑其他货币并没有实现同步升值,人民币兑英镑、日元、澳元等货币整体以贬值为主。未来人民币汇率走势将继续取决于市场供求,单方面升值和单方面贬值均不会成为主流,双向波动将成为常态。

第4章 人民币在岸市场与离岸市场的发展和联通①

4.1 在岸人民币外汇市场和货币市场

4.1.1 在岸人民币外汇市场的发展

外汇市场是中国金融市场体系的重要组成部分,在宏观调控、资源配置、汇率形成和风险管理中发挥着重要的作用。改革开放 40 年来,我国外汇市场和外汇管理体制改革不断推进,中国货币当局在渐进稳健有序地发展外汇市场,形成了与国内外经济形势和体制演变相适应的市场模式和交易方式,在服务实体经济,促进改革开放,防控系统性金融风险方面发挥了重要作用。改革开放以来,在岸人民币外汇市场经历了开办外汇调剂业务、外汇调剂市场、公开外汇调剂市场和统一的银行间外汇市场 4 个发展阶段。1978 年以前,我国的外汇管理体制是国家垄断下的外汇统收统支的计划体制,这个时期不存在真正意义上的外汇市场,人民币汇率仅仅是内部核算的工具,由国家计划决定。1985 年 11 月,深圳经济特区成立了第一家外汇调剂中心,集中办理当地外汇调剂业务。1988 年 9 月,上海创办了中国第一个公开的外汇调剂市场,实行会员制,竞价成交,集中清算。1993 年底,全国有 18 个城市公开开办外汇调剂市场,当年国际收支贸易项下 80%左右的外汇收支由市场进行调剂。这一时期人民币汇率的形成机制是官方定价和市场定价并存,市场力量已占据主导地位。1994 年,我国决定对外汇管理体制进行重大改革,实现汇率并轨,实行人民币有管理的浮动汇率制度,实施银行结售汇制并建立银行间外汇市场。1994 年 4 月 4 日,中国外汇交易中心正式联网运作,标志着全国统一的银行间外汇市场建立,中国外汇市场进入了以单一汇率和市场配置制度为基础的发展时期。

---

① 本章部分内容摘自邓数红.人民币离岸与在岸利率、汇率的联动关系研究 [D].广州:华南理工大学,2019.

4.1.2 在岸人民币外汇市场的结构

目前，在岸人民币外汇市场分为两个层次：第一个层次是银行与客户之间的外汇零售市场，交易双方进行柜台式的外汇买卖，外汇零售市场分布广泛而且分散，企业和个人客户在零售市场办理结售汇业务，满足客户的实际用汇和套期保值需求。第二个层次是银行间的外汇批发市场，各家银行通过中国外汇交易中心的交易平台进行外汇交易，形成一个相对集中的外汇市场，银行在此平衡外汇资金头寸。银行对客户的零售市场与银行间同业的批发市场既分层又统一。分层性体现在企业、个人只能作为金融机构的客户开展交易而不能进入银行间市场，金融机构之间也不能在银行间市场之外进行交易，两个市场适度分离。统一性体现在金融机构将代客结售汇头寸在银行间市场平盘，使得两个市场的资金、价格产生内在联系，银行对客户市场重在形成市场供求，银行间市场重在形成市场价格，量与价互联互通。

图 4-1 为我国 2015 年以来银行对客户零售市场和银行间外汇市场交易的当月值，其中银行间外汇市场的交易规模平均为同期零售市场规模的5 倍。

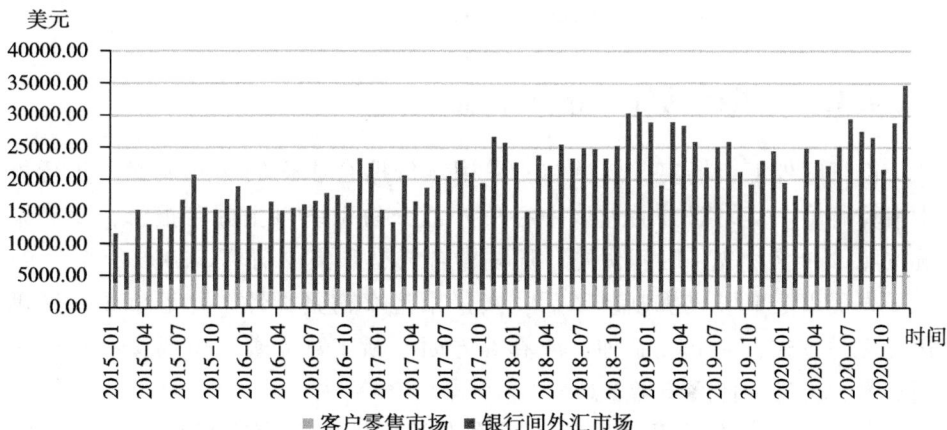

图 4-1 2015 年以来人民币客户零售市场和银行间外汇市场交易的当月值
（资料来源：Wind 数据库）

根据交易品种不同，外汇市场的交易有即期、远期、外汇和货币掉期、期权 4 种。即期市场根据市场参与者的性质不同，又划分为银行间即期外汇市场和零售即期外汇市场两个层次。银行间即期外汇市场，是指可以经营外汇业务的金融机构（包括银行、非银行金融机构和外资金融机构）及非金融企业之间进行人民币与外币和外币与外币即期交易形成的市场。零售即期外汇市场是指外汇指定银行或其他非银行金融机构与客户之间进行柜台式外汇即期交易所形成的市场。2020年，我国外汇市场即期交易总额为89万亿美元，其中银行间外汇交易额为61.98万亿美元，银行与客户间的交易仅有27.20万亿美元，银行间即期市场的交易额占全国外汇即期市场交易额的95%以上（见图4-2）。基于此，本书主要分析银行间即期外汇市场。

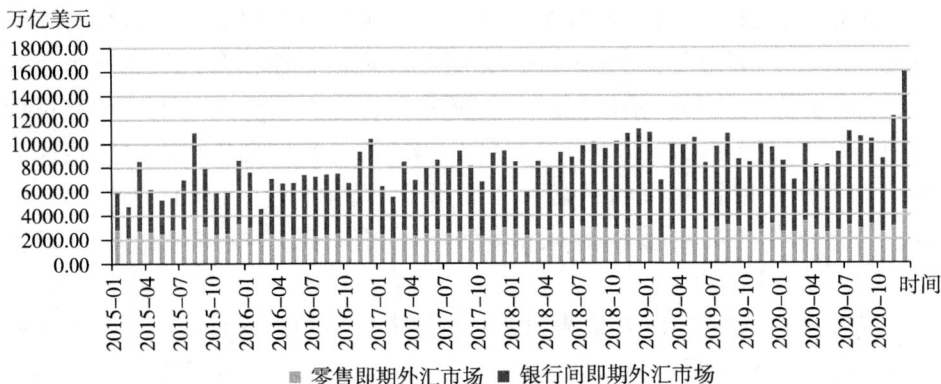

图4-2　2015—2020年零售即期外汇市场和银行间即期外汇市场当月交易额

（资料来源：Wind 数据库）

4.1.3　银行间外汇市场的发展

银行间外汇市场实行会员制，采用竞价撮合成交的交易模式，实行集中清算制度。交易双方通过该中心的外汇交易系统自主匿名报价，交易系统按照"价格优先、时间优先"原则撮合成交和集中清算。2005年7月21日，人民币汇率形成机制改革后，人民币汇率初具弹性，外汇市场发展迅速，交易方式、时间、品种、清算等方面不断丰富完善，市场交易规模不断扩大，交易主体逐步增多。

第一，交易规模不断增长。随着人民币汇率制度市场化改革进程推进，银行、企业等经济主体的市场意识和管理水平不断提高，更加有效地组合本外币资产负债和防范利率、汇率等市场风险已成为各方的迫切需求。近年来，我国银行间外汇市场的交易规模快速增长（见图4-3）。

亿美元

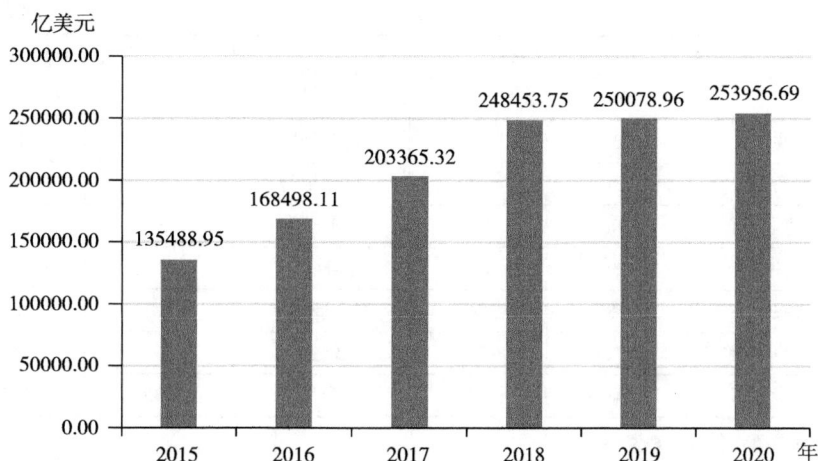

图 4-3　2015—2020 年银行间外汇市场交易额

（资料来源：Wind 数据库）

第二，市场主体多元化。随着国内外汇市场对外开放需求的日益增长，2016 年 1 月 4 日起人民币外汇市场运行时间延长①并进一步引入合格境外主体，这些举措丰富了境内外汇市场的参与主体，拓宽了境内外市场主体的交易渠道，有利于形成境内外价格一致的人民币汇率。与此同时，银行间外汇市场的境内会员也改变了过去银行单一参与者的结构，非银行金融机构和非金融企业均可入市交易，多元化的分层结构逐步形成。截至 2021 年 11 月末，共有 762 家境内外机构成为银行间外汇市场会员（见表 4-1）。

表 4-1　银行间外汇市场会员构成表

金融机构性质	数量（家）		金融机构性质	数量（家）	
	2020 年末	2021 年 11 月		2020 年末	2021 年 11 月
大型商业银行	22	26	农村商业银行和合作银行	217	220

---

① 根据中国人民银行和国家外汇管理局公告〔2015〕第 40 号，自 2016 年 1 月 4 日起，银行间外汇市场交易系统运行时间由 9:30-16:30 调整至 9:30-23:30，区域交易运行时间暂维持不变。外币兑换和外币拆借交易系统运行时间由 7:00-19:00 调整至 7:00-23:30。人民币外汇期权全额交割交易行权截止默认时间维持 15:00 不变，交易双方可约定其他行权截止时间，最晚至 21:30；差额交割交易行权截止时间维持 15:00 不变。交易后处理平台运行时间由 8:30-18:30 调整至 8:30-24:00。交易确认截止时间维持不变；当日成交非当日交割的人民币外汇即期询价交易、远期交易和掉期交易确认截止时间为下一交易日 9:20；人民币外汇期权交易确认截止时间为下一交易日 16:40。

金融机构性质	数量（家）		金融机构性质	数量（家）	
	2020 年末	2021 年 11 月		2020 年末	2021 年 11 月
政策性银行	3	3	农村信用联社	12	12
股份制商业银行	14	14	村镇银行	2	2
城市商业银行	106	105	财务公司	94	103
外资银行	134	132	企业集团	2	2
境外中央银行类机构	48	54	基金证券类	8	8
境外清算行	22	22	民营银行	4	4
境外参加行	48	55	合计	735	762

资料来源：作者整理资料而得。

　　作为 2005 年人民币汇率形成机制改革的一项重要配套措施，国家外汇管理局在银行间外汇市场建立做市商制度。做市商制度是一种市场交易制度，由具备一定实力和信誉的法人充当做市商，不断地向投资者提供买卖价格，并按其提供的价格接受投资者的买卖要求，以其自有资金和证券与投资者进行交易，从而为市场提供即时性和流动性，并通过买卖价差实现一定利润（吴学安，2021）。目前，做市商已成为我国外汇市场的重要参与主体，对市场平稳运行发挥了积极作用，截至 2021 年 11 月末，共有 25 家境内外机构成为银行间人民币外汇做市商。管理部门通过实施优化做市商的结构，扩充做市商的力量，规范做市商的交易行为等措施进一步提升做市商报价质量和流动性供应水平。随着境内外汇市场对外开放力度加大，交易主体的国际化水平将不断提高。境外中央银行（货币当局）和其他官方储备管理机构、国际金融组织、主权财富基金可通过中央银行代理、银行间外汇市场会员代理或直接成为银行间外汇市场境外会员等方式进入银行间外汇市场，开展包括即期、远期、掉期和期权在内的各品种外汇产品交易。境外人民币业务清算行和符合一定条件的人民币购售业务境外参加行也可以进入银行间外汇市场，参与挂牌的各品种外汇交易。做市商担任者主要为外管局核准的大型金融机构，做市商一方面为外汇市场提供流动性，另一方面为市场持续提供买卖双边交易报价的信息，提升了市场交易效率的同时，也提高了外汇市场的市场化水平。引入做市商制度是完善人民币汇率形成机制的重要举措。根据《银行间外汇市场做市商指引》（汇发〔2021〕1 号），国家外汇管理局对银行间外汇市场做市商进行评估，每两年对做市商名单进行更新。做市商的数量也在不断增长，从 2005 年

"8·11 汇改"初期的 13 家增长至 2021 年 3 月的 25 家，包括 18 家中资银行和 7 家外资银行，如表 4-2 所示。

表 4-2　人民币银行间外汇市场做市商名单

中国工商银行股份有限公司	中国农业银行股份有限公司
中国银行股份有限公司	中国建设银行股份有限公司
交通银行股份有限公司	中信银行股份有限公司
招商银行股份有限公司	中国光大银行股份有限公司
华夏银行股份有限公司	广发银行股份有限公司
平安银行股份有限公司	兴业银行股份有限公司
中国民生银行股份有限公司	国家开发银行
上海银行股份有限公司	南京银行股份有限公司
宁波银行股份有限公司	法国巴黎银行（中国）有限公司
上海浦东发展银行	星展银行（中国）有限公司
汇丰银行（中国）有限公司	渣打银行（中国）有限公司
摩根大通银行（中国）有限公司	瑞穗银行（中国）有限公司
三菱日联银行（中国）有限公司	

资料来源：中国货币网站，数据截至 2021 年 11 月 26 日。

第三，外汇衍生品市场快速发展。2005 年"7·21 汇改"以来，我国银行间外汇市场持续进行产品创新。2005 年推出人民币外汇远期交易，2006 年推出人民币外汇掉期交易，2007 年推出人民币外汇货币掉期交易，2011 年推出人民币外汇期权交易。目前已拥有即期、远期、掉期、货币掉期和期权等衍生产品，外汇市场交易量和活跃机构数量稳步增长，外汇衍生品市场工具日益丰富，交投进一步活跃，代客交易量显著提升（王大贤，2019）。2020 年，外汇衍生品市场成交 11.29 万亿美元，占银行间外汇市场总交易量的 59.62%。其中，外汇掉期和期权交易增长最为显著（见图 4-4）。

如图 4-5 所示，在 2012 年至 2014 年 2 月我国银行的代客结售汇为顺差，此时人民币尚处于升值阶段，持有人民币的风险较小，持有人民币的意愿较强。但是自 2014 年 3 月扩大波动幅度及美联储加息周期产生贬值预期后，结售汇的差额逐渐收窄，而到了 2015 年"8·11 汇改"之后，贬值预期加大，结售汇转为逆差状态，此时持有人民币的意愿下降，人民币贬值压力加大，市场情绪明显。经历 2016 年与 2017 年初离岸利率飙升之后，人民银行进行了严格的资本外汇管制，在中间价加入了"逆周期因子"

后，结售汇逆差的趋势逐渐缓解甚至扭转。受人民币升值的影响，市场主体结汇意愿上升、购汇意愿有所下降，2020 年 12 月银行代客结汇 2537 亿美元，代客售汇 1871 亿美元，结售汇顺差 666 亿美元，银行代客结售汇顺差规模明显高于 2019 年同期。

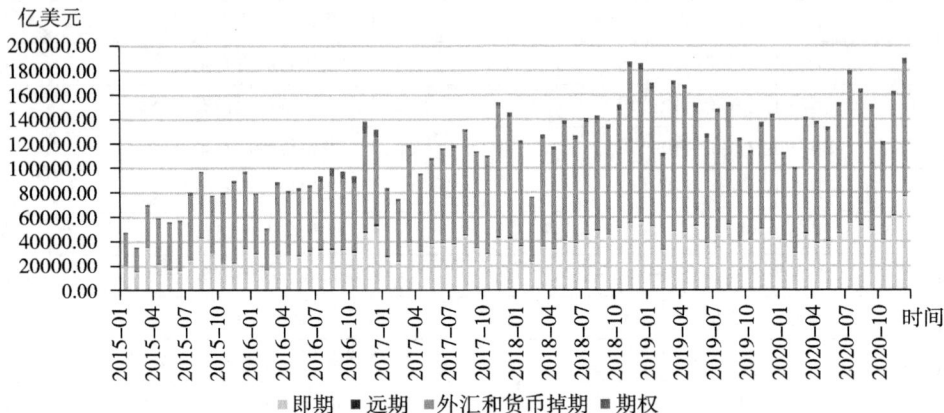

图 4-4　2015—2020 年银行间外汇市场不同交易方式的规模

（资料来源：Wind 数据库）

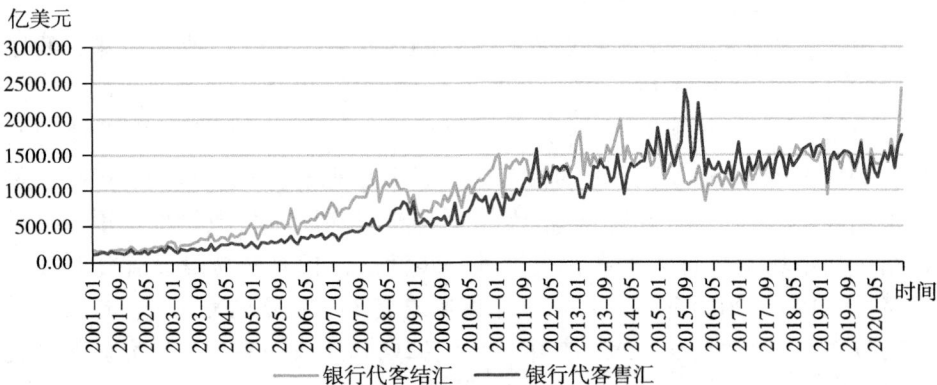

图 4-5　2001—2020 年银行代客结售汇金额

（资料来源：Wind 数据库）

4.1.4　在岸人民币货币市场的发展

利率变动对资金要素配置起着至关重要的作用。改革开放初期，我国曾实行较为严格的利率管制，主要是期望通过对金融政策的约束实现定向支持实体经济发展的目的。但同期中小企业、民营经济的崛起，迫切需要为之提供相应的市场化信贷服务，而银行的低成本信贷资金仍继续输送给国企等特定部门，造成这些部门过度信贷、风险集聚、资源错配。1993 年12 月，国务院颁布了《关于金融体制改革的决定》，提出 "中国人民银行要制定存、贷款利率的上下限，进一步理顺存款利率、贷款利率和有价证券利率之间的关系；各类利率要反映期限、成本、风险的区别，保持合理利差；逐步形成以中央银行利率为基础的市场利率体系"。自此，我国利率市场化改革启动。中国人民银行在《2005 年中国货币政策执行报告》（增刊）中阐述了我国利率市场化改革的总体思路：先放开货币市场利率和债券市场利率，再逐步推进存、贷款利率的市场化。存、贷款利率市场化按照 "先外币、后本币；先贷款、后存款；先长期、大额，后短期、小额"的顺序进行。1996 年以后，先后放开了银行间拆借市场利率、债券市场利率和银行间市场国债和政策性金融债的发行利率；放开了境内外币贷款和大额外币存款利率；试办人民币长期大额协议存款；逐步扩大人民币贷款利率的浮动区间。尤其是 2004 年，利率市场化迈出了重要步伐：1 月 1 日再次扩大了金融机构贷款利率浮动区间；3 月 25 日实行再贷款浮息制度；10 月 29 日放开了商业银行贷款利率上限，城乡信用社贷款利率浮动上限扩大到基准利率的 2.3 倍，实行人民币存款利率下浮制度。我国货币市场利率市场化改革最早，因为银行间同业拆借市场的参与者为银行，来自实体经济的阻力较小，所以在 2007 年 1 月推出了上海银行间同业拆放利率（Shibor）。我国的 Shibor 以 Libor 为蓝本设计，为确定货币市场基准利率发挥了积极作用。Shibor 推出后交易规模不断扩大，而且短期的 Shibor 能基本体现货币市场的供求变化，因此进一步确立了 Shibor 作为货币市场基准利率的地位。随着中央银行的货币工具箱越来越丰富，利率市场化改革进程也在向纵深发展，截至 2015 年底，已经基本完成了利率市场化的改革。

4.2　香港离岸人民币外汇市场和货币市场

离岸货币是指运行在该货币发行国金融运行体系及监管体系之外，交易对象为非居民的货币。离岸人民币市场起步于 1996 年，源于新加坡和中国香港等地为中国跨国贸易企业提供人民币无本金交割远期（NDF）产品，到期后以美元计价结算差额，以帮助其提前锁定汇率，规避汇率波动风险，该产品直到 21 世纪初都是影响力最大的离岸人民币交易品种。人民币离岸市场的发展很大程度取决于政策改革的空间。人民币离岸市场是人民币国际化的助推器。中国人民银行发布的《2020 年人民币国际化报告》中提到，离岸人民币市场保持健康平稳发展，市场广度和深度不断增加，当前离岸人民币市场产品体系趋于成熟。其中场外交易市场（OTC）产品涵盖了即期、远期、掉期、货币掉期、无本金交割远期（NDF）、期权等，投资行为趋于理性。"沪深港通""债券通""沪伦通"基金互认机制不断优化，离岸与在岸人民币之间的双向流通机制不断完善，对境内的投资不断增长。从人民币在全球的被接受程度，或者从跨境使用的情况来看，离岸市场的规模虽然有所收缩，但实际范围还是有所扩大的。离岸人民币市场范围逐步转向发达国家（地区），目前英国、中国香港地区、美国和新加坡为离岸人民币的主要交易场所。随着中国金融市场对外开放逐步扩大，以及更多中英双边金融合作项目的启动，伦敦作为离岸人民币市场发挥的作用更加凸显。SWIFT 数据显示，2021 年人民币跃居全球第五大即期外汇交易货币，伦敦已利用其优势地位超越中国香港成为离岸人民币外汇交易最大的交易中心。究其原因，一是伦敦具有全球外汇交易中心的优势地位，且与多国市场互联，提升了境内外投资者的交易便利性；二是相关法律法规健全，在监管和执行方面采用国际标准并能有效解决争端；三是时区优势，伦敦上午交易时间与中国国内市场重叠，而当中国内地和香港市场关闭时，伦敦可以在下午继续提供人民币流动性（赵东旭，2021）。

4.2.1　香港离岸人民币外汇市场的发展

香港离岸人民币外汇市场是我国为推动人民币国际化而设立的金融市场。中国"十二五"规划纲要首次明确"支持香港发展成为离岸人民币业务中心和国际资产管理中心"，在金融市场尚未完全开放和资本项目没有实现完全自由兑换的情况下，香港可利用各项金融基础为中国及外国投资者提供服务。作为国际金融中心，香港具备作为人民币离岸中心的客观条件及独特优势，是最安全和最有效的。香港离岸人民币外汇市场的发展主要分为以下几个阶段。

第一阶段是萌芽阶段（2003 年 6 月至 2007 年）。这个阶段以离岸人民币的个人业务为主，目的是方便两地居民的往来及消费。2003 年 6 月 29 日，中国内地与香港特别行政区代表达成《内地与香港关于建立更紧密经贸关系的安排》（CEPA）。2003 年 11 月 19 日，为密切香港与内地经贸关系，便利两地居民互访和旅游消费，引导人民币有序回流，经国务院批准，中国人民银行宣布为香港银行开办个人人民币业务（存款、兑换、汇款及人民币银行卡）提供清算安排。2004 年 1 月 18 日，内地有银联标识的人民币卡开始在香港使用；2 月 25 日，香港各参加行正式开始办理个人人民币存款、兑换和汇款三项业务；4 月 30 日，香港银行发行的人民币银行卡开始在内地使用。

第二阶段是形成阶段（2007 年至 2011 年 8 月）。离岸人民币产品体系逐渐健全，金融基础建设的配合进入多元化发展阶段。2007 年 1 月 10 日，国务院常务会议同意进一步扩大香港人民币业务，将为香港银行办理人民币业务提供平盘及清算安排的范围，进一步扩大内地金融机构在香港发行人民币金融债券筹集的资金。2007 年 6 月 26 日，国家开发银行宣布在香港发行约 50 亿元人民币债券，成为香港人民币融资活动的起点。香港的人民币清算平台进一步发展成人民币实时支付系统，以方便实时资金调拨。而香港的债务工具中央结算系统（CMU）也加入人民币币种，并与香港的人民币实时支付结算系统联网，使人民币债券的交易双方可进行货银两讫（DvP）结算，大大减少了结算风险（彭醒棠，2012）。2009 年 11 月，中银香港推出香港 CNY Hibor。2010 年 6 月，跨境人民币结算试点范围扩大后，香港金管局进一步规定香港银行为客户办理非贸易项下人民币兑换服务时允许使用自有人民币头寸，CNH 市场流动性大大提高。2010 年 12 月，金管局明确区分参与行贸易项下和非贸易项下自有人民币头寸，并对两类资金通过清算行在境内市场进行平盘标准做出限制，此时 CNH 市场的交易更加活跃且成为调节离岸市场流动性的重要途径。2011 年 6 月，香港财资市场公会推出 CNH 定盘价，确立了 CNH 市场基准汇率，进一步完善离岸人民币市场基础设施。

第三阶段为加快建设阶段（2011 年 8 月至 2014 年底）。2011 年 8 月，国务院公布了针对香港离岸人民币业务发展的八项措施，其中包括扩大跨境贸易人民币结算范围，支持企业使用人民币到内地直接投资，允许以人民币境外合格机构投资者方式投资内地证券市场，开展外资银行以人民币增资试点，扩大内地机构（包括金融机构和企业）在香港发行人民币债券等方面，这些措施都加快了建设离岸人民币回流机制和离岸人民币产品市场，对香港离岸人民币业务中心的发展有重大的推动作用。2013 年 6 月，香港财资市场公会正式推出 CNH Hibor 定价。2014 年 11 月 27 日，"沪港通"正式开通，拓宽了香港和境内市场间新的双向流通渠道，进一步激活了香港的人民币资金池。2014 年末，香港人民币存量高达 1004 亿元，香港成为第一大离岸人民币外汇市场。

第四阶段为震荡波动阶段（2015年至今）。2015年"8·11汇改"后，人民币继续面临贬值压力，人民国际化进程减缓，香港的人民币存款从2015年中超过1万亿元减少至2016年底5300亿元左右，与跨境贸易结算有关的人民币汇款总额从6600亿元降到2400亿元。2020年底，香港的人民币存款回升至7216亿元，占全球离岸人民币存款余额一半左右；与跨境贸易结算有关的人民币汇款总额回升至5358亿元。根据国际清算银行统计，中国香港地区仍然是全球最大的离岸人民币外汇及场外利率衍生工具市场。2019年，香港地区离岸人民币外汇交易成交量占比41%，较2016年上升了3个百分点（鄂志寰等，2021）。

4.2.2 香港人民币外汇衍生品市场的发展

当前，全球有12个交易所推出了人民币外汇期货产品，但市场仍主要集中在亚太地区，其中香港又是主要支点。经过20多年的发展，在倡导人民币离岸交易的背景下，香港人民币外汇衍生品市场形成了人民币无本金交割远期（NDF）、可交割本金远期（Deliverable Forward，DF）和美元兑人民币（香港）期货合约交易三类市场并存的局面。

NDF市场是在人民币跨境资本流动受到严格管制的情况下，在新加坡和中国香港等的银行间市场自发形成的。当时一些跨国公司在中国境内有大量直接投资，为了规避投资的汇率风险，这些公司与境外银行签订远期合约以规避风险，鉴于人民币不可自由兑换，这些合约以美元作为结算货币并采用现金交割方式，因此被称为无本金交割远期。1996年6月，人民币NDF市场在新加坡最先诞生，此后中国香港、中国台湾、伦敦等地先后建立了人民币NDF交易市场。2010年7月19日，中国人民银行与香港人民币业务清算行中国银行在香港签署新修订的《中国人民币业务的清算协议》催生出香港人民币同业拆借市场，在这样的背景下，香港的一些商业银行于2010年下半年推出了人民币可交割远期合约（DF）。DF产品在推出初期参考在岸人民币中间价结算，因为不是市场实际成交形成的价格，套期保值效率受到影响，与NDF相比也不具有优势。2011年6月27日，香港推出CNH定盘价作为基准汇率，弥补了之前DF产品的缺陷。DF市场日渐活跃，并且逐步取代了部分香港NDF的交易量。香港交易所自2012年9月推出美元兑人民币（香港）期货合约交易。

1. 三个市场的参与主体有差异

NDF市场的主要参与者是金融机构。据香港金管局（2018）的调查，整个 NDF 市场未完结交易名义总额 48% 的交易对手为银行，22% 为非银行类金融机构（包括投资银行、资产管理公司、对冲基金及保险公司），23% 为中央对手方，且非银行机构占比呈上升趋势。香港 NDF 交易的近五成集中于前五大机构。DF 市场的参与者包括金融机构、贸易商、对冲基金、香港居民等。在 DF 市场中，大部分贸易商或居民根据实际需要向银行进行远期兑换，身兼中介职能的银行进入 DF 市场进行平盘。目前，离岸人民币 DF 市场主要参与者及有实际需求主体的体量远大于 NDF 或期货市场。人民币外汇期货交易的主要参与者由银行向非银行机构转变。根据香港交易所（2020）披露的数据，目前香港人民币外汇期货的客户群体包括银行、机构投资者、企业及散户。其中银行的交易金额占比从 2012 年 9 月的 80%，逐步降至 2019 年的 16%。按用途分，纯交易、风险对冲和套利分别占比 59%、23% 和 18%；按机构和个人投资者分，二者分别占比 78.2% 和 17.8%；按外地和本地投资者分，二者分别占比 56.8% 和 39.1%。

2. 三类产品的市场设计有明显差别

一是使用两种结算汇率和交割方式。NDF 以在岸人民币汇率（CNY）结算，采用"无本金"形式，合约到期只需计算合约与当日中间价之间的差额，用美元进行净额结算。DF 和期货交易均以离岸人民币定盘价结算，需要进行人民币实物交割。二是期货在成本和效率上的优势较好地满足对冲基金等投资机构的需求。根据北京金融衍生品研究院（2020）的数据，10 万美元外汇期货交易佣金为 15~20 元人民币，而通过银行进行的外汇交易成本约是中间价的 1‰。此外，场内市场的期货产品具有充沛的流动性和较高的交易效率，便于机构投资者测试或执行交易策略。三是期货交易对授信和抵押品的要求低，灵活性较高。企业参与场外衍生品交易一般需要与银行商议信贷额度、抵押品安排等。特别是中小企业由于缺乏银行授信，可能遇到授信额度紧张等情况，开展相关交易存在一定困难。期货产品以保证金为基础，并接受现金或其他认可的抵押品。根据北京金融衍生品研究院的研究，期货保证金比例大多不超过 2%，且报价透明，交易所作为中央结算对手方安全性较高。当然，期货在金额、期限等方面的灵活性也存在不足，大型企业更青睐场外市场的个性化交易。

4.2.3　香港离岸人民币货币市场的发展

2012 年 1 月 3 日，香港财资市场公会开始在其网站公布中国银行（香港）、汇丰银行、渣打银行 3 家大型银行的人民币同业拆借利率。2012 年 4

月2日，新增5家人民币同业拆借利率的报价银行，分别为工商银行（亚洲）、摩根大通、三菱东京UFJ银行、交银香港及东亚银行。2012年8月6日，又新增5家报价银行，分别为中信银行（国际）、建设银行香港分行、花旗银行、星展银行（香港）和恒生银行。2013年6月，香港金融管理局推出香港人民币银行间同业拆借利率定价（CNH Hibor），这是全球离岸人民币市场首个银行同业拆借利息的定价安排。CNH Hibor是香港金融市场上银行与银行同业之间人民币的拆出、借入资金的利率，成为衡量离岸人民币流动性的关键指标，也将促进离岸人民币贷款市场和与利率有关的金融产品的发展，有助于市场管理利率风险。当利率上升时，反映资金流动性趋紧；当利率下降时，反映资金流动性宽松。CNH Hibor提供包括隔夜、1W、2W、1M、2M、3M、6M及12M等不同期限的报价，可以全面反映离岸货币市场的资金供求情况。

2015年"8·11汇改"之后，CNH Hibor曾出现较大幅度波动，尤以短期利率档期表现最为明显。2015年8—9月，CNH Hibor一周利率曾2次大幅上升至6.9%以上的高位，最高曾达10%；相比之下，CNH Hibor 3个月档期则保持在3.5%~5%，基本与2014年持平。2016年1—2月，CNH Hibor一周利率平均水平为5%，远高于同期在岸Shibor利率2.33%。1月11—12日，CNH Hibor隔夜利率更是大幅飙升至66%的历史高点，其后迅速回落（巴晴，2016）。

随着中国持续推动资本市场对外开放，中国内地与香港的股票和债券互联互通快速发展，债券通日均约200亿元及股票通日均600亿元的规模，对香港本已不大的人民币资金池和流动性产生很大的影响，离岸人民币流动性也变得很不稳定。

4.3　人民币在岸外汇市场与离岸外汇市场的差异

4.3.1　市场定位不同

离岸人民币市场是在人民币国际化的背景下建立的，一方面，希望通过离岸市场的建立，提高人民币在国际支付、结算中的使用比率及收付比率，有利于降低我国进出口贸易商面临的汇率风险。另一方面，我国的利率市场化改革基本完成，而汇率市场化改革速度也逐渐加快，离岸人民币市场是一个完全市场化的市场，可以作为在岸人民币市场化改革的试

点，通过离岸人民币市场中反映的情况分析对在岸汇率市场化改革的问题
进行纠正，也可以通过离岸人民币市场化来倒逼在岸市场化的改革。2015
年"8·11 汇改"后，CNH 与 CNY 均出现大幅度贬值，且市场对贬值预期
加深，恶意做空人民币的投资者大量存在。此时，央行通过对离岸市场人
民币流动性的干预，成功促使投资者和投机者回归理性水平。

4.3.2　市场规模不同

目前，香港拥有全球最大的离岸人民币资金池，超过 8000 亿元人民
币，为全球人民币业务提供流动性支持，但相比在岸市场 212 万亿元人民币
的存款余额来说，离岸人民币市场的资金规模还远远小于在岸市场。香港
作为全球最大的离岸人民币外汇交易市场，国际清算银行每 3 年一度的调查
结果显示，香港涉及人民币的日均外汇交易额在 2019 年 4 月达 1076 亿美
元，相当于全球人民币外汇交易额的 30%。而同期内地在岸市场人民币外
汇交易日均规模接近 1 万亿美元。

4.3.3　市场参与者不同

离岸市场的参与者比在岸市场更加广泛。2015 年之前，只有境内的金
融机构（主要为中央银行和商业银行且包括境外银行在境内的分支机构）
才能参与境内银行间市场。2015 年开始，规定保持原来的参与者不变的同
时，也允许一些大型的非金融机构直接进入银行间市场交易，而其他的公
司必须通过零售市场或商业银行才能进行交易。相比之下，离岸金融机构
和进出口公司都被允许自由地参与交易。因此，境内金融机构的外汇活动
很可能会掩盖企业或公司对汇率的预期，而境外则能充分并且及时地反映
金融机构和非金融机构企业的预期。

4.3.4　汇率形成机制不同

离岸人民币外汇市场不设中间价且不受涨跌幅的约束，而中国内地的
银行间外汇市场要求每日汇率只能在中间价上下一定幅度内浮动，人民币
兑美元汇率只能在中间价的上下 2% 浮动。因此，在岸人民币难以对经济信
息冲击做出及时且充分地反馈，离岸人民币则对经济信息的反应更为迅速
和敏感。

4.3.5　市场监管机构不同

在岸人民币外汇市场主要由中国人民银行和国家外汇管理局监管，在批发市场，中央银行会通过某一大行的交易席位直接进入外汇市场进行公开市场操作，引导汇价走势和市场预期；在零售市场，中央银行要求外汇交易遵循实需原则，必须有真实的贸易背景，才能进行外汇交易。香港离岸人民币外汇市场主要由香港金融管理局监管，监管条件较少，交易相对自由。

4.4　人民币在岸市场与离岸市场的联通

4.4.1　人民币在岸市场与离岸市场双向联通渠道

人民币国际化促进了人民币在离岸市场的使用，现阶段我国资本账户开放仍在进程当中，人民币跨境资金流动还受到一些限制，因此人民币汇率和利率水平在离岸和在岸市场都存在一些差异。差异的存在主要由人民币跨境流动的难易程度决定，而且差异水平随着市场环境和政策变化而波动（贺晓博，2020）。人民币离岸和在岸市场通过多种渠道产生联系并相互影响，人民币资金通过这些渠道实现跨境流动，调剂离岸和在岸市场资金池，影响离岸和在岸市场汇率、利率水平。

1. 跨境人民币结算渠道

在跨境贸易过程中使用人民币进行结算，不仅可以将人民币输送到离岸市场，而且是人民币回流在岸市场的渠道之一。为积极应对国际金融危机，帮助我国企业规避美元等国际结算货币的汇率风险，促进贸易和投资便利化，2008年9月以来，国务院做出了一系列关于加快推进跨境贸易人民币结算的战略部署。2009年7月，人民银行发布了《跨境贸易人民币结算试点管理办法》，上海市和广东省广州市、深圳市、珠海市、东莞市率先开展跨境贸易人民币结算试点，试点的境外地域包括中国港澳地区和东盟地区。随后两次发布公告扩大跨境贸易结算试点范围，并于2012年3月全面开放结算资格，跨境结算使用水平明显提升。人民币在跨境交易中的使用规模迅速扩大。2014年3月，人民币兑美元的波动幅度扩大及人民币贬值预期逐渐呈现后，跨境人民币结算的季度结算额稍有下降，从2014年第一季度的1.65万亿元降到2014年第三季度的1.53万亿元。但2015年"8·11汇改"后，人民币离岸与在岸汇差倒挂达到1000个基点，投机者利用贸易渠道进行套利，推高了跨境人民币结算额，2015 年第三季度，跨境人民币结算额达 2.09 万亿元峰值。此后，人民币出现了大幅度贬值，境外持有人民币的意愿降低，人民币结算量也随之降低，2017 年第一季度结算额只有 9942 亿元。直到 2017 年第二季度人民币重回升值趋势后，跨境人民币结算额才有所回升。这种回升的势头在新冠肺炎疫情期间随着人民币重回升值趋势更加明显，如图 4-6 所示。

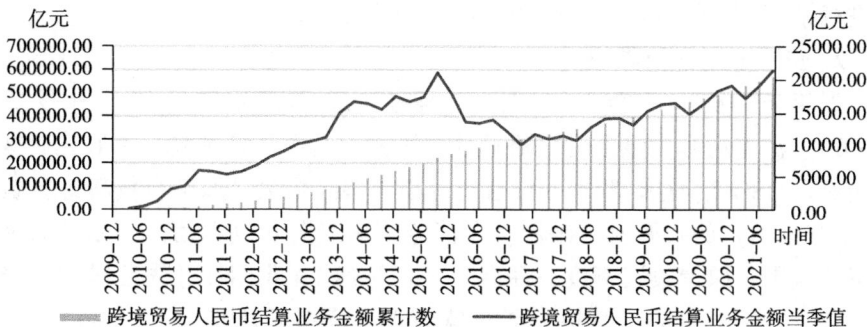

图 4-6　试点以来跨境贸易人民币结算业务发展情况

（资料来源：Wind 数据库）

另外，如图 4-7 所示，香港跨境贸易结算额与香港离岸人民币存款余额具有相同的走势，表明跨境贸易结算渠道已经成为离岸人民币市场的重要来源之一。跨境贸易结算推出以来，人民币结算收付比常年保持在 1∶1.2。但随着 "8·11 汇改" 后，2015 年 8 月，人民币结算的收付比顿时下降至 1∶0.67，之后人民币付出量逐渐回升。从总体来看，人民币处于净流出状态，跨境贸易人民币结算成为人民币流出境外的主要渠道。

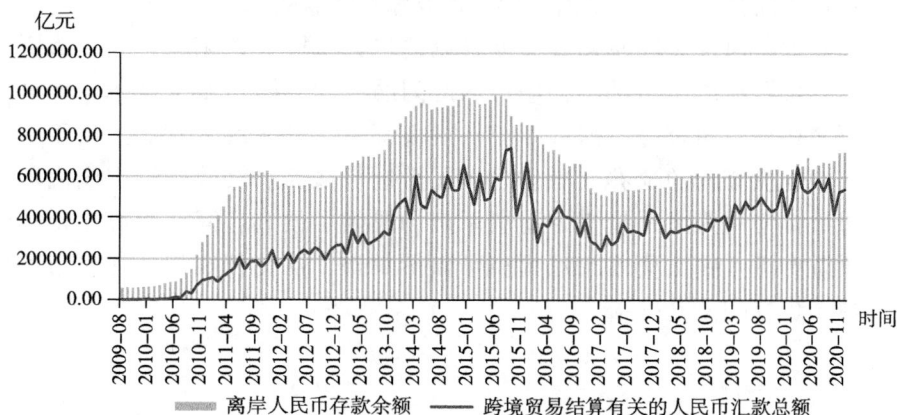

图 4-7　香港离岸人民币存款余额和香港跨境贸易结算有关的人民币汇款总额

（资料来源：Wind 数据库）

此外，跨境人民币结算额比较容易受到汇率波动的影响，当汇差方向不同或汇率波动幅度不同时，境内外的进出口商会选择不同的地点和币种进行结算，从而获得额外的收益。具体机制为当人民币汇率处于升值预期时，CNH 较 CNY 升值更为明显，离岸市场人民币价格更贵，企业使用人民币进行进口贸易结算，此时有利于境内人民币外溢至境外。而当 CNH 较 CNY 贬值更明显，离岸人民币价格较低时，境内进口商企业更可能使用美元进行结算，而境外出口商也更倾向于接收美元。

2. 资本市场投资渠道

近年来，我国证券市场国际化通过一系列措施如合格境外投资者（QFII）、沪港通和深港通等提高开放水平并取得了一定成就。A 股先后被纳入明晟（MSCI）、富时罗素和标普道琼斯等国际指数。取消合格境外投资者（QFII/RQFII）的投资额度限制。在债券市场双向开放方面，不断扩大境外投资者范围，取消投资额度，并启动"债券通"。我国债券先后被纳入彭博巴克莱全球综合指数、摩根大通全球新兴市场多元化指数。在金融市场双向开放的过程中，顺应国际市场的需求，2008 年以来，我国先后与 39 个国家和地区中央银行和货币管理当局签署了双边本币互换协议。随着人民币国际地位的提升，2015 年，IMF 决定将人民币纳入 SDR 货币篮子。此外，金融市场基础设施和金融法制不断健全，也为金融市场在扩大双向开放过程中的安全稳定运行提供了保障。2014 年和 2016 年我国分别启动了"沪港通"和"深港通"，为中国内地与香港相互买卖股票提供了便利。沪港通和深港通通过异地投资股票的形式，形成离岸、在岸市场的联系渠道。但沪港通和深港通都具有各自独立的运行机制，具体来说，沪深两市的港股通账户不能交叉买卖联交所股票，但其账户资金可以交叉使用。

随着沪港通及深港通每日额度限制的扩大，极大地拓宽了人民币资金通过证券市场在离岸市场与在岸市场之间的流动。如图 4-8 所示，无论是北向资金还是南向资金，当日净流入规模都一直处于增长状态。由于中国香港与内地投资者的证券交易均以人民币进行清算和交收，给中国内地居民通过直接使用人民币投资香港离岸市场提供了便利，同时为离岸市场的人民币资金进入中国资本市场提供了新的渠道，从而使离岸、在岸市场之间形成了良好的流动机制。

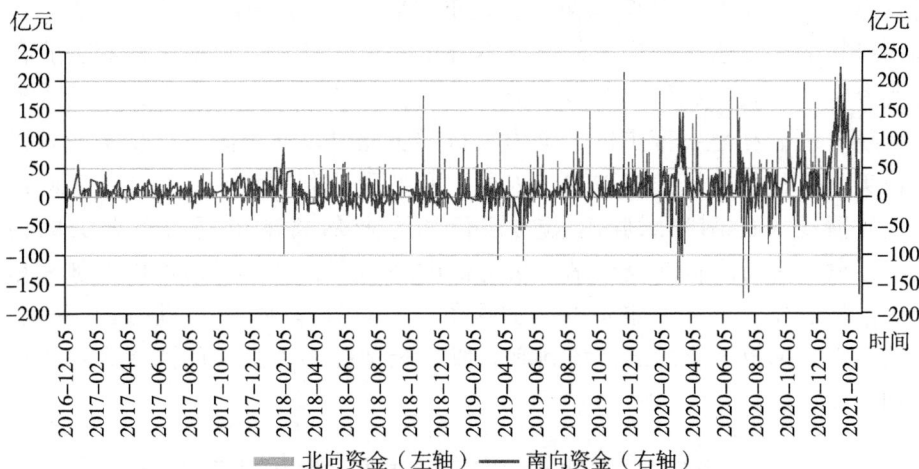

注：北向资金是沪股通与深股通的资金加总，南向资金是港股通（沪）资金与港股通（深）资金的加总。

图 4-8 港股通北向资金与南向资金

（资料来源：Wind 数据库）

3. 资金拆借渠道

人民币跨境资金拆借直接影响离岸和在岸市场利率水平，资金拆借渠道主要有三种：银行内联行资金往来、银行间的同业拆借及银行和企业的境外融资活动。离岸和在岸人民币资金通过以上渠道相互影响，产生联动效应（贺晓博，2020）。第一，银行内部联行资金往来渠道。此种类型受到人民币跨境政策的严格管理，在 2014 年之前政策相对宽松时期，银行内部可以通过联行资金往来实现人民币资金的跨境流动。在 2012 年离岸市场人民币利率较低的时期，银行从境外拆入人民币资金，存入境内进行联行运用，可以获得一定收益。联行往来是内部交易，因此不占用授信额度，较银行间交易有较明显的优势，资金规模也相对较大。2015 年之后，人民币跨境政策收紧，此渠道成为离岸向在岸拆出人民币资金的单向渠道。第二，银行间同业拆借渠道。银行间同业拆借是人民币货币市场的主要产品，此种类型交易也受到人民币跨境政策的严格管理，同宏观环境关系密切。2014 年之前政策相对宽松，银行从离岸市场融得的人民币资金可以通过同业存款或拆借形式进入在岸市场，也可以从在岸机构借入人民币资金进入离岸市场。人民币跨境政策收紧后，此渠道也成为离岸人民币资金进入在岸的单向通道，无法发挥在岸市场对离岸市场的条件作用。第三，金融和企业的全口径外债管理渠道。2017 年 1 月 12 日，中国人民银行发布了《关于全口径跨境融资宏观审慎管理有关事宜的通知》，统一了国内机构的外债管理，实现外债的本外币一体化管理，金融机构和企业在与其资本或净资产挂钩的跨境融资上限内，可从境外借入资金，并纳入外债口径管理。在融资范围内，境内银行和企业可以通过离岸市场融入人民币或美元，具体融资选择取决于人民币和外币的利率水平和企业的实际需求。外债规模的调整意味着境内银行和企业从离岸市场潜在融资的能力，在离岸人民币利率较在岸市场更低的环境下，境内机构可以增加离岸人民币的借款，也在一定程度上加强了离岸和在岸利率市场联通和联动。香港离岸人民币同业拆借市场利率已成为全球影响力最大的离岸人民币市场利率。

4.4.2 人民币在岸市场向离岸市场单向联通渠道

1. 货币互换

中央银行货币互换可以为离岸人民币市场提供增量资金。中央银行货币互换本质上属于人民币跨境借贷方式，借贷主体为货币当局，抵押物为对方货币。中央银行货币互换可以将人民币投入离岸市场，扩大离岸人民币资金规模，会压低离岸人民币利率，如果获得人民币的机构选择在离岸市场将人民币兑换为其他货币，将影响离岸人民币汇率市场价格。2009年，中国人民银行与香港金管局签署了2000亿元人民币的货币互换协议。2011年，人民银行与香港金管局对货币互换协议进行三年期续签，将规模提高到4000亿元人民币。此后分别在2014年11月和2017年11月进行了货币互换协议的续签，保持了4000亿元人民币规模不变。2020年底，中国人民银行已与韩国、马来西亚、白俄罗斯、俄罗斯、印度尼西亚、阿根廷、冰岛、新加坡、新西兰、乌兹别克斯坦、蒙古国、哈萨克斯坦、泰国、巴基斯坦，中国香港和欧元区等40个国家和地区的中央银行或货币当局签署了超过3.99万亿元人民币的互换协议，如图4-9所示。

亿元

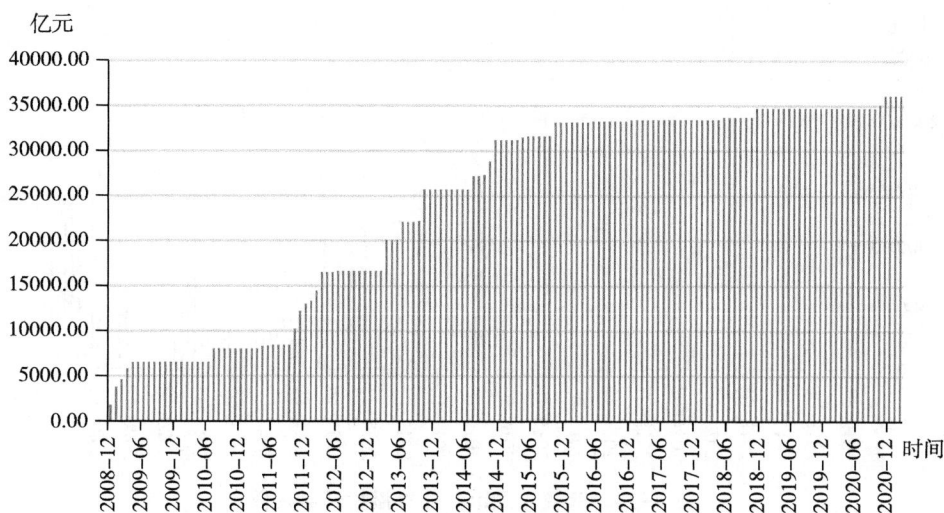

图 4-9　中央银行人民币互换规模

（资料来源：Wind 数据库）

2. 人民币对外直接投资（ODI）

积极发挥对外直接投资的催化作用，是推动人民币国际化高质量发展的必由之路。人民币对外直接投资是指在我国境内登记注册的非金融企业以人民币为投资货币，通过设立、并购、参股等方式在境外设立获取的企业、项目全部或部分所有权、控制权或经营管理权等权益的行为。2011 年底，中央银行允许有资格的境内企业在境外直接投资中使用人民币，银行可为这部分企业办理人民币结算业务。2015 年"8·11 汇改"后，人民币贬值，2015 年 9 月，人民币对外直接投资快速增长至 2078 亿元。2016 年，人民币对外直接投资创新高，主要投资方式为对境外企业股权和债务工具投资。2017 年，人民币对外直接投资回落维持低位，首次出现负增长。2018 年，对外直接投资规模开始增加，且 2020 年增幅明显。但是 2019 年对外直接投资人民币跨境收付金额 7555 亿元，同比下降 6.1%。2020 年，受新冠肺炎疫情影响，欧美等主要国家中央银行实施了宽松的货币政策，基准利率水平处于低位，而人民币汇率保持总体稳定，利率处于正常区间，这提升了人民币资产的吸引力，也强化了人民币作为投资载体货币的职能，"走出去"企业在对外直接投资中使用人民币的比例提升，如图 4-10 所示。

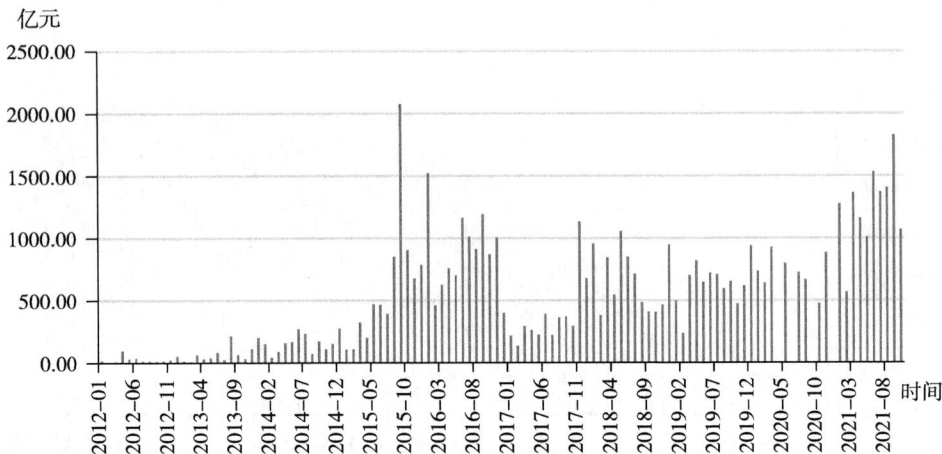

图 4-10　跨境人民币对外直接投资当月值

(资料来源：Wind 数据库)

3. 人民币合格境内机构投资（RQDII）

2014 年 11 月，中国人民银行明确指出允许境内人民币通过 RQDII 的形式对境外人民币计价资本市场进行投资，且额度以实际募集规模为准。RQDII 机制拓宽了境内人民币境外投资的流通渠道，有利于人民币在境外的沉淀。但是 2015 年 "8·11 汇改" 后，人民币贬值压力加大，资本外流压力较大。2015 年 12 月 10 日，中央银行暂停了 RQDII 相关业务。2017 年以来，人民币市场逐渐平稳，中央银行重启 QDII 额度审批，并明文规定 RQDII 不得作为人民币资金汇出境外购汇的途径，旨在防止境外机构恶意沽空人民币。2018 年 5 月，中国人民银行重启了 RQDII（人民币合格境内机构投资者），并进一步明确了其境外证券投资管理的有关事项。这意味着我国跨境投资的管理进一步放松，为金融继续对外开放铺平道路。

4.4.3　人民币离岸市场向在岸市场回流渠道

1. 人民币外商直接投资（人民币 FDI）

2010 年 10 月，新疆率先开始跨境直接投资人民币结算试点；2011 年，跨境直接投资人民币结算扩大至全国范围。2011 年 10 月，中国人民银行发布《外商直接投资人民币结算业务管理办法》，规范银行和境外投资者办理外商直接投资人民币结算业务。这项举措不仅扩大了离岸人民币的使用范围，拓宽了境外人民币的回流渠道，完善了人民币的国际循环机制，而且加强了离岸与在岸市场的联通。由于外商直接投资人民币结算大于中国对外直接投资人民币结算，人民币资金通过跨境直接投资人民币结算回流境内。2014 年，人民币对外直接投资 1866 亿元，外商直接投资 8620 亿元，净流入 6755 亿元。数据显示，2015 年 12 月，人民币外商直接投资存量达到顶峰——1.58 万亿元，随后每年末人民币外商直接投资存量均保持在 1 万亿元以上。2020 年，外商直接投资人民币跨境收付金额 2.76 万亿元，如图 4-11 所示。

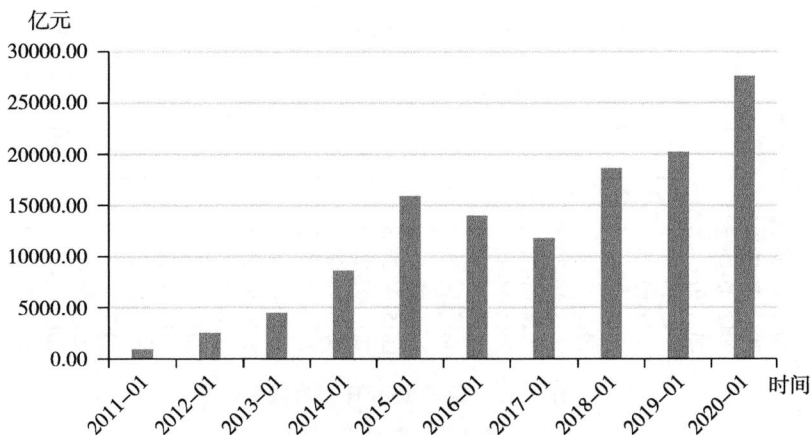

图 4-11　外商直接投资人民币跨境收付金额

(资料来源：Wind 数据库)

2. 人民币合格境外机构投资者（RQFII）

RQFII 主要指境外企业可将限额内的人民币通过香港中资证券公司或基金公司投资境内银行间和交易所市场，其中 80% 投资固定收益工具，20% 投资股票市场。在离岸市场上可供投资的人民币资产产品相对贫乏的情况下，RQFII 业务的推出为离岸市场人民币存量资金回流在岸市场提供了新通道。按照 2019 年 9 月发布的新规，国家外汇管理局决定取消人民币合格境外机构投资者（RQFII）投资额度限制，实际包含三个方面：一是取消 RQFII 投资总额度，二是取消单家境外机构投资者额度备案和审批，三是取消 RQFII 试点国家和地区限制。RQFII 额度的放开，并不代表短时间内会有大量资金涌入中国资本市场。不过，中长期有望吸引更多外资入市，A 股市场投资者结构将持续完善。2011 年 12 月，中国批准了香港 200 亿元人民币合格境外机构投资者（RQFII），截至 2018 年 10 月 30 日，香港 RQFII 投资额度如图 4-12 所示。截至 2015 年 6 月末，中国批准了 13 个国家和地区 9700

亿元 RQFII 总额度。2019 年 9 月 10 日，国家外汇管理局发布公告称，经国务院批准决定取消对合格境外机构投资者（QFII）和人民币合格境外机构投资者（RQFII）投资额度限制，同时取消 RQFII 试点国家和地区限制。

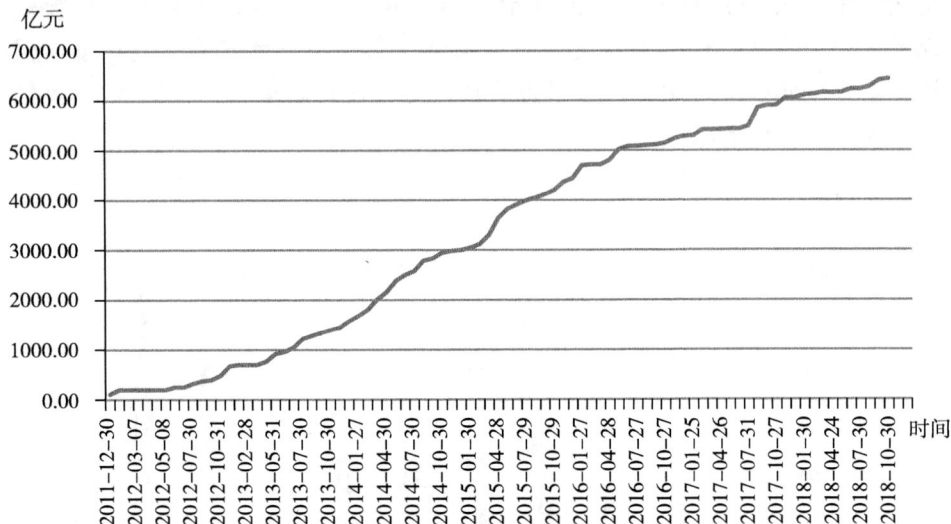

图 4-12　香港 RQFII 投资额度

（资料来源：Wind 数据库）

3. 发行离岸人民币债券和央票

境内机构作为离岸人民币债券的发行人，其主要方式为通过募集境外人民币并在境内进行投资，一方面使人民币留存于离岸市场，另一方面提高了资金的使用效率，总体而言使境外持有人民币的意愿增强。2007 年 6 月，经国务院批准，国家开发银行在香港发行了首只离岸人民币债券。香港市场上，人民币债券称作"点心债"。点心债和香港人民币存款相比，有更高的收益率。2009 年开始，财政部连续 11 年在中国香港发行人民币国债。在政策的推动下，2014 年，离岸债券市场的发行量增加至 5000 亿元，达到历史高峰。2015 年"8·11 汇改"政策和国内经济增速放缓叠加美联储加息等事件下，人民币汇率贬值较大，境内外利率倒挂，人民币债券市场发行量萎缩了一半以上。2015 年 10 月 28 日，中国人民银行第一次发行离岸中央银行票据，在欧洲市场发行了 50 亿元一年期的离岸中央银行票据，发行利率 3.10%，此时离岸中央银行票据发行并非常态化操作。人民银行发行离岸央票，将离岸资金直接抽回在岸，离岸央票的发行节奏对调节离岸人民币市场流动性有重要影响。2018 年 11 月，中国人民银行开始在香港常态化发行离岸人民币中央银行票据，在操作上，中央银行基本是到期滚动发行，最大存量余额800亿元人民币，约占香港离岸人民币存款余额的13.33%，对离岸人民币市场尤其是货币市场的调节作用显著。中国人民银行在香港发行中央银行票据，不仅丰富了香港金融市场的人民币资产，而且为外汇衍生品交易提供了优质的抵押物。

4.5　人民币离岸市场与在岸市场的套汇、套利

根据前面的分析，人民币离岸市场与在岸市场的汇差和利差产生的原因主要是两地的汇率（利率）形成机制不同，当汇差或利差较大且持续时可引起套汇和套利活动，套汇和套利活动方向也会随着汇差和利差方向的变化而变化。人民币升值期间，离岸汇率升值速度较在岸汇率更快，幅度更大，直接标价法下在岸与离岸市场的汇差为正，此时香港离岸市场对人民币的需求增加，境内出口商更倾向于接收美元同时境内结汇，而境外出口商更倾向于接收人民币，香港的人民币存款持续增长，流动性充足；套汇的方向为外汇流入在岸，人民币流到离岸市场。人民币贬值期间，离岸汇率贬值比在岸市场更快，幅度也更大，直接标价法下在岸离岸市场的汇差为负，香港离岸市场对人民币的需求减少，香港人民币存款规模下降。例如，2015年8月，香港离岸市场的人民币存款规模接近1万亿元，而到了2017年4月下降到5467亿元，此时套汇的方向为人民币流入内地在岸市场，外汇流到境外离岸市场。至于套利方面，理论上投资者都遵循低买高卖的原则，但是目前公开的离岸与在岸之间的套利规模非常小。目前我们国家只放开了经常账户（贸易账户），对资本项目还有着较严格的控制，由此套汇、套利大多是基于一定的贸易背景才可以进行，且需要充分利用现阶段合法的账户。本书根据公开的资料整理出5种可能存在的跨境套汇，以及1种常见的套利途径。

4.5.1　利用人民币NRA账户套汇

NRA账户是Non-Resident Account的简称，中文全称为"境外机构境内外汇账户"，是指境外机构按规定在境内银行开立的境内外汇账户，不包括境外机构境内离岸账户。人民币NRA账户是指以人民币为币种的境内银行为境外机构开立的境内外汇账户。2010年9月，人民银行下发《境外机构

人民币银行结算账户管理办法》，允许境内银行为境外机构开立人民币 NRA 账户用于跨境收付人民币业务，要求与境内机构结算账户有效区分和单独管理，不得转换为外币，不得办理现金业务。NRA 账户从外币扩展到人民币，是 2009 年跨境贸易人民币结算试点的配套措施，有助于境外人民币的回流。由于人民币尚未实现可自由兑换，人民币 NRA 账户是对传统离岸业务定义的突破。人民币 NRA 账户有以下几个特点。首先，人民币 NRA 账户可向境外单向划出，且在人民币 NRA 账户之间可自由划转。其次，人民币 NRA 账户办理相关手续后允许在境内购买外汇后汇出境外。最后，人民币 NRA 的收入范围包括经常项目人民币结算收入、经批准的资本项目人民币收入、从同名或其他境外机构境内人民币银行结算账户获得的收入。人民币 NRA 账户的规定为套利可能提供了条件。

具体套利途径：境外的机构通过人民币 NRA 账户办理相关手续以人民币在岸汇率购买外汇后汇出到境外，在境外以人民币离岸汇率结汇。结汇获得的人民币则可以通过构造贸易或其他方式获得合法的收入（在人民币 NRA 收入范围内即可）将人民币转回境内，且可以对其进行反复操作，如图 4-13 所示。

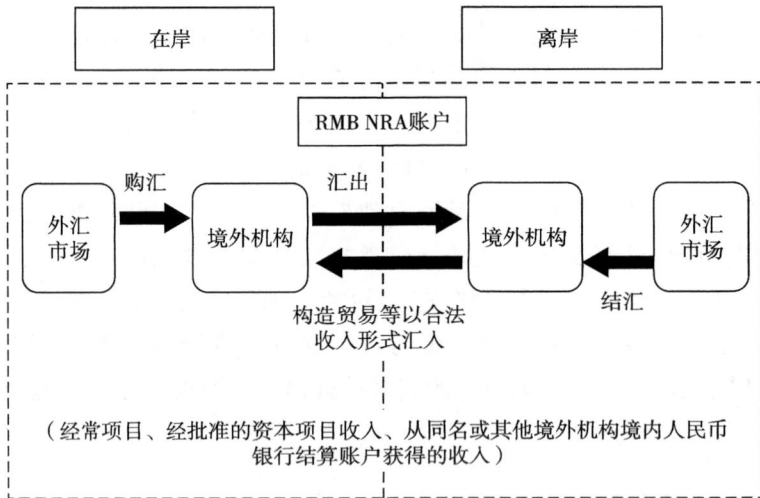

图 4-13 人民币 NRA 账户套利

该套利方式在境内市场以在岸汇率价格卖出人民币买入外汇，然后将外汇在离岸市场卖出并买入离岸人民币，再通过人民币 NRA 账户汇回离岸人民币，最后使在岸人民币供大于求，形成贬值压力。

4.5.2　利用上海自贸区自由贸易账户套汇

自由贸易账户是指银行等金融机构根据客户需要在自贸试验区分账核算单元开立规则统一的本外币账户。自由贸易账户主要有5类：居民个人自由贸易账户（FTI）、境外个人自由贸易账户（FTF）、自贸区内机构自由贸易账户（FTE）、境外机构自由贸易账户（FTN）和自贸区内同业机构自由贸易账户（FTU），所有的自由贸易账户都是FT开头。2014年5月，人民银行上海总部发布上海自贸区《分账核算业务实施细则（试行）》和《分账核算业务风险审慎管理细则（试行）》，规定上海市金融机构可以建立自由贸易账户体系，按照"标识分设、分账核算、独立出表、专项报告、自求平衡"的原则，在分账核算单元内为区内主体（区内机构、区内个人、区内境外个人）和境外机构开立FT账户。FT账户与境外账户、境内区外NRA账户、FT账户之间的资金划转，银行凭客户的收付款指令办理。FT账户与境内（含区内）非FT账户之间的资金划转（含同名账户）以人民币进行，根据有限渗透加严格管理的原则按跨境业务进行管理。FT账户的本外币头寸在区内或境外进行平盘。FT账户以地域的标准，将自贸试验区内的机构和个人与境外的机构和个人一并作为FT账户的开户主体，FT账户既可记录非居民之间的交易，也可记录区内主体之间的交易。FT账户分账核算和"一线放开、二线严格有限渗透"的管理机制，将区内居民主体与境外非居民主体等同看待，以便在人民币资本项目尚未完全自由兑换的情况下，在区内形成可自由对接国际市场的特殊通道。但是上海自贸区FT账户的以上特性也为套利提供了条件。①非金融机构FT账户与其境内其他银行结算账户之间可办理经常项下业务，偿还自身名下规定人民币贷款，规定的实业投资等业务。②境内企业在无须提供相关的证明材料情况下即可通过该账户对境外企业进行汇款。③FT账户结售汇汇率适用的是离岸汇率，即CNH汇率。

具体套利途径：区内的非金融机构购汇后，通过上述第①点特性渗透到FT账户，一方面可以利用第②点特性汇到离岸市场结汇，另一方面可以利用第③点特性直接在FT账户内结汇，如图4-14所示。

该套利方式与NRA套利方式的资金流向相似，同样会对在岸市场形成贬值压力。截至2019年3月末，上海已有56家金融机构通过分账核算系统验收，累计开立13.6万个；覆盖上海全市符合条件的4类企业，已有4000多家企业开立。从2019年1月开始，FT账户被复制推广到海南、广东、天津 3 个自贸区。

2020 年 9 月，人民银行上海分行在此前政策的基础上，与上海市商务委联合发布《关于明确自由贸易账户支持上海发展离岸经贸业务有关事项的通知》，支持金融机构通过自由贸易账户为离岸经贸业务提供国际通行规则下的国际结算、贸易融资等在内的全链式跨境金融服务便利，为上海稳定全球价值链和离岸、在岸枢纽创造金融条件。上海市商务委员会定期向人民银行上海分行推送"离岸经贸业务企业名单"，中国人民银行上海分行指导上海市已建立分账核算单元的商业银行为名单内企业通过自由贸易账户开展离岸经贸业务。这一新规利用自由贸易账户的特性，防止了套利套汇风险，提高了银行和企业的效率，同时把支持范围由以往的货物转手买卖，拓展为离岸加工贸易、服务转手买卖等交易类型。

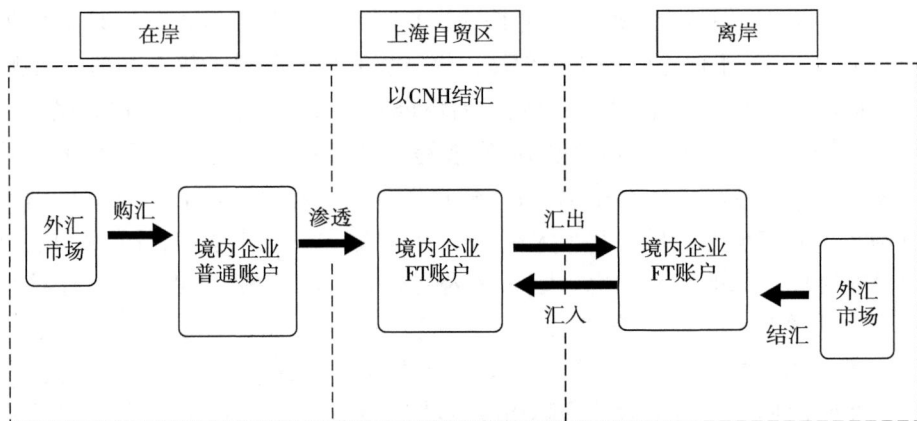

图 4-14　上海自贸区 FT 账户套利

4.5.3　构造相反方向的贸易套汇

境内企业与境外企业通过构造相反的贸易实现境内购汇和境外结汇目的。贸易一般在保税区、出口加工区内进行。保税区、出口加工区的地理位置优越，便于运输，且出台免税或减税政策，使货物进出口的成本大大减少，留给套利一定的空间。构造贸易方式又分为普通贸易和转口贸易。转口贸易是指生产国与消费国之间的交易通过第三方国家进行的贸易。第三方国家既从生产国进口产品，又将该产品出口到消费国，一般在保税区内进行，且转口贸易两头在外的性质使货物出入境保关的手续相分离，为套利提供了便利。

　　具体套利途径：首先，境内企业与境外关联企业签订两份金额相等的进出口货物合同。其次，境内企业进行购汇，并以外币的形式向境外关联公司支付货款。最后，境外关联企业在境外将外币换成人民币（结汇），并以人民币支付给境内企业货款，如图 4-15（a）所示。转口贸易实质大体相同，如图 4-15（b）所示。

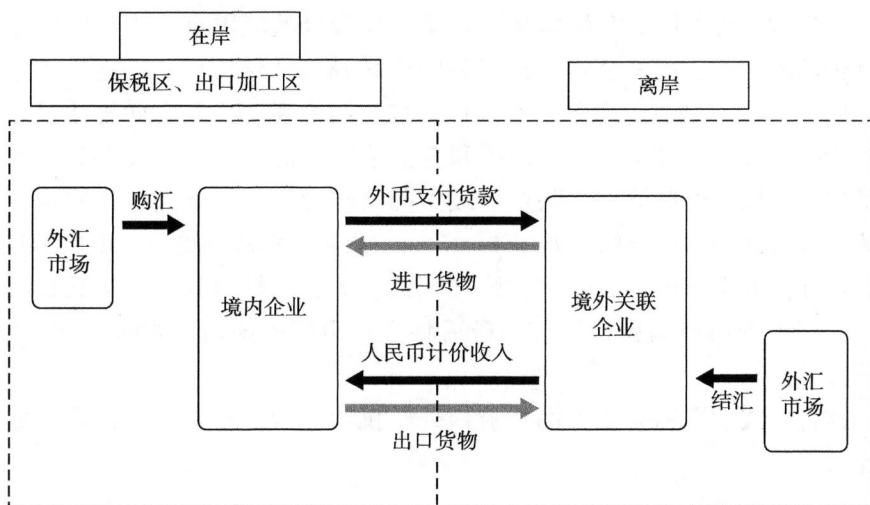

（a）构造普通贸易套利

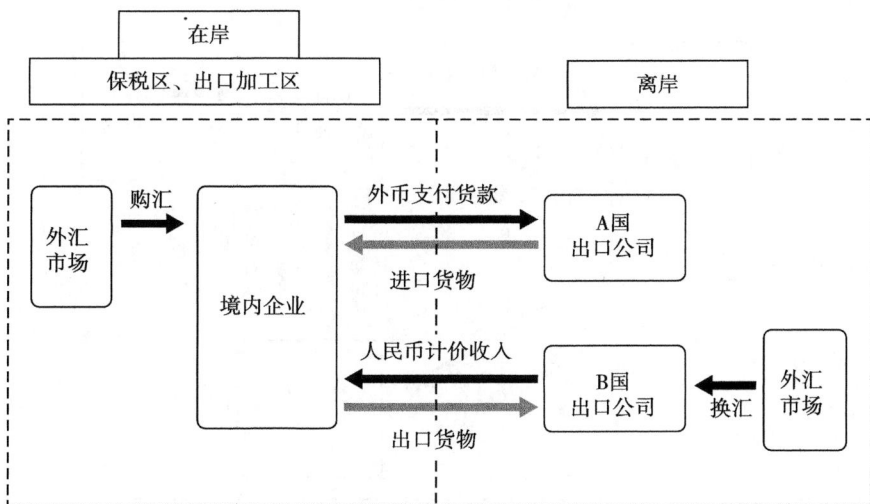

（b）构造转口贸易套利

图 4-15　构造相反方向的贸易套利

这种套利方式与前面两种套利方式相似，在境内市场抛售人民币买入外汇，将外汇汇出境外后在离岸市场卖出并买入人民币，最后使在岸人民币供大于求，形成贬值压力。

4.5.4　出口货款境外结汇套汇

出口货款境外结汇套汇指具有真实贸易背景的境内企业将出口的以外币计价的收入通过境外公司或银行等中介转到境外结汇后，再通过相应的渠道回到国内。按中介来分，出口货款境外结汇套汇主要有两种途径。第一种途径，境内出口企业与境外关联企业或中间商签订以人民币为付款方式的出口合同，然后境外关联企业或中间商与境外的实际进口商签订以外币为结算方式的出口合同，如图4-16（a）所示。第二种途径，境内出口企业直接在商业银行提供的"过渡账户"或"人民币转收款业务"渠道将外币在离岸市场换成人民币结汇，最后将人民币汇回国内，如图4-16（b）所示。

这种方式的套利会使人民币境内外汇供给减少，对在岸人民币形成贬值压力。

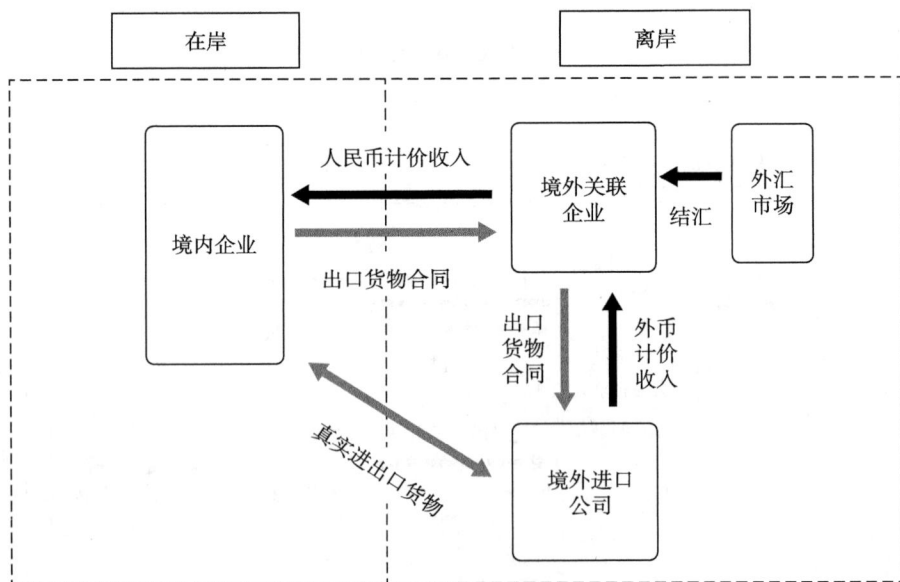

（a）出口货款境外结汇套利（公司为中介）

图4-16　出口货款境外结汇套利

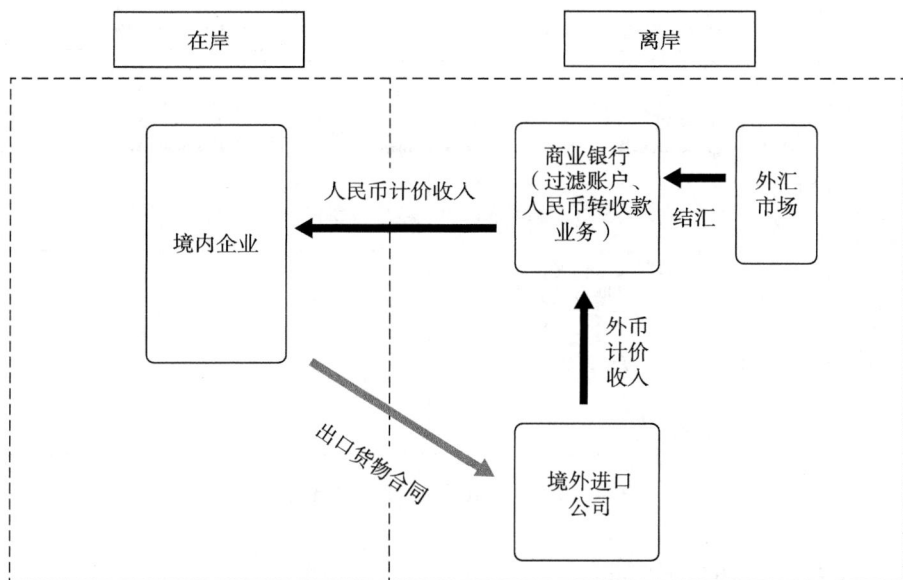

（b）出口货款境外结汇套利（银行为中介）

图 4-16　出口货款境外结汇套利（续）

4.5.5　人民币在岸远期与离岸 NDF 套汇

当离岸 NDF 远期汇率贬值幅度大于 CNY 远期时，可以在 CNY 远期市场购入远期外汇，NDF 市场对远期外汇进行空头平仓。此时，境内银行会为了避免因远期市场交易量较少而造成的流动性问题采取一定的措施，在远期售汇的同时，在即期市场购入外汇，并将其持有至售汇合同到期，此时即期市场会受到远期市场的压力而产生贬值，如图 4-17 所示。

以上 5 种套汇方式，都是在离岸市场卖出美元买入人民币，使离岸人民币需求增加，从而推动 CNH 升值。理论上来说，套利活动使 CNY 贬值、CNH 升值，最终它们的价差缩小，两者均向中间靠拢，相互引导。但实际过程是套利使 CNY 贬值，同时大大影响投资者对人民币的预期，导致人民币进一步贬值，形成恶性循环过程。预期还有一些其他因素会对它们的引导关系产生一定的影响，因此需要后面的实证分析对它们的引导关系进行检验。

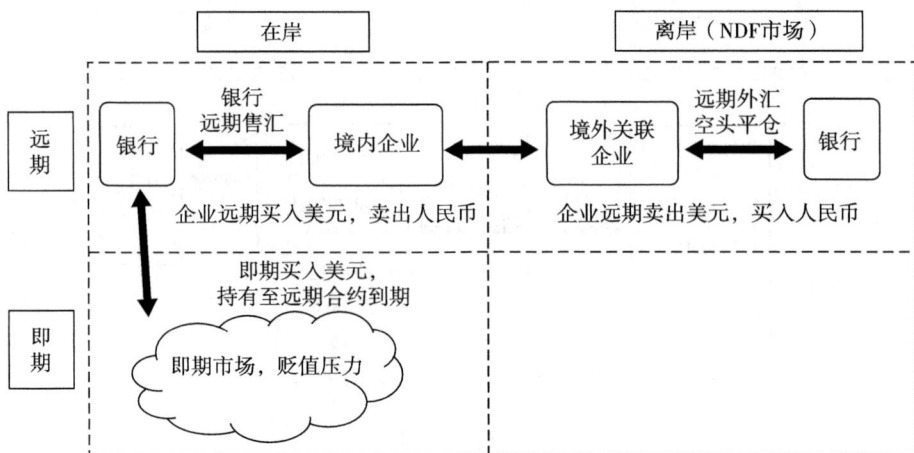

图 4-17　人民币远期与 NDF 套利

4.5.6　利差套利

利差套利的规模相对较小。由于目前只能找到香港人民币贷款利率较低时的套利相关资料，所以仅以此为背景对利差套利进行说明。在香港离岸市场以较低的利率借入人民币，然后人民币通过构造贸易等方式进入境内后投资具有相对高利息的金融市场，获得本金后再通过构造相反的贸易回到香港，把本金和较低的利息还给银行，赚得利差。实际操作中，通过内保外贷的方式，根据取得贷款方式的不同，可以分为两种途径：①境内企业以定期存款 1 亿元（购买银行的理财产品）并将其抵押给境内银行，境内银行开具保函，境外银行收到保函后为境内企业的境外关联企业发放贷款。此时境内企业的银行理财产品具有收益，关联企业贷款有成本，最终的利差为境内银行取得的收益与贷款成本差。②境内企业以定期存款 1 亿元（购买银行的理财产品）并将其抵押给境内银行，境内银行开具出信用证，境内企业以进口将信用证交给境外关联企业，境外关联企业可获得相同金额的贷款，境外关联企业将货物送到保税区将货物买回，境内企业就可以拿回 1 亿元的人民币。此时境内企业的银行理财产品具有收益，关联企业贷款有成本，最终的利差为境内银行取得的收益与贷款成本差。

第5章　人民币在岸市场和离岸市场的汇差及其波动

5.1　问题的提出

5.1.1　人民币在岸市场和离岸市场汇差的变化

人民币在岸汇率 CNY 和人民币离岸汇率 CNH 在价格形成机制等方面存在较大差异，使人民币在岸与离岸汇率水平之间出现差值且持续存在。如图 5-1 所示，中国人民银行实行人民币中间价定价机制改革前，人民币在岸汇率 CNY 与离岸汇率 CNH 之间的价差较小，且汇差波动较为稳定。2015 年 "8·11 汇改" 后，人民币离岸汇率 CNH 波动加剧，人民币兑美元呈现较大幅度的贬值，人民币离岸和在岸市场的汇差在短期内发生了较大变动，由 8 月 11 日的 796 个基点扩大至 9 月 4 日的 1113 个基点，说明在人民币离岸市场与在岸市场资本尚未完全实现互通互联的情况下，当人民币离岸市场贬值预期强烈时，套利空间得到提升，就会导致人民币在岸-离岸汇率价差扩大。9 月 29 日，受中国国庆假期因素的影响，美元多头持仓成本增加，同时中国人民银行对外汇市场主动干预的影响逐渐显现，人民币离岸市场汇率当日大幅提升，一度出现人民币在岸市场与离岸市场汇率 "倒挂" 的局面，汇差达 166 个基点。

2015 年 12 月 1 日，国际货币基金组织宣布人民币正式加入特别提款权货币篮子（SDR），2015 年 12 月 11 日，外汇交易中心正式颁布 CFETS 人民币指数，人民币国际化进程提速。然而，同期国际市场对美元加息的预期不断攀升，人民币兑美元汇率再次承压，导致人民币在岸-离岸汇率价差进一步拉大，人民币在岸-离岸汇率价差波动显著，在 2016 年 1 月 6 日一度达到 1384 个基点，出现继 2015 年 "8·11 汇改" 以来人民币在岸市场与离岸市场汇率价差的峰值，在岸市场与离岸市场汇率价差的背离意味着人民币贬值预期的强化，并将驱动资本继续从境内流出。

个基点

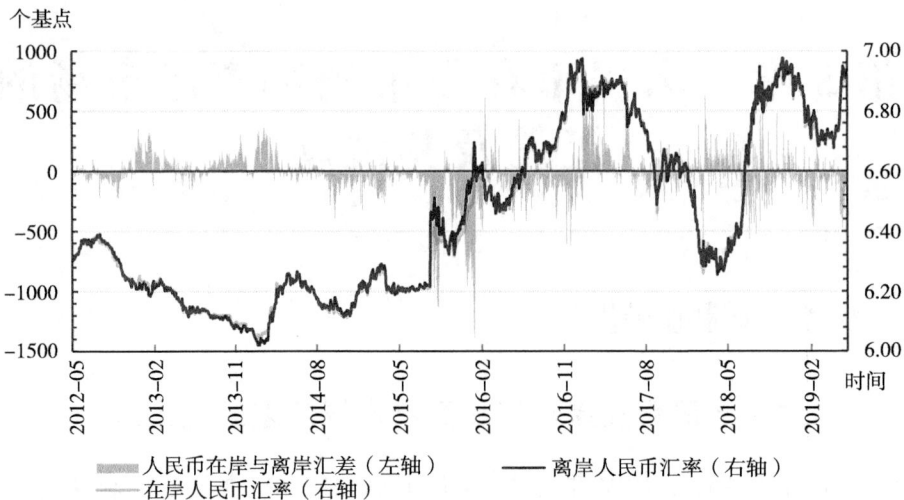

图 5-1 人民币在岸市场与离岸市场汇差及汇率变化
（资料来源：Wind 数据库）

2016 年，人民币兑美元汇率整体呈现大幅贬值趋势，全年人民币中间价贬值幅度约为 6.8%，并于 11 月 24 日跌破 6.90。2017 年 5 月，中国人民银行宣布在人民币汇率中间价报价模型中引入"逆周期因子"，此后人民币兑美元汇率累计升值近 2600 点，贡献了全年升值幅度的 80%。增加逆周期因子，主要是适度对冲市场情绪的顺周期波动，缓解外汇市场可能存在的"羊群效应"，引导市场在汇率形成中更多关注宏观经济等基本面情况，从而避免人民币汇率剧烈波动，至此，人民币贬值预期得以改善，人民币在岸与离岸汇差敞口出现缩窄趋势。

2017 年，人民币汇率中间价的形成机制也愈加完善，2 月中间价对一篮子货币的参考时段由 24 小时调整为 15 小时，避免了美元日间变化在次日中间价中重复反映。5 月中国外汇交易中心在人民币兑美元汇率中间价报价模型中引入"逆周期因子"，形成了由"前一交易日收盘价、一篮子货币汇率变化和逆周期因子"三者共同决定的报价机制。在新的定价机制下，离岸市场 CNH 和在岸市场 CNY 的价差在一定程度上有所缩小。

2018 年，人民币在岸汇率整体由升转贬，呈现双向波动态势。年初人民币汇率受国际市场因素和美元指数动荡影响，出现上涨态势，2018 年 1 月，中国人民银行将"逆周期因子"调至中性。而后伴随人民币汇率贬值和中美贸易摩擦的影响，2018 年下半年，人民银行重启外汇风险准备金要求和"逆周期因子"，以对冲人民币贬值的压力，维持人民币汇率保持稳定。

　　基于以上分析，2015 年 "8·11 汇改" 后，人民币汇率制度的市场化改革不断推进，人民币汇率弹性不断加大，在国际市场动荡和中美贸易摩擦等经济背景下，人民币在岸市场和离岸市场汇率价差出现异常变化，同时双向波动态势逐渐显现，给维护人民币汇率稳定带来了很大的挑战。理解和把握人民币在岸–离岸汇率价差在不同时期的波动特点，探究 2015 年 "8·11 汇改" 后各类影响因素对两地汇差波动的作用机制和影响程度，对预测人民币汇率未来走势，把握人民币汇率制度改革节奏具有重要意义。

5.1.2　人民币在岸市场和离岸市场汇差影响因素的研究

1. 人民币在岸市场与离岸市场的差异

　　项怀诚（2012）和徐文舸（2015）认为香港离岸市场和人民币在岸市场在市场体系、交易基础、管控力度等方面存在的差异性会导致两个市场之间出现汇率差值。由于在岸市场与离岸市场在发展规模、定价机制和交易条件等方面存在较大差异，所以在岸市场与离岸市场人民币流动性、升贬值预期及供求关系等市场基本面的变化，会给人民币两地汇率价差及其波动带来影响。香港金融管理局（HKMA）的报告（2012）指出人民币在岸和离岸汇率之间汇率的差异是信息不对称和两个市场的分割造成的。

　　（1）人民币在岸市场与离岸市场规模存在差异

　　尽管香港离岸市场成立至今已经历了 10 余年的快速发展，但其市场发展规模与在岸市场规模仍存在较大差距（贺力平、马伟，2019）。2010 年、2014 年及 2016 年美元、欧元、日元、英镑及人民币的在岸存量与离岸存量情况如表 5-1 所示。其中，人民币相较于其他主要货币，离岸存量与在岸存量之比为最低，分别为 0.43%、1.62%、0.72%。而美元作为流通最为广泛的国际货币，其离岸货币存量与在岸货币存量之比高达 95.86%、67.45%、56.31%。通过对比发现，中国目前离岸市场货币存量与国内广义货币存量之间存在较大悬殊，且离岸市场规模远不及在岸市场规模。

表 5-1　2010 年、2014 年和 2016 年主要货币的在岸存量与离岸存量　单位：亿元

货币种类		2010 年	2014 年	2016 年
美元	离岸	84466	78894	74446
	在岸	88114	116966	132201
	比值	95.86%	67.45%	56.31%
欧元	离岸	44786	34243	33155
	在岸	84723	96687	106863
	比值	52.86%	35.42%	31.03%
日元	离岸	6339	6037	5800
	在岸	78212	89136	95601
	比值	8.10%	6.77%	6.07%
英镑	离岸	6745	5099	5393
	在岸	21567	21056	22484
	比值	31.27%	24.22%	23.99%
人民币	离岸	3149	19867	11200
	在岸	725862	1228375	1550067
	比值	0.43%	1.62%	0.72%

资料来源：贺力平，马伟. 人民币离岸市场利率波动的新解释 [J]. 金融论坛，2019（10）：3-14.

如图 5-2 所示，左轴为人民币在岸与离岸汇率价差，右轴为香港人民币存款规模。通过对比发现，2015 年"8·11 汇改"后，人民币离岸汇率的贬值压力较大，投资者通过跨境资本贸易结算及套汇套利等行为，将离岸

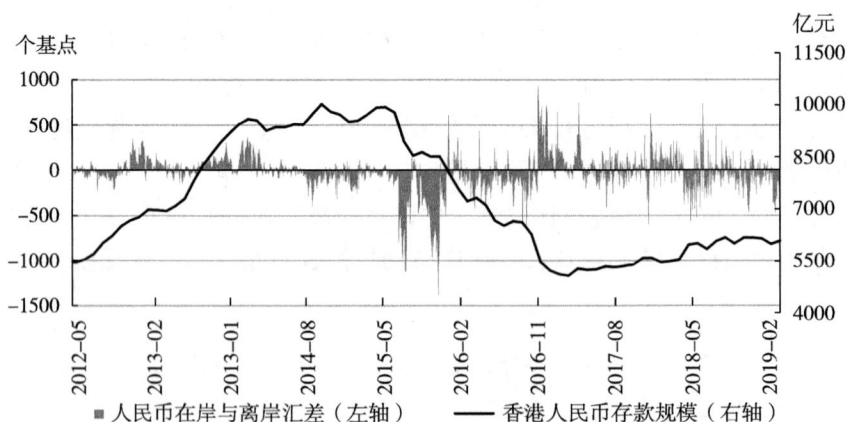

图 5-2　人民币在岸与离岸汇差及香港人民币存款规模

（资料来源：Wind 数据库）

资本输送回在岸市场，促使人民币在岸市场与离岸市场汇率价差进一步拉大，并出现较大幅度波动。

基于上述分析可知，人民币离岸市场规模与在岸市场规模存在显著差异，两地市场间的资本流动易受市场预期、汇率改革、资金存量等因素共同影响。同时，由于人民币离岸市场的自由度较高，离岸汇率对市场供求关系的变动较为敏感，当人民币汇率承受贬值压力，投机需求带动离岸人民币做空规模出现扩大趋势，促使从市场拆借人民币的需求得到拉升，最终导致人民币在岸与离岸市场汇率价差波动性增强。

（2）人民币在岸市场与离岸市场定价机制存在差异

Smith 和 Walter（1990）首次提出金融市场一体化理论，在不同金融市场中，同一金融工具的定价是一致的。基于该理论，Dumas 和 Solnik（1995）通过研究表明汇率定价之间的差异与市场分割有关。由于人民币在岸市场与离岸市场的价格形成机制具有较大差异，且跨境资本尚未实现完全自由流动，所以产生人民币在岸与离岸汇差，并长期保持波动态势。

人民币离岸市场是自由交易市场，其定价机制多受市场供求关系、国际市场等因素的直接影响。首先，离岸市场的参与者中跨国金融机构的占比较大，其报价、投资等交易活动自由度较高，而中央银行对离岸外汇交易业务的管制程度较低，因此当投资贸易需求发生变动时，人民币离岸市场的流动性和货币供求关系也随之改变，进而导致人民币离岸汇率出现波动。其次，由于人民币离岸市场没有单日波动幅度的限制，市场参与者可自由竞价，人民币离岸汇率会随市场交易情况、人民币预期和投资者风险偏好等要素的变化出现较大波动。最后，人民币离岸市场相较在岸市场具有较高的自由度，其与国际金融市场的联系更加紧密，同时离岸市场的人民币存款多来自跨境贸易，当国际市场或中国进出口贸易形势发生变化时，人民币离岸汇率也会随之受到波及。

人民币在岸市场成立较早，发展时间较长，规模较大，但人民币在岸汇率的定价机制受中央银行汇率政策的影响较大。相较人民币离岸市场，人民币在岸市场存在单日浮动限制机制，即人民币在岸汇率以当日中间价为原点，根据市场供求变化而上下浮动且不超过 2%。同时，中央银行为稳固推进人民币国际化进程，围绕有管理的浮动汇率制度开展了一系列改革创新，以不断完善人民币在岸市场的定价体系。2015 年 8 月 11 日，中央银行对人民币中间价报价机制进行调整；2016 年 5 月 6 日，"收盘价+一篮子货币汇率变化"的定价机制最终形成；2017 年，央行引入逆周期因子，标志着人民币中间价由参考"收盘价+一篮子货币汇率变化"两个目标，转变成综合参考"收盘价+一篮子货币汇率变化+逆周期因子"三个目标，人民币汇率的市场化进程得以进一步优化。

因此，由于人民币在岸市场与离岸市场在定价机制、市场规模、制度政策等方面各不相同，促使两地市场的流动性、汇率预期及市场利率产生差异，最终导致人民币在岸汇率相对于人民币离岸汇率出现双向偏离，并伴随显著波动。

2. 国际金融市场环境

人民币离岸市场是一个更加自由的境外人民币外汇市场，对国际金融市场的冲击，尤其是海外投资者风险偏好的变化非常敏感，因而与国际金融市场的联系更紧密。而人民币在岸市场由于资本项目下存在一定的管制，对国际金融市场的冲击就不那么敏感，这导致了人民币在岸与离岸汇率通常会出现较明显的价差。对国际经济环境的影响传导机制主要从以下两个方面进行探讨。

一方面为全球风险偏好要素。如果全球风险偏好发生转移，国际金融市场上的货币供求关系随之变化，导致人民币在岸市场与离岸市场的流动性出现显著差异，短期内将给中国宏观经济带来一定冲击效应。其原因在于人民币在岸市场受政府及相关政策管制，对国际金融市场上的冲击具有较强的抵御能力；而人民币离岸市场限制较少，对国际金融市场上的冲击较为敏感。因此，全球风险偏好的改变在一定程度上会导致人民币在岸市场与离岸市场的汇率差值产生波动。美元走势对在岸和离岸人民币汇率差值具有显著影响（Li 等，2020）。Ning 和 Zhang（2018）的研究表明，短期国际资本流动易造成人民币汇率产生波动，同时跨境资本进出将会伴随大量套利行为，最终对两地汇差产生影响。Garber（2012）认为人民币投机交易行为会随人民币升值预期的强化而逐渐增加，进而使人民币在岸与离岸汇差扩大。国内部分学者也通过实证分析对这一观点进行了论证，均表明人民币升值预期的变化在短期内会使人民币两地汇差扩大（Han 等，2018；郭敏、贾均怡，2016；阙澄宇、马斌，2015；蒋先玲等，2012）。

另一方面为国内与国外市场利率差值变化。根据利率平价理论，当人民币在岸市场与离岸市场之间存在利差，将会产生套利空间。如果国外利率出现上升预期，人民币持有意愿下降，出现抛售现象，就会导致大量资本流出中国，离岸市场人民币汇率承受贬值压力。而由于人民币在岸市场与离岸市场之间仍存在分割，且离岸市场的国际化和市场化较强，所以在国内与国际市场利差的作用下，人民币离岸汇率的变动幅度将大于在岸汇率，最终导致人民币在岸与离岸汇差发生波动。

3. 政府干预

中央银行干预程度在人民币在岸市场与离岸市场间不同，是促使人民币在岸与离岸汇差产生波动的原因之一。为提升人民币汇率的稳定性，降低人民币在岸与离岸汇差的波动性，中国政府通过对外汇政策的改革创新，提升了人民币在岸汇率的灵活性，增强了在岸市场与离岸市场间的联动性。对政府干预政策的影响主要从以下两个方面进行探讨。

一方面是资本管制。由于人民币在岸市场与离岸市场一体化程度较为薄弱，尽管我国对资本项目的管制正在逐步放开，但截至 2017 年末，根据 IMF 分类的 7 个大项目和 40 个小项目的资本项目交易中，中国完全不可兑换的项目还有 6 个，其余 34 项均实现了全部或部分可兑换。在岸人民币市场和离岸人民币市场资金流动存在一定程度的分割，使两个市场的汇率难以通过自由资本流动均一化。Cheung 和 Rime（2014）基于市场供求关系理论，提出中国采取的资本管制政策使人民币在岸市场与离岸市场的供求关系有所分离，进而导致两个市场汇差的出现。Murase（2010）及郭敏、贾均怡（2016）通过引入"托宾税"的概念，论证了资本管制对人民币在岸与离岸汇差之间的影响。

另一方面为汇率制度改革。2005 年，中国开始实行有管理的浮动汇率制度，在随后 10 余年的人民币国际化发展历程中，中央银行不断完善人民币兑美元汇率中间价的定价机制，如 2015 年"8·11 汇改"、CFETS 人民币指数颁布、"逆周期因子"引入等。由于在岸市场的定价机制多受中央银行调控，离岸市场的定价机制多由市场供求关系决定，故两个市场不同的汇率管制力度及定价机制体系是导致人民币在岸与离岸汇差形成和波动的重要因素。Liang 等（2019）通过研究发现人民币汇率改革在长期可以缩减人民币在岸市场与离岸市场汇率价差，短期则会产生扩大效应。Wan、Yan 和 Zeng（2020）发现 2015 年"8·11 汇改"后，随着人民币中间价定价机制的不断完善，有管理的浮动汇率制度有助于推进人民币在岸与离岸市场一体化进程，使两岸市场信息流的传递更加畅通。

5.1.3　研究评述

目前有关人民币在岸与离岸汇差影响因素的研究已相当丰富，大家普遍认同人民币在岸市场与离岸市场在发展规模、资本流动、定价机制等方面的差异会导致人民币在岸与离岸汇率产生差值并持续存在。同时，中央银行干预、资本管制、汇率改革等政策因素，以及人民币未来预期、国际市场投资者风险偏好等行为因素，也会影响人民币在岸与离岸汇差的变化。

2015年"8·11汇改"后一段时期内，人民币在岸与离岸汇差相比以往发生了剧烈波动，但学术界对人民币在岸与离岸汇差变化趋势和波动特征的研究鲜见。因此，我们基于Funke等（2015）及严兵等（2017）等学者的研究，从在岸市场与离岸市场条件、国际金融环境及人民币汇率制度改革的角度，运用广义自回归条件异方差模型（GARCH模型）对人民币在岸与离岸汇差变化的影响因素进行分析；同时借鉴石建勋、孙亮（2017），郭敏，贾均怡（2016）等学者的研究方法，应用MS-VAR模型探究不同阶段人民币在岸与离岸汇差波动性的区制特征及其主导因素。

5.2 人民币在岸市场和离岸市场汇差影响因素的实证分析

5.2.1 模型介绍与变量选择

1. 模型设计

自回归条件异方差模型（ARCH）由Engle（1982）首次提出，在该模型中，提出残差项的条件方差对于其前一项的残差平方值具有依赖性。但是自回归条件异方差模型（ARCH）建立在条件方差的所有系数均为非负的前提下，当滞后阶数变动，不能满足前提假设时，就无法使用此模型进行估计。因此，1986年Bollerslev在自回归条件异方差模型（ARCH）的基础上，提出广义自回归条件异方差模型（GARCH）。在该模型中，允许条件方差依赖自身前一期的估计值，大大弥补了自回归条件异方差模型（ARCH）的不适用性。

在GARCH模型中，对于两个不同的假设前提要进行充分考虑：其一为条件均值，其二为条件方差。参考彭文（2018）的推导过程，本书将一般形态的高阶GARCH（p，q）模型表示为以下形式。

$$y_t = \mu + \sum_{i=1}^{I} \varphi_i y_{t-1} + \varepsilon_t \tag{5-1}$$

$$\varphi_t = Var(\varepsilon_t \mid \Omega_{t-1}) = \alpha_0 + \sum_{i=1}^{q} \alpha_i \varepsilon_{t-i}^2 + \sum_{j=1}^{p} \beta_j \varphi_{t-j} \tag{5-2}$$

$$\varepsilon_t = \sqrt{\varphi_t z_t} \tag{5-3}$$

其中，式（5-1）为均值方程，由常数项 μ、滞后项及残差项 ε_t 组成；式（5-2）为条件方差方程，以前一期信息为基础对方差进行预测，其中参数 q 为 ARCH 项的阶数，p 为自回归 GARCH 项的阶数，且 $\alpha_0 > 0$，$\alpha_i \geqslant 0$，$\beta_j \geqslant 0$；式（5-3）为残差项 ε_t 与条件方差 φ_t 之间的关系函数，且变量 z_t 为满足 $z_t \sim N(0, 1)$ 标准正态分布条件的随机变量。

当 $p = 1$，$q = 1$ 时，GARCH（p，q）模型即转变成 GARCH（1，1）模型，一般标准化的 GARCH（1，1）模型的表现形式如下。

$$y_t = \beta x_t + \varepsilon_t \tag{5-4}$$
$$\varphi_t = Var(\varepsilon_t \mid \Omega_{t-1}) = \alpha_0 + \alpha_1 \varepsilon_{t-1}^2 + \beta \varphi_{t-1} \tag{5-5}$$

式（5-4）为均值方程，其中 ε_t 为残差项；式（5-5）为条件方差方程，其中 φ_t 为条件方差，α_0、α_1 和 β 均可以根据历史信息进行估计。由式（5-3）和式（5-5）可以看出，条件方差方程一般包括三个要素：①常数项 α_0；②度量前期得到的波动性信息的 ARCH 项，即均值方程的残差平方的滞后项 ε_{t-1}^2；③GARCH 项，即前一期的预测方差 φ_{t-1}。

为衡量造成人民币在岸与离岸汇差发生波动的相关因素，我们基于标准的 GARCH（p，q）模型，通过借鉴 Funke 等（2015）的实证检验方法，将人民币在岸与离岸汇差波动的影响因素作为外生解释变量 x 引入 GARCH 模型，扩展后的 GARCH（p，q）的表现形式具体如下。

$$y_t = \mu + \sum_{i=1}^{I} \varphi_i y_{t-i} + \sum_{j=1}^{J} \rho_j x_{t-j} + \varepsilon_t \tag{5-6}$$
$$\gamma_t = \alpha_0 + \sum_{i=1}^{q} \alpha_i \varepsilon_{t-i}^2 + \sum_{j=1}^{p} \beta_j \gamma_{t-j} + \sum_{k=1}^{K} \varphi_k \omega_{t-k} \tag{5-7}$$
$$\varepsilon_t = \sqrt{\gamma_t z_t} \tag{5-8}$$

式（5-6）为均值方程，其中 x 为引入的外生解释变量；式（5-7）为条件方差方程，其中 ω 为引入的外生解释变量；式（5-8）与式（5-3）一致，均为残差项 ε_t 与条件方差 γ_t 之间的关系函数。

2. 变量选择

由于汇率的市场化程度较高，因此容易受到多种因素的共同影响，如政治、经济、社会、文化、心理等（李扬，2014）。目前，国内外有关人民币在岸与离岸汇差波动的文献中，大部分研究均采用人民币在岸市场与离岸市场汇率差值作为被解释变量（严兵等，2017；吴远远、赵启麟，2017；Liang 等，2019）。因此，我们结合实证模型和相关变量取值，沿用石建勋、孙亮（2017）的设定方法，采取人民币在岸与离岸汇率差值表示汇差变动幅度，定义被解释变量 $Div = (CNY - CNH) \times 100$，其中 CNH 选取香港离岸市场人民币兑美元的即期汇率每日收盘价，CNY 选取中国外汇交易中心每日公布的人民币兑美元的即期汇率收盘价，二者均采用直接标价法[①]。

人民币未来预期（Exp）。我们参考贾彦乐等（2016）及刘欣琦（2018）的处理方法，采用 12 月期限的人民币 NDF 汇率与在岸市场人民币升贴水幅度衡量人民币未来预期，该解释变量的具体运算过程如式（5-9）所示。

$$\text{Exp} = \frac{CNY - NDF12m}{CNY} \times 100 \qquad (5-9)$$

其中，Exp 为市场参与者对人民币汇率的未来预期，CNY 为人民币在岸市场即期收盘价，NDF12m 为期限 12 个月的人民币 NDF 汇率[②]。当 Exp 值越大，则预示人民币未来预期越好。

鉴于利率对汇率的影响主要在短期，我们选用上海银行间同业隔夜拆借利率（Shibor）与香港人民币银行同业隔夜拆息（CNH Hibor）之差作为衡量人民币在岸与离岸市场利差（Re）的代理变量，即 Re = Shibor-CNH Hibor。当在岸与离岸市场利差变动时，可以反映出人民币在岸市场和离岸市场的融资成本变化情况。

国内与国际市场利差（Rd）。我们参考郭敏、贾君怡（2016）的研究方法，选取上海银行间同业隔夜拆借利率（Shibor）与伦敦银行间同业隔夜拆借利率（Libor）之差作为衡量中国与国际市场间的利率差值，即 Rd = Shibor-Libor。当国内外利差增大，则代表国内银行间同业隔夜拆借利率高于国际利率。

风险溢酬（Rf）。一般而言，当投资者的风险厌恶度越高，其要求的风险报酬也会随之升高，因此可将风险溢酬作为市场投资者风险偏好的衡量指标（朱孟楠、张雪鹿，2015）。我们对该解释变量的运算参考郑振龙、邓戈威（2010）的推导方法，具体过程如式（5-10）所示。

$$Rf_t = \frac{\ln S_T - \ln F_{t,T}}{T - t} \qquad (5-10)$$

其中，Rf_t 表示风险溢酬，S_T 表示到期日为 T 时刻的即期汇率，$F_{t,T}$ 表示 t

[①] 直接标价法以一定单位的外国货币为标准，折算为本国货币来表示其汇率。
[②] 更新规律：每个工作日 8:30 左右更新。

时刻的到期日为 T 时刻的远期汇率，汇率取值均采用直接标价法。当 $Rf_t <$ 0，风险溢酬为正；当 $Rf_t > 0$，风险溢酬为负。我们分别计算了人民币在岸市场与离岸市场的风险溢酬，通过作差法得到两个市场的风险溢酬之间的差异。当人民币在岸市场与离岸市场的风险溢酬差值增大，说明两个市场的投资者风险偏好存在较大差异。

国际市场波动（Vix）。我们选取全球恐慌指数（VIX）衡量国际市场波动，该指数于 1993 年由芝加哥期货交易所推出，取值为标准普尔 500 指数（S&P500 指数）期权隐含波动率的加权平均值。当全球恐慌指数值越大，则代表国际市场波动越强。

国际金融环境（Market）。我们选取美元指数（USDX）作为衡量国际金融环境的指标，该指数最初由纽约棉花交易所（NYCE）发布，通过计算美元对选定的一篮子货币的综合变化率，来衡量美元在国际外汇市场的汇率情况。当美元指数值增大，则代表美元在国际市场上走强。

由于汇率制度方面的影响因素多为定性指标，所以我们参考 Funke 等（2015）、严兵等（2017）对政府政策的量化方法，通过引入虚拟变量（见表 5-2），以相关外汇制度的实行时间为主要划分节点，将同一制度所划分的不同时段设置为不同变量，进而探讨 2015 年以来各项汇率制度改革对人民币在岸与离岸汇差的作用。

表 5-2　汇率制度变化虚拟变量

政策	变量	时间区间
2015 年 8 月 11 日人民币中间价定价机制改革（Reform）	0	2012 年 5 月 4 日—2015 年 8 月 11 日
	1	2015 年 8 月 12 日及以后
2015 年 11 月 30 日国际贸易基金组织决定将人民币纳入特别提款权货币篮子（SDR）	0	2012 年 5 月 4 日—2015 年 11 月 30 日
	1	2015 年 12 月 1 日及以后
2015 年 12 月 11 日外汇交易中心颁布 CFETS 人民币指数（CFETS）	0	2012 年 5 月 4 日—2015 年 12 月 11 日
	1	2015 年 12 月 12 日及以后
2017 年 5 月 26 日首次引入"逆周期因子"（Inverse）	0	2012 年 5 月 4 日—2017 年 5 月 26 日
	1	2017 年 5 月 27 日及以后

基于实证模型分析的可操作性，实证部分均采用周度数据，通过算术平均值计算方法对数据进行调频处理，将日度数据统一调整为周度数据。时间区间为 2012 年 5 月 4 日至 2019 年 10 月 31 日，数据来源于万得（Wind）数据库和彭博（Bloomberg）数据库。

5.2.2　描述性统计分析

各变量的描述性统计分析如表 5-3 所示。

表 5-3　各变量的描述性统计分析

变量	均值	中位数	最大值	最小值	标准差	偏度	峰度
Div	-0.3106	-0.1964	4.4114	-10.1607	1.6311	-1.8871	11.9181
Rd	1.8773	1.7277	7.4979	-0.7888	1.0983	0.6454	5.7691
Re	0.0009	0.2984	3.8759	-31.4271	2.5503	-6.9121	74.3339
Rf	0.0007	0.0002	0.0198	-0.0106	0.0066	0.8476	3.6562
Vix	15.1190	14.2175	31.8460	9.3400	3.7502	1.4010	5.7485
Exp	-1.8515	-1.7609	0.1764	-5.3613	1.0556	-0.6558	3.2456
Market	90.5753	93.8430	103.1080	79.0920	7.3653	-0.3259	1.5247

根据表 5-3 的数据，被解释变量在岸汇率与离岸汇率差值（Div）的偏度为 -1.8871，出现左偏特征，峰度为 11.9181，且 J-B 检验的 P 值为 0，说明被解释变量 Div 不服从正态分布。各个解释变量中，在岸与离岸市场利差（Re）和国内与国际市场利差（Rd）的均值均大于 0，且峰度均大于 3 时，出现尖峰特征，并且在岸与离岸市场利差（Re）的偏度为 -6.9121，出现左偏特征，而国内与国际市场利差（Rd）的偏度为 0.6454，呈现右偏特征。人民币未来预期（Exp）的均值小于 0，风险溢酬（Rf）、国际市场波动（Vix）和国际金融环境（Market）的均值均大于 0。

5.2.3　ADF 平稳性检验

为避免实证检验中出现伪回归，我们首先对解释变量和被解释变量进行单位根检验，通过 ADF 检验结果来判断变量数据的平稳性，检验结果如表 5-4 所示。

表 5-4　ADF 平稳性检验结果

变量	ADF 检验值	临界值（1%，5%，10%）			平稳性结论
Div	-5.3747	-3.9832	-3.4221	-3.1339	平稳
Vix	-6.1425	-3.9832	-3.4221	-3.1339	平稳
Re	-12.2142	-3.9832	-3.4221	-3.1339	平稳
Rd	-5.5281	-3.9832	-3.4221	-3.1339	平稳

续表

变量	ADF 检验值	临界值（1%，5%，10%）			平稳性结论
Exp	−2.4536	−3.9832	−3.4221	−3.1339	不平稳
DExp	−15.2330	−3.9832	−3.4221	−3.1339	平稳
Rf	−2.7420	−3.9832	−3.4221	−3.1339	不平稳
DRf	−24.2425	−3.9832	−3.4221	−3.1339	平稳
Market	−1.4742	−3.9832	−3.4221	−3.1339	不平稳
DMarket	−13.6580	−3.9832	−3.4221	−3.1339	平稳

注：DExp、DRf、DMarket 分别为 Exp、Rf、Market 的一阶差分。

如表 5-4 所示，人民币在岸与离岸市场汇差（Div）、国际市场波动（Vix）、在岸与离岸市场利差（Re）、国内与国际市场利差（Rd）均拒绝原假设，即数据平稳。人民币未来预期（Exp）、风险溢酬（Rf）和国际金融环境（DMarket）不能拒绝原假设，即数据不平稳，在进行一阶差分处理后，结果显示在 1% 的置信水平下小于临界值，拒绝原假设，实现数据平稳。因此，我们选取人民币在岸与离岸市场汇差（Div）、国际市场波动（Vix）、在岸与离岸市场利差（Re）、国内与国际市场利差（Rd）及一阶差分后的人民币未来预期（DExp）、风险溢酬（DRf）和国际金融环境（DMarket）作为实证分析的数据。

5.2.4　ARCH 效应的检验

根据上述证明，可认为被解释变量 Div 为平稳的时间序列。由于人民币在岸与离岸汇差波动存在集聚性，所以存在较为明显的异方差，故需判断 Div 是否存在 ARCH 效应。

对变量 Div 进行自相关检验，变量 Div 的自相关和偏自相关检验结果如表 5-5 所示。基于 AIC、SC、HQ 等信息准则的衡量，发现 Div 可建立自回归模型 AR（3），修正后的 R^2 值为 0.7323。用 AR（3）模型对残差进行的序列相关检验，最终确定残差滞后项为一阶。

表 5-5　Div 的自相关与偏自相关检验结果

滞后阶数	AC	PAC	Q 统计量	P 值
1	0.8510	0.8510	269.5000	0.0000
2	0.7150	−0.0350	460.0300	0.0000
3	0.6350	0.1270	610.6500	0.0000

滞后阶数	AC	PAC	Q 统计量	P 值
4	0.5460	−0.0690	722.5400	0.0000

在变量 Div 的 AR（3）模型的基础上，检验残差项是否存在 ARCH 效应，结果如表 5-6 所示，均拒绝原假设 H_0，证明残差序列存在显著的 ARCH 效应，即存在波动溢出效应，可以使用 GARCH 模型进行分析。

表 5-6　残差的 ARCH 效应检验

项目	F 统计量	P 值	R^2	P 值
ARCH（1）	23.7555	0.0000	22.4192	0.0000
ARCH（2）	20.6968	0.0000	37.4441	0.0000
ARCH（3）	13.7316	0.0000	37.3661	0.0000
ARCH（4）	10.4315	0.0000	37.8826	0.0000

5.2.5　GARCH 模型的参数估计结果

Engle（1982）和 Bollerslev（1986）提出，针对存在波动丛聚性的序列，可以通过构建一个基本的广义自回归条件异方差 GARCH（p，q）模型进行分析。由于 GARCH（1，1）较为简洁，且对数据的拟合程度较高，所以我们先构建一个标准的 GARCH（1，1）模型进行初步分析。其中，根据 AIC、SC、HQ 信息准则及相应 R^2 值，对含有不同滞后阶数的变量 Div 的 GARCH（1，1）模型进行衡量，最终确定建立包含变量 Div 滞后一阶的 GARCH（1，1）模型，其参数估计结果如表 5-7 所示。

表 5-7　标准的 GARCH（1,1）模型参数估计结果

变量	相关系数	标准差	z 统计量	P 值
均值方程				
Div（−1）	0.7625	0.0342	22.2750	0.0000
方差方程				
C	0.1355	0.0234	5.7901	0.0000
RESID（−1）^{2}	0.3829	0.0808	4.7356	0.0000
GARCH（−1）	0.4440	0.0766	5.7944	0.0000

标准的 GARCH（1，1）模型结果表明，均值方程和方差方程的系数均在 1% 的置信水平上显著。另外，在标准的 GARCH（1，1）模型的基础上对

残差进行 ARCH-LM 检验，结果显示 P 值为 0.7870，不拒绝原假设 H_0，表明残差序列的 ARCH 效应得到消除。

在标准的 GARCH（1,1）模型的基础上，我们对其进行拓展变形，将解释变量国际市场波动（Vix）、在岸与离岸市场利差（Re）、国内与国际市场利差（Rd）及一阶差分后的人民币未来预期（DExp）、风险溢酬（DRf）引入均值方程，将衡量国际金融环境的解释变量 DMarket 和衡量在岸与离岸市场利差的解释变量 Re 引入条件方差方程。

由于针对政府政策方面的定性指标，基础的 GARCH（1,1）无法较好地衡量，所以我们将虚拟变量逐一引入条件方程，根据回归结果对引发人民币在岸市场与离岸市场汇差波动的因素进行探究，结果表明（见表5-8）人民币在岸与离岸汇差波动状况不仅受人民币离岸市场及在岸市场基本条件差异影响，还受国际金融环境变换和汇率制度改革的共同影响。

表 5-8　拓展的 GARCH（1,1）模型参数估计结果

解释变量	I	II	III	IV	V	VI
均值方程						
Div（−1）	0.7754 ***	0.7722 ***	0.7779 ***	0.7769 ***	0.7765 ***	0.7775 ***
Re	−0.0936 ***	−0.0900 ***	−0.0872 ***	−0.0896 ***	−0.0898 ***	−0.0925 ***
DRf	0.8814 ***	0.9382 ***	0.8043 ***	0.8063 ***	0.8075 ***	0.8024 ***
Rd	0.1215 ***	0.1232 ***	0.1199 ***	0.1202 ***	0.1203 ***	0.1222 ***
Vix	−0.0185 ***	−0.0183 ***	−0.0180 ***	−0.0180 ***	−0.0180 ***	−0.0187 ***
DExp	1.4403 ***	1.4057 ***	1.3699 ***	1.3841 ***	1.3842 ***	1.3765 ***
方差方程						
C	0.0928 ***	0.0994 ***	0.0608 ***	0.0677 ***	0.0679 ***	0.0702 ***
Resid（−1）^{2}	0.3232 ***	0.2835 ***	0.2591 ***	0.3029 ***	0.3056 ***	0.3079 ***
GARCH（−1）	0.4516 ***	0.4653 ***	0.4871 ***	0.4735 ***	0.4725 ***	0.4914 ***
DMarket	0.0480 **	0.0355 *	0.0372 *	0.0376 *	0.0378 *	0.0444 **
Re		−0.0141 *				
Reform			0.0728 ***			
SDR				0.0495 **		
CFETS					0.0484 **	
Inverse						0.0474 **

注：***、** 和 * 分别代表1%、5%和10%显著性水平。

根据表5-8的实证结果，将影响人民币在岸与离岸汇差波动的各类外

生变量具体作用效应归纳如下。

第一，人民币在岸市场与离岸市场条件差异。

在岸与离岸市场利差（Re）在均值方程和条件方程中的系数均显著为负，表明随着人民币在岸与离岸市场利差增大，人民币在岸市场与离岸市场汇率价差降低，且波动显著降低。其原因在于人民币离岸市场自由度较在岸市场高，当香港人民币银行间同业拆借利率（CNH Hibor）下降时，离岸市场相对在岸市场的流动性上升，外汇交易频率提高和交易规模扩大都会促使人民币在两个市场上的价格趋向一致，进而缩小人民币在岸与离岸汇差的敞口。因此，采取有效措施，缩小在岸与离岸市场的流动性差异，可以在一定程度上避免人民币在岸市场与离岸市场汇率出现较大差异。

人民币未来预期（DExp）在均值方程中的系数显著为正，表明市场参与者对人民币未来预期与人民币在岸与离岸汇率价差存在正相关关系。当人民币未来预期向好，离岸市场人民币供求关系将发生变动，进而使人民币离岸市场汇率产生升值压力，而在岸市场对市场变化的敏感度较低，在岸汇率的变动幅度将小于离岸汇率。因此，人民币在岸市场和离岸市场汇率在短期内会产生较大差值。结果表明，妥善处理人民币预期分化，积极合理引导市场预期，对于提升人民币在岸与离岸汇差的平稳性有重要意义。

风险溢酬（DRf）在均值方程中的系数显著为正，说明在岸市场与离岸市场风险溢酬差值越大，人民币在两个市场间的汇差也越大。其原因在于人民币离岸市场交易主体相对在岸市场种类较为丰富，具有很强的多样化，因此当投资者对人民币的未来预期产生较大分化时，离岸汇率的波动幅度将大于在岸市场的波动幅度，促使两地汇率差值短期内扩大。

第二，国际经济环境。

国际市场波动（Vix）在均值方程中的系数显著为负，表明国际市场波动与人民币在岸与离岸汇率价差差值存在负相关关系。当全球恐慌指数上升，国际外汇市场的波动性增强，外汇市场投资者对人民币投资情绪有所回落，人民币离岸汇率产生贬值压力，因此在直接标价法下，人民币在岸和离岸即期汇率之间的差值减小。

国内与国际市场利差（Rd）在均值方程中的系数显著为正，表明上海银行间同业隔夜拆借利率（Shibor）与伦敦银行间同业隔夜拆借利率（Libor）的差值与人民币两地汇差存在正相关关系。随着国外资本的流动，人民币离岸汇率短期内将出现较大的升值压力。人民币离岸市场的资本流动限制较少，而在岸市场限制较多且存在单日波幅限制，导致人民币在岸汇率变动幅度小于离岸汇率变动幅度，因此在直接标价法下，人民币在岸汇率与离岸汇率之间的差值也随之增大。

国际金融环境（DMarket）在方差方程中的系数显著为正，表明美元指数上涨时，跨境资本的流动性随美元走强而发生变化，外汇市场上投资者情绪也会发生变化，并对其他非美货币未来预期看空。人民币作为 SDR 货币篮子中唯一的新兴经济体货币，离岸市场上的货币供求关系易受到美元指数涨跌的影响。

第三，人民币汇率制度改革。

通过将政策性虚拟变量引入扩展的 GARCH（1，1）模型的方差方程，发现 2015 年"8·11 汇改"促使人民币在岸与离岸汇差波动增强。一方面，以"收盘价+一篮子货币汇率变化"为核心的人民币中间价定价机制初步形成，标志着中国人民银行旨在逐渐发挥外汇市场供求的作用，在一定程度上降低了对在岸市场的干预力度。另一方面，"8·11 汇改"当日人民币在岸即期收盘价贬值了 1879 个基点，冲击了境内外市场上对人民币的既有预期，加剧了人民币在岸与离岸汇差的波动性。

对 2015 年 12 月初人民币在岸市场与离岸市场汇率差值产生的波动现象，可从两个方面进行探讨：其一为国际外汇政策虚拟变量，即 2015 年 11 月 30 日国际货币基金组织执行董事会决定将人民币纳入特别提款权货币篮子（SDR）；其二为国内外汇政策虚拟变量，即 2015 年 12 月 11 日中国外汇交易中心颁布 CFETS 人民币指数（CFETS）。根据表 5-8 的结果，这两个外汇政策均对人民币在岸与离岸汇差波动产生了显著影响。国际方面，人民币加入 SDR 后，意味着人民币将享有储备货币地位，国际地位迅速提升；国内方面，中国外汇交易中心颁布 CFETS 指数，表明人民币逐渐与美元脱钩，未来将在更大程度上追求对一篮子货币有效汇率的基本稳定。综合分析以上两项外汇政策所带来的影响，表明随着人民币在外汇市场上话语权的提升，市场参与者对其未来预期逐渐发生改变；同时人民币贬值压力在短期内得到释放，可推动人民币在岸市场的市场化发展。因此，人民币加入 SDR 及 CFETS 指数的颁布，对在岸与离岸汇差波动效应增强具有解释作用。

我们还对引入"逆周期因子"的汇率政策影响进行了分析，实证结果表明该政策短期内对人民币在岸与离岸市场汇差波动性的影响显著。其原因在于，中央银行借助宏观调控手段，在美元指数走势强劲的背景下，合理引导市场预期，有效对冲"羊群效应"，降低外汇市场上顺周期行为的影响力，缓解人民币短期内承受的贬值压力。除此之外，"逆周期因子"的引入与重启着重强调了中央银行对人民币在岸市场汇率的调节，克服人民币固有的顺周期体制，分化市场上的贬值预期，推进人民币在岸市场的市场化机制建设，从而避免人民币在岸与离岸汇差出现异常波动。

研究发现，2015 年实施"8·11 汇改"政策、引入"逆周期因子"等外汇政策手段，均对当期人民币在岸与离岸汇差的波动具有良好的解释作用，说明当市场产生不合理预期导致人民币汇率受到贬值或升值压力时，积极合理的外汇干预可以有效缓解外汇市场上的顺周期效应，降低人民币在岸市场与离岸市场汇差的波动。

5.3 人民币在岸-离岸汇差波动特征的实证分析

本节继续沿用 5.2 部分讨论的人民币在岸-离岸汇率价差影响因素，采用马尔可夫区制转换向量自回归模型（MS-VAR）进行实证研究，进一步考察人民币在岸与离岸汇差在活跃状态和平稳状态下，不同区制的具体特征及其主要影响因素，并通过脉冲效应测算各影响因素的作用程度。

5.3.1 MS-VAR 模型介绍

Hamilton（1989）首次提出马尔可夫区制转换模型（Markov Regime Switching Model），用来描述时间序列在不同状态区制之间的转换过程，并对转换发生的概率进行计算。该模型假设，不同状态区间具有持续相关性且可实现相互转换。因此，借助马尔可夫区制转换模型可以描述状态间的转移情况，并对相关经济行为进行深入分析。

随着人民币定价机制日益市场化，人民币在岸汇率与离岸汇率波动逐渐呈现随机性和复杂化等特点。因此，马尔可夫区制转换模型可以更好地拟合序列的变换过程（郭敏、贾君怡，2016；石建勋、孙亮，2017）。我们基于时变转移概率的 MS-VAR 模型对前面分析的影响因素进行进一步讨论，探究人民币在岸与离岸汇差波动性的具体特征，并沿用焦宜清（2018）的推导方式，将 MS-VAR 模型的数学分析归纳如下。

首先，一个取值为 K 的马尔可夫区制转换模型 MS（K）的数学表达式如下。

$$Y_t = \mu_{s_t} + \sum_{i=1}^{N} A_{i,\,s_t} X_t + \varepsilon_t \,, \quad \varepsilon^t \sim NID(0,\,\Sigma_{s_t}) \tag{5-11}$$

其中式（5-11）中的 N 表示模型中自变量的个数。S_t 表示 t 时期的一个离散不可观测的状态变量，其区制为 1，2，$\cdots$，k 受 S_t 数值变化的影响，4个具有区制转移特征的待估计参数 μ_{S_t}、A_i、s_t、Σ_{s_t} 取值也会随之变化。如果状态变量 S_t 在不同区制间的变化服从马尔可夫过程，那么其在 t 时期的状态转移概率分布仅由 $t-1$ 时期的状态决定，与其他时期的状态无关。因此，马尔可夫区制转移概率公式如下。

$$P_{ij} = P(S_t = j \mid S_{t-1} = i) \tag{5-12}$$

$$\sum_{j=1}^{k} P_i = 1 \text{，} \forall ij\varepsilon\{1，2，\cdots，k\} \tag{5-13}$$

马尔可夫区制概率转移矩阵的形式如式（5-14）所示。

$$P = \begin{bmatrix} p_{11} & \cdots & p_{1k} \\ \vdots & \ddots & \vdots \\ p_{k1} & \cdots & p_{kk} \end{bmatrix} \tag{5-14}$$

向量自回归模型（VAR 模型）是在自回归模型（AR 模型）的基础上衍生而来的，其采用滞后变量进行回归估计，将自回归模型由单变量推广到多元时间序列变量，使其使用范围得以扩大。

建立一个变量 y_t 的一般向量自回归模型 VAR（p），其中 y_t 带有 p 阶滞后项，且该模型包含截距项，其一般数学表达式如下。

$$y_t = v + A_1 y_{t-1} + \cdots + A_p y_{t-p} + u_t \text{，} u_t \sim NID(0，\Sigma) \tag{5-15}$$

式（5-15）中，u_t 为误差项，当满足 $u_t \sim NID(0，\Sigma)$ 时，方程可转换为另一种形态的稳定状态模型，其数学表达式如下。

$$y_t - \mu = A_1(y_{t-1} - \mu) + \cdots + A_p(y_{t-p} - \mu) \tag{5-16}$$

式（5-16）中，将式（5-15）中的截距项转换成 y_t 的 $K \times 1$ 维均值 μ 进行表达。然而上述模型假设前提是变量 y_t 所处状态不会随时间变化而产生变动，但如果变量 S_i 拥有多种状态，则该模型无法良好的拟合出变量 S_i 的时间波动特征。因此，结合马尔可夫区制转换模型和向量自回归模型，便可扩大两个模型各自的适用范围，实现状态变量波动性特征的描述。

经过上述推导，可知马尔可夫区制转换向量自回归模型 MS（K）-VAR（P）的数学表达式如式（5-17）所示，其中 K 值代表马尔可夫区制转换模型的区制数为 K，P 值代表向量自回归模型的滞后项为 P 阶。

$$y_t = v_{S_t} + \sum_{i=1}^{p} A_{i,\, S_t} y_{t-1} + \varepsilon_t \text{，} \varepsilon_t \sim NID(0，\Sigma_{S_t}) \tag{5-17}$$

MS-VAR 模型形式存在多样化，其均值项和截距项有时存在状态依赖性，而有时则为非状态依赖性，另外，其误差项既可以是同方差，也可以是异方差，或者两者均可存在，因此可以形成多种组合，需要结合实证分析的状态变量对 MS-VAR 模型的形式加以判断，确定拟合度最优的马尔可夫区制转换向量自回归模型。我们对于 MS-VAR 模型表示的解释如下：M 代表均值项状态依赖，I 代表截距项状态依赖，A 代表自回归参数状态依赖，H 代表误差项存在异方差。

5.3.2　MS-VAR 模型具体形式的选择

MS-VAR 模型包含多种形式，大体可分为均值变动模型（MSM）、截距变动模型（MSI）、自回归参数变动模型（MSA）和异方差存在模型（MSH）。除此之外，通过对各参数特征不断组合，还能够产生其他特殊形式的模型。因此，我们首先对 MS-VAR 模型的具体形式进行确定。

1. 确定 VAR 模型的滞后阶数

根据表 5-9 中各准则下不同滞后阶数的结果，一阶滞后阶数在 AIC、SC、HQ 准则下显著，所以确定 VAR 模型的最优滞后阶数为一阶。

表 5-9　各准则下的滞后阶数

滞后阶数	AIC 准则	SC 准则	HQ 准则
0	18.3175	18.3929	18.3475
1	12.8018*	13.4051*	13.0416*
2	12.8030	13.9341	13.2527
3	12.8505	14.5095	13.5101
4	12.9226	15.1094	13.7921
5	13.0035	15.7182	14.0828

注：结果由 Eviews 软件计算得到。

2. 确定最优 MS-VAR 模型类型

MS-VAR 模型将马尔可夫区制转换模型与传统的 VAR 模型有效结合起来（王涛等，2018），可细分为均值变化模型（MSM-VAR）、截距变化模型（MSI-VAR）、自回归参数变化模型（MSA-VAR）和存在异方差的模型（MSH-VAR）。由于人民币在岸市场与离岸市场汇率差值的波动状态存在"高波动"和"低波动"两种状态（石建勋、孙亮，2017），因此，我们建立区制为 2 的 MS-VAR 模型，并根据 AIC、SC、HQ 准则及 LogL 值确定最优模型形式。通过运用 OX 软件进行计算，得到的运算结果如表 5-10 所示。

表 5-10　模型的选择

模型形式	AIC	HQ	SC	LogL
MSI（2）-VAR（1）	3.4619	3.8543	4.4496	-543.9972
MSIA（2）-VAR（1）	2.4923	3.0915	4.0004	-316.5919
MSIH（2）-VAR（1）*	1.0052*	1.5157*	2.2902*	-63.9546*
MSIAH（2）-VAR（1）	1.2821	1.9994	3.0875	-65.9127
MSM（2）-VAR（1）	2.4107	2.8030	3.3983	-350.5623
MSMA（2）-VAR（1）	10.6388	11.2380	12.1469	-1815.5473

注：* 表示根据相应规则的最优选择。

根据表 5-10 的结果，从对数似然值看，MSIH（2）-VAR（1）模型的值最大，从 AIC、HQ、SC 信息准则分析，MSIH（2）-VAR（1）模型的 AIC 值、HQ 值和 SC 值均为最小。综合分析，模型 MSIH（2）-VAR（1）拟合效果最优，即模型存在两个区制，滞后阶数为 1 阶，截距和方差均随区制变化而改变。

5.3.3　MSIH（2）-VAR（1）模型分析

根据 MSIH（2）-VAR（1）模型各区制截距项及标准差的结果（见表5-11），可对两个区制进行如下划分：在区制 1 状态下，人民币在岸与离岸汇率差值整体表现较为活跃，波动幅度较大；在区制 2 状态下，人民币在岸与离岸汇率差值波动幅度较小，呈现平稳状态。

表 5-11　MSIH（2）-VAR（1）模型各区制截距项及标准差

分类	区制	Div	DExp	Re	Rd	VIX	DMarket	DRf
截距项	区制 1	-0.3785	-0.1501	-1.3055	0.0319	3.3603	-0.2486	-0.0011
	区制 2	-0.1987	-0.0879	-0.4113	0.0227	2.5452	-0.1703	-0.0006
标准差	区制 1	1.4936	0.3450	4.9048	0.0663	3.5273	0.7536	0.0037
	区制 2	0.5309	0.1617	0.6735	0.3796	1.6466	0.6041	0.0017

注：结果由 OX 软件 GiveWin 平台计算得到。

由 MSIH（2）-VAR（1）模型区制转移和区制特征表（见表5-12）可知，当系统处于区制 1 状态时，维持该区制稳定的概率为 82.81%，由区制 1 转入区制 2 的概率为 17.19%；当系统处于区制 2 状态时，维持该区制稳定的概率为 95.82%，由区制 2 转入区制 1 的概率为 4.18%。从区制转移矩阵可以看出：区制 2 相较于区制 1 具备更高的稳定性，向其他区制转移的概率较低。综上所述，区制 1 和区制 2 之间的转移概率存在非对称的特点。

表 5-12 MSIH（2）-VAR（1）模型区制转移矩阵和区制特征表

区制	区制 1	区制 2	样本数	概率	持续期
区制 1	0.8281	0.1719	72.6000	0.1957	5.8200
区制 2	0.0418	0.9582	295.4000	0.8043	23.9100

注：结果由 OX 软件 GiveWin 平台计算得到。

从区制特征来看，区制 1 包含样本数为 72.6，系统处于区制 1 的概率为 19.57%，平均持续期为 5.82 个周；区制 2 包含样本数为 295.4，系统处于区制 2 的概率为 80.43%，平均持续期为 23.91 个周。综合考虑两个区制的特征，区制 1 的平均持续期、样本数和发生概率均较低，说明当人民币外汇市场出现高波动状态时，持续期一般较为短暂，且在巨幅波动发生后，多会转入区制 2 并逐渐回归稳定状态。

表 5-13 显示在区制 1 和区制 2 两种状态下，各影响因素与人民币在岸与离岸汇差之间的相关性。无论是活跃状态还是平稳状态，人民币在岸与离岸汇差（Div）与人民币未来预期（DExp）和风险溢酬（DRf）呈现正相关性。其中，人民币未来预期（DExp）在区制 1 和区制 2 中的相关性均为最强，相关系数分别为 0.6357 和 0.4048，说明人民币未来预期的变动对两地汇差波动具有显著影响。

表 5-13 人民币在岸与离岸汇差在两种区制下与其他变量的相关性

区制	DExp	Re	Rd	Vix	DMarket	DRf
区制 1	0.6357	−0.3462	−0.1918	−0.2329	−0.1183	0.3039
区制 2	0.4048	−0.0661	0.0694	−0.2044	−0.0178	0.3998

注：结果由 OX 软件 GiveWin 平台计算得到。

而人民币在岸与离岸汇差（Div）和在岸与离岸市场利差（Re）、国际市场波动（VIX）及国际金融环境（DMarket）均存在负相关性。在活跃状态的区制 1 中，人民币在岸与离岸市场汇率差值与两地市场利差（Re）及国际市场波动（Vix）的负相关关系较为明显，相关系数分别为 −0.3462 和 −0.2329。说明当经济处于活跃状态下，中央银行通过适度干预以调整人民币在两个市场上的拆借成本，可使人民币在岸与离岸汇率差值随两地市场利差扩大而降低。同时，随着人民币国际化程度不断加深，外汇市场投资者情绪的波动，将在短期给人民币离岸汇率带来升、贬值压力，因此，在活跃度越高的市场环境下，人民币两地汇差受到的影响也越发剧烈。

图 5-3 为两区制转换概率图，展现了人民币在岸-离岸汇差波动从 2012 年 5 月 1 日至 2019 年 5 月 31 日的区制转换情况，其中横轴表示时间，纵轴表示各变量出现在某一个区制的概率。

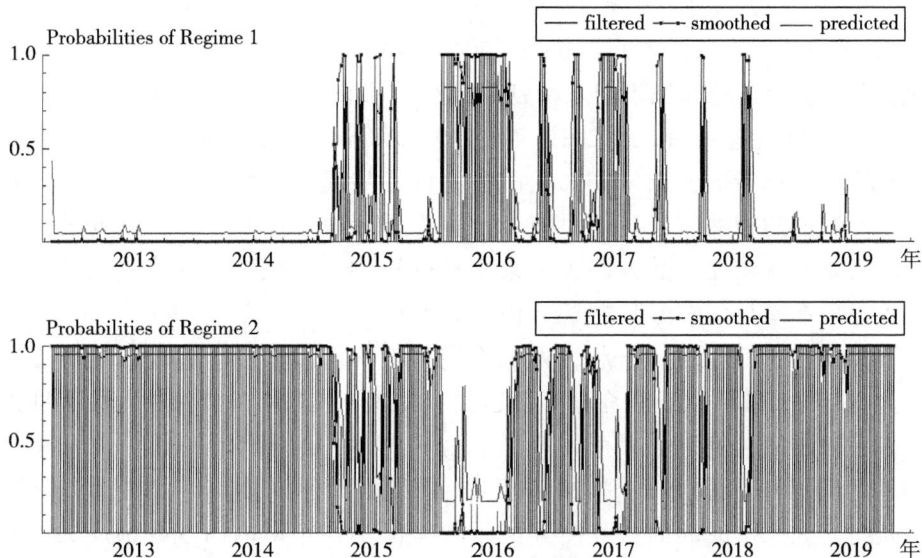

图 5-3　两种区制转换概率图

如图 5-3 所示，2012 年以来人民币在岸与离岸市场汇率差值曾多次由区制 2 转入区制 1，通过将重要时间节点与人民币汇率制度发展历程相比对，可进一步探讨在不同阶段，造成人民币在岸与离岸汇差波动的主要影响因素。

阶段一：2014 年底至 2015 年初。

2014 年 11 月 17 日，"沪港通"股票交易活动正式启动，标志着中国内地与中国香港资本市场之间的联系更加密切，资本渠道的互联互通程度得到显著提升，离岸市场人民币的投资渠道得到拓宽，也增加了离岸人民币回流的渠道。同时，美元指数在 2014 年下半年呈现增长态势，并于 12 月 24 日一度达到 90.08。因此，在跨境资本流动、市场投资者预期分化和风险偏好等因素的影响下，人民币离岸市场汇率在短期波动较大，导致人民币在岸与离岸汇差在 2014 年第四季度频繁由平稳状态的区制 2 转入活跃状态的区制 1。

阶段二：2015 年中至 2016 年初。

2015 年"8·11 汇改"后，中央银行进一步降低在岸市场的干预力度，促使人民币市场化进程继续推进。"8·11汇改"后，外汇市场上的人民币预期及离岸市场流动性均受到影响，使人民币在岸-离岸汇率差值由区制2转入区制1，且高波动状态的持续时间较长。

2015年12月11日至18日，人民币在岸与离岸汇率差值处于区制1，其主要原因有两个方面：其一，2015年11月30日，国际货币基金组织执行董事会决定将人民币纳入特别提款权货币篮子（SDR），标志着人民币国际化进程提速；其二，2015年12月11日，中国外汇交易中心颁布CFETS人民币指数，意味着人民币独立性逐步提升。综合分析国内外人民币汇率制度的相关因素，说明随着人民币国际地位提升，离岸市场的货币供求关系和流动性会受人民币未来预期的影响，在短期出现显著变化，导致人民币在岸与离岸汇率差值产生较大波动。

2016年，自1月4日起，人民币在岸汇率与离岸汇率之间的差值逐渐拉大，1月6日两地汇差差值一度达到-0.1384，其中当日在岸人民币即期汇率为6.5575，离岸人民币即期汇率为6.6959，人民币在岸汇率和离岸汇率均出现贬值局面。由于受2015年12月美联储加息的影响，外汇市场出现大量抛售人民币的局面，致使人民币离岸汇率在短期内出现贬值压力，同时，人民币离岸市场相较在岸市场具备更高的自由度，因此人民币两地汇差迅速拉大并剧烈波动。直至2016年1月末，中国人民银行通过公开市场操作对人民币离岸市场进行有效引导，逐渐平稳人民币在岸与离岸市场汇差波动，最终回归区制2。

阶段三：2016年10月至2016年12月。

2016年，国际政治、经济、文化等方面的格局出现诸多变化，如英国脱欧公投、美国总统大选等，人民币在岸与离岸汇差剧烈波动主要集中于第四季度。一方面受10月香港人民币隔夜拆息（CNH Hibor）波动的影响，人民币离岸市场流动性发生变动；另一方面受12月美联储上调联邦基金利率的影响，国际市场上的资本向美国回流并推动美元走强，导致市场投资者的投资预期在短期内出现分化。因此，人民币在岸市场与离岸市场汇率差值在国际环境、外汇政策和投资预期等方面的作用下，在第四季度多次由区制2转入区制1，呈现活跃波动状态。

阶段四：2017年5月、8月及2018年初。

中央银行于2017年5月26日首次引入"逆周期因子"，而后于2018年1月9日暂停"逆周期因子"，直至2017年8月24日才再次重启。结合图5-3的分析可知，"逆周期因子"的首次引入和重启均导致人民币在岸与离岸汇率差值发生剧烈波动。2017 年 5 月，为对冲市场上人民币贬值预期的顺周期效应，人民币中间价报价模型由 "收盘价+一篮子货币汇率变化" 调整为 "收盘价+一篮子货币汇率变化+逆周期因子"，使人民币在岸与离岸汇差于同年 8 月转入平稳状态的区制 2，有效引导了市场预期。2018 年 1 月，资本流动和外汇供求逐渐趋于平衡，中央银行暂停 "逆周期因子"，恢复人民币兑美元汇率中间价定价机制，回归基于经济基本面和市场情况的报价模型。然而 2018 年以来，中国外部环境不确定性显著上升，中美贸易摩擦逐步升级，7 月在岸与离岸人民币汇差出现倒挂，在岸市场人民币兑美元出现贬值压力，为正确引导市场预期，缓解单边 "羊群效应"，中央银行于 2017 年 8 月重启 "逆周期因子"，使离岸人民币兑美元一度突破 6.83 元，人民币两地汇差短期内出现巨幅震荡。

结合图 5-3 的分析可知，人民币在岸与离岸市场汇率差值出现高波动的时间节点多与人民币汇率制度改革有关，且持续时间较短，可迅速回转至区制 2 中，表明随着汇率政策的调控作用在长期逐步释放，人民币在岸与离岸汇差也从高波动状态回归至平稳状态。

5.3.4　脉冲响应函数分析

脉冲响应分析可以反映各经济变量之间的动态冲击影响，考察人民币在岸与离岸汇率差值和人民币未来预期（DExp）、在岸与离岸市场利差（Re）、国内与国际市场利差（Rd）、风险溢酬（DRf）、国际市场波动（Vix）、国际金融环境（DMarket）之间的关系，并分别对比两个区制下动态关系的差异性。

如图 5-4 所示，当人民币未来预期（DExp）受到外部一个标准差的正向冲击后，即人民币未来预期利好，在两个区制中，人民币在岸与离岸市场汇差波动均会迅速呈现正向冲击效应。其中，区制 1 中两地汇差首先在第 1 期产生正向效应，在第 2 期达到最大效应值后迅速下降，并在第 10 期出现微弱负向效应后逐渐趋向稳定。区制 2 中，两地汇差在第 2 期达到正向效应最大值后，于第 5 期显现负向效应并从第 60 期开始逐渐趋向稳定。通过对比可知，区制 1 的正向冲击效应值较大，且恢复平稳的时间较快。说明人民币在岸与离岸汇差在活跃状态下，人民币离岸市场汇率更易受市场预期影响，预期变动导致供求关系失衡，进而引发汇差出现较大的冲击效应。

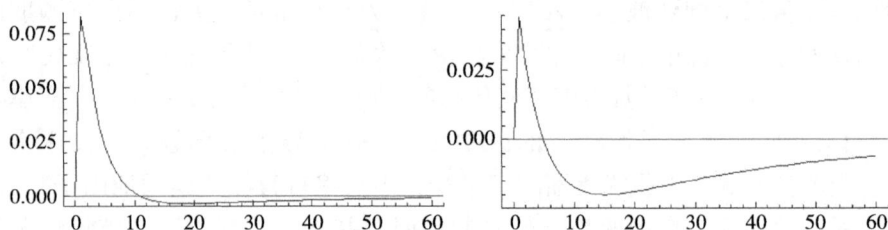

图 5-4　人民币未来预期冲击的脉冲响应图

图 5-5 展现了人民币在岸与离岸汇差波动对两岸市场利差（Re）的脉冲响应。当向在岸与离岸市场利差（Re）施加一个正向冲击时，人民币在岸与离岸汇差在两个区制中对冲击均直接产生负向效应。其中在区制 1 中，人民币在岸与离岸汇率差值达到负向效应峰值后，效应逐渐减弱并于第 20 期趋于平稳。在区制 2 中，两地汇差在产生负向效应后便迅速转向正向效应，且在第 12 个周期达到正向效应峰值，随后缓慢趋于稳定。通过对比两个区制的人民币在岸与离岸汇差的脉冲响应，可以发现区制 1 中人民币在岸与离岸汇差产生的负向效应较大，且回归平稳状态的时间较短，说明在活跃状态下，当人民币在岸与离岸市场利差扩大，外汇市场的套利行为会导致人民币供求关系短期内出现失衡，对人民币在岸与离岸汇差迅速产生剧烈的冲击效应。而此时为尽快维稳人民币汇率，中央银行会考虑借助公开市场操作等手段，实施有效的政策干预，对人民币离岸市场流动性加以适度引导，最终使人民币在岸与离岸市场汇率差值迅速变小并回归稳定。

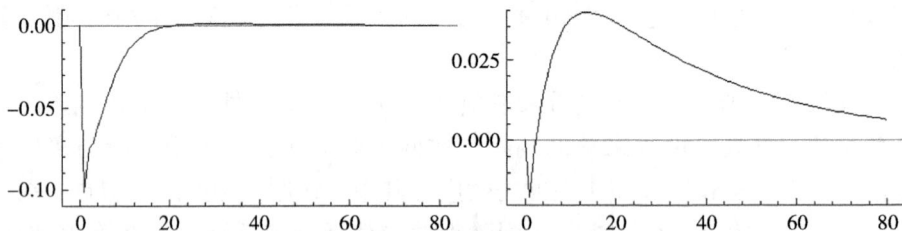

图 5-5　在岸与离岸市场利差冲击的脉冲响应图

如图 5-6 所示，当在国际市场波动（Vix）上施加一个标准差的正向冲击时，即国际金融市场恐慌情绪指数增大时，两个区制的脉冲响应图有较大差异。在区制 1 中，人民币在岸与离岸汇差在第 1 期产生负向效应并达到峰值，而后迅速减弱并在第 8 期达到正向效应最大值，最终于第 60 期逐渐收敛趋于稳定。在区制 2 中，人民币在岸与离岸汇差受到冲击后，直接产生正向效应并在第 6 期达到峰值，随后冲击效应值逐步下降，并于第 60 期开始趋于稳定。表明当国际市场发生较大动荡时，一方面会立即对人民币在岸与离岸汇差产生巨大负向冲击；另一方面可通过跨境贸易、外汇交易、资本流动等渠道，影响离岸市场上的人民币供求关系。因此，人民币两地汇差在高波动状态区间内，对冲击产生双向波动效应，且影响程度较大。另外，通过对比两个区制间的脉冲效应图可以发现，无论人民币两地汇差处于活跃状态还是平稳状态，其冲击效应值均会随时间缓慢下降，说明冲击作用将会持续较长时间。

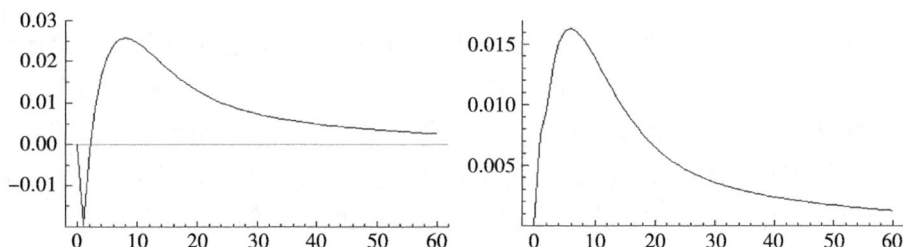

图 5-6　国际市场波动的脉冲响应图

　　如图 5-7 所示，当在国内与国际市场利差（Rd）上施加一个标准差的正向冲击，即上海银行间同业隔夜拆借利率（Shibor）与伦敦银行间同业隔夜拆借利率（Libor）的差值扩大时，两个区制下的人民币在岸与离岸汇差的脉冲反应有较大差别。在区制 1 中，人民币在岸与离岸汇差首先出现负向效应，而后在第 4 期出现正向效应并于第 12 期达到峰值，随后冲击效应逐渐降低，直至第 80 期趋于稳定。在区制 2 中，人民币在岸与离岸汇差直接出现正向效应并于第 10 期达到峰值，随后逐渐趋于稳定。通过比对两个区制的脉冲响应图可知，区制 1 和区制 2 的冲击效应均持续较长时间，其中区制 1 的效应值小于区制 2，并且呈现双向冲击效应。说明当经济状态整体处于活跃状态时，国内与国际市场利差的扩大会带来套利空间，且市场投资预期和资本流动规模也会受到影响，造成外汇市场上的人民币供求关系发生改变，最终导致人民币在岸与离岸市场汇差在短期内呈现出双向波动效应。

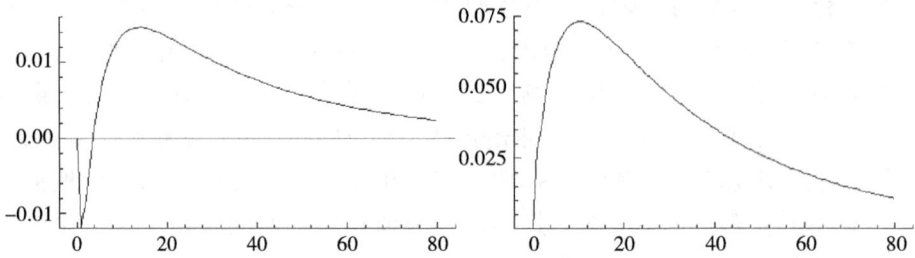

图 5-7　国内与国际市场利差冲击的脉冲响应图

如图 5-8 所示，当在国际金融环境（DMarket）上施加一个标准差的正向冲击时，即美元指数（USDX）走强，两个区制下的人民币在岸与离岸汇差的脉冲图走势曲线有较大差异。在区制 1 中，人民币在岸与离岸汇差在第 1 期达到负向效应最大值后，迅速在第 2 期转入正向效应并从第 10 期开始趋于稳定。在区制 2 中，人民币在岸与离岸汇差直接产生正向效应并在第 2 期达到效应峰值，随后效应程度逐渐降低并于第 20 期趋于稳定。通过对比两个区制的脉冲响应图，发现区制 1 第 1 期呈现较强的负向效应，而区制 2 短期内则呈现较强的正向效应。因此当经济环境处于活跃状态时，人民币汇率在短期内可积极发挥自动稳定器的作用，有效缩小人民币在岸与离岸市场汇差。当经济环境较为平稳时，由于离岸市场的开放度较高，对市场信息的敏感度更强，人民币离岸汇率的变化幅度将大于人民币在岸汇率的变化幅度，因此两地汇差在短期呈现扩大趋势。

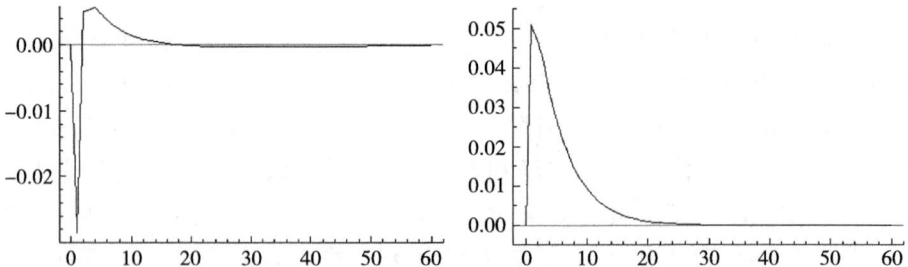

图 5-8　国际外汇市场冲击的脉冲响应图

如图 5-9 所示，当向风险溢酬（DRf）施加一个标准差的正向冲击时，人民币在岸与离岸汇差在两个区制中的脉冲响应曲线大体一致，均直接产生负向效应并在第 1 期迅速达到最大效应值，随后冲击效应不断下降，直至第 20 期缓慢趋于平衡。通过对比两个区制的效应值可知，区制 1 的脉冲效应大于区制 2 的脉冲效应。说明当在岸市场与离岸市场之间的风险溢酬差值变大时，由于人民币离岸市场交易形式较为丰富，市场化程度较高且受中央银行管制的力度较弱，导致人民币离岸市场的供求关系易受国际外汇市场的影响。因此，当经济处于活跃状态时，人民币在岸市场与离岸市场的风险溢酬差值变化，将会在短期加剧人民币两地汇差的波动性。

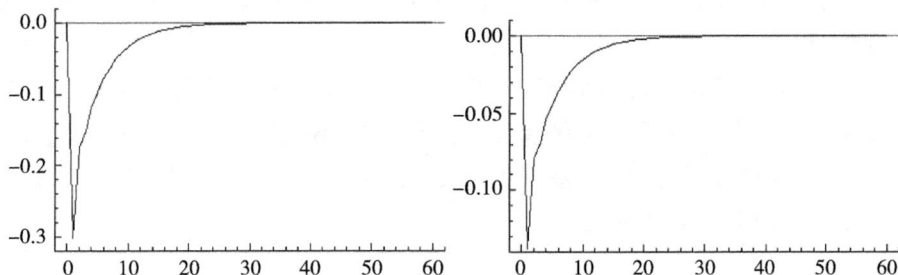

图 5-9　风险溢酬冲击的脉冲响应图

5.3.5　研究结论

通过运用 MSIH（2）-VAR（1）模型，本章对人民币在岸与离岸汇率差值（Div）、人民币未来预期（DExp）、在岸与离岸市场利差（Re）、国内与国际市场利差（Rd）、风险溢酬（DRf）、国际市场波动（Vix）和国际金融环境（DMarket）相关状态变量进行了实证分析，根据高波动状态区制 1和低波动状态区制 2 之间的转换概率和区制特征，探讨了人民币在岸与离岸汇差在不同波动状态下的稳定性。同时，本章还通过脉冲效应分析，研究了人民币两地汇差对状态变量冲击的响应情况。基于上述实证分析，可以得出以下结论。

首先，汇率制度改革会导致人民币在岸与离岸汇差产生较大波动。从区制转换概率图分析可知，2015 年"8·11 汇改"后，人民币在岸与离岸汇差出现高波动状态的频率较高，且平均持续期较短，大多属于短期内的巨幅波动，说明中央银行采取的人民币汇率政策改革在短时间内会引发人民币在岸与离岸汇差较大波动，但随着时间发展，政策效果逐渐显现，推进人民币两地汇差波动减弱直至趋于平稳。2018 年后，人民币在岸与离岸市场汇差趋于平稳，其原因在于重启"逆周期因子"后，中央银行对市场预期进行了合理引导，削弱了原有的顺周期效应，推动人民币在岸与离岸汇差趋向稳定。

其次，人民币在岸与离岸市场汇差在不同波动状态下，与人民币未来预期的相关程度均为最强。其原因在于离岸市场对于全球市场的敏感度更强，投资者对人民币未来预期的分化程度会直接影响离岸市场人民币的供求关系及外汇交易。同时，人民币在岸市场和离岸市场的交易主体、管控力度、市场结构等方面存在差异，因此在市场互通互联、国内政策变革、国际经济波动等因素的影响下，人民币在岸与离岸市场汇率差值在短期易出现变动。

最后，根据脉冲响应图所示，当人民币预期、离岸市场流动性、全球风险偏好、国内与国际市场利差及国际外汇市场受到正向冲击时，均会在短期对人民币在岸与离岸汇差产生冲击效应，且经济状态越活跃，人民币两地汇差的冲击效应也越大。

第6章 人民币离岸-在岸汇率和利率的联动性研究

6.1 人民币市场的"复汇率"与"复利率"现象

随着中国经济外向型程度的提高，以及国际货币体系重塑的需要，我国通过重点培育香港离岸人民币市场（CNH）这个门户来推动人民币国际化。自2009年起，中国人民银行致力于推动香港离岸人民币市场的发展，一方面，与香港金融管理局签订双边本币互换协议，使香港的离岸人民币资金池不断扩张，推动香港成为最大的跨境贸易和投资的人民币结算中心，并且不断探索跨境人民币贷款业务；另一方面，完善香港人民币回流机制，支持香港离岸人民币市场发行点心债及开通沪深港股通。香港CNH规模迅速壮大，香港现已成为全球最重要的离岸人民币中心，香港的离岸人民币即期汇率也成为境外离岸人民币市场的首要参考汇率，香港人民币同业拆借利率成为了解香港银行间市场人民币流动性及香港离岸基准利率的重要指标。

香港离岸人民币（CNH）与在岸人民币（CNY）两个市场在监管环境、货币政策、市场参与者和市场预期方面存在较大差异，导致人民币汇率及利率在CNH和CNY两个市场存在明显差异，出现了"复汇率"和"复利率"现象。离岸与在岸汇差和利差促使套汇和套利资金在两个市场之间游走，加剧了人民币汇率和利率的波动，人民币离岸与在岸汇率和利率市场的联动关系变得愈加错综复杂。

2015年"8·11汇改"以来，香港人民币离岸汇率市场和利率市场均发生了剧烈波动，报价与在岸市场显著不同。党的十九大报告指出"我国将深化汇率市场化改革，保持人民币汇率在合理均衡水平上的基本稳定"。随着人民币国际化进程的不断推进，跨境资金流动出现了新的变化，人民币汇率波动的影响机制变得更加复杂。在国际金融市场上，根据一价定律，如果没有资金流动限制和其他摩擦，香港离岸人民币市场与在岸人民币市场的汇率应具有相似趋势与动态，最终走向相同价格。但由于我国人民币离岸市场与在岸市场的参与主体、定价机制、交易规模和监管机构存在较大的差异（伍戈、裴诚，2012），导致离岸市场更多地反映了市场情绪，在岸市场则较多地受政策调控的影响。从两个市场的汇率和利率的历史走势来看，近两年人民币离岸市场汇率、利率与在岸市场汇率、利率之间的关系出现了迥异于国际传统离岸与在岸市场之间的关系的变化，人民币离岸与在岸市场汇率、利率的异常波动及其相互影响成为关注的焦点，如何理解这些"异常波动"是一个有待厘清的问题。

2005年"7·21汇改"以来，人民币汇率的中间价与市场汇率偏离幅度较大，影响了中间价的市场基准地位和权威性。政府和学者开始研究人民币汇率形成机制和中间价定价机制，中国人民银行在推进人民币国际化进程的同时，不断通过扩大在岸银行间即期外汇市场人民币兑美元交易价日间波动幅度来探索人民币汇率形成机制的市场化改革。人民币离岸市场（CNH市场）建立后，中国人民银行分别于2012年4月16日、2014年3月17日将人民币兑美元交易价日间波动幅度上调至1%和2%，这一时期的人民币汇率制度符合IMF文件中"类爬行盯住"的货币制度安排（余永定，2017）。2015年8月11日，中央银行调整人民币兑美元汇率中间价报价机制，强调中间价报价要参考前一天收盘价，这是人民币汇率走向浮动汇率极为重要的一步。但是"8·11汇改"后一周内，人民币兑美元中间价贬值2.68%，超出管理者的预期。之后，管理层推出了"收盘价+24小时篮子货币稳定"新的定价规则。但人民币在岸汇率CNY从2015年底重启贬值周期，一直跌到2016年底的6.95上下。由于人民币贬值过快，中央银行被迫通过离岸货币市场对离岸汇率市场实施间接干预，人民币离岸市场利率CNH Hibor隔夜拆借利率经历了异常波动。"8·11汇改"前，人民币离岸市场利率CNH Hibor基本上低于同期在岸市场利率Shibor，而CNH即期汇率与CNY即期汇率之差上下两个方向都出现过，二者的偏离虽然会持续一段时间，但偏离不会太大。"8·11汇改"后，CNH即期汇率对CNY即期汇率出现了长时期的向上偏离，同期还伴随CNH Hibor多次的异常波动。为了对冲市场情绪的顺周期波动，2017年5月26日，中央银行在人民币中间价定价公式中加入逆周期因子，此后人民币在离岸市场与在岸市场之间的汇差收窄，又恢复了上下两个方向的偏离（见图6-1）。

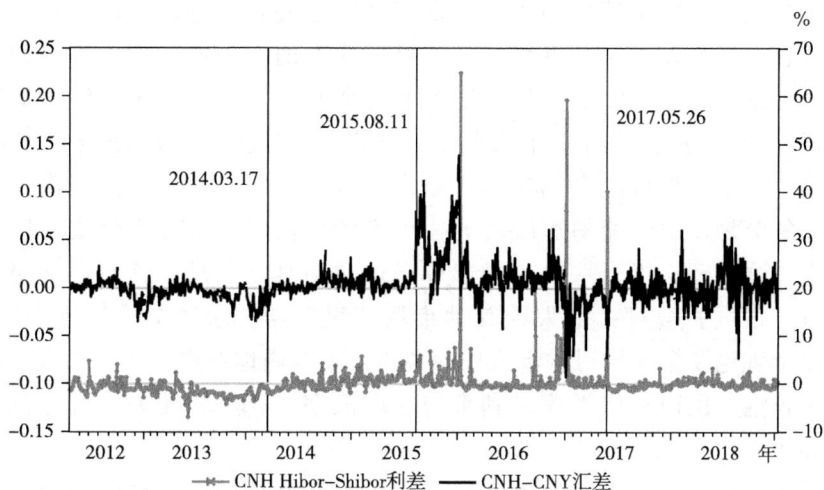

图 6-1   CNH Hibor-Shibor 利差与 CNN-CNY 汇差

(资料来源：Wind 数据库)

综上所述，人民币香港离岸市场和内地在岸市场的汇率、利率波动均存在一定程度的关联，这 4 个市场的价格联动关系在人民币汇率形成机制改革的不同时期有哪些变化？中央银行为了收回旁落离岸市场的汇率定价权，实施的调控政策对市场联动关系产生了哪些影响？未来我国将如何在维护人民币汇率稳定的前提下推进人民币汇率形成机制的市场化改革和人民币国际化进程？据此，本章第一部分拟从价格波动溢出的角度分不同阶段比较人民币离岸与在岸汇率、利率的价格联动关系，意图发现人民币汇率形成机制的市场化改革对人民币汇率保持合理均衡水平上稳定的影响效果。本章其余部分安排如下：第二部分为人民币离岸-在岸汇率和利率联动的机理分析；第三部分为文献回顾；第四部分为 diebold 波动溢出指数模型的理论介绍；第五部分为实证研究过程与结果分析；第六部分为研究结论和政策建议。

6.2   人民币离岸-在岸市场汇率和利率联动的机理分析

当市场之间存在信息的传输时，必定存在一定的联通关系。相互溢出关系的大小不同，可能会造成一方处于信息主导地位，而另一方则处于信息接收地位。通常来说，可以通过信息溢出理论、锚定效应理论、订单流理论和预期理论来解释不同市场间溢出关系的大小。信息溢出理论中掌握信息主导权的一方是信息输出者，目前来说主要有两种信息：一种信息是政府信息，接收政策信息更快的一方可能成为信息的输出者；另一种信息为市场信息，受管制较小且市场化程度更高的一方通常会成为信息的输出者。锚定效应理论指当一个市场成为标杆时或过去常常是信息输出者时，另一个市场很可能会锚定该市场进行变动。而订单流理论指出，当一个市场的交易规模和交易速度较另一个市场更快时，很可能会成为信息的传导者。预期理论指当一个市场形成一定预期时，在投资者的相互交流或博弈下，很可能会对其他人或其他市场产生预期，通过交易使预期实现。根据以上理论及第4章对香港人民币离岸市场与内地在岸市场联通渠道的分析，对香港人民币离岸汇率、利率与在岸汇率、利率联动关系进行机理分析，如图6-2所示。

香港人民币离岸市场与内地在岸市场在交易规模、交易机制和交易主体等方面的不同，叠加外部风险、心理预期和政策信息等导致了汇差。当两地汇差过大时，会促使两岸通过跨境渠道进行套利，套利反过来又会缩小汇差，从而促进了两个市场的汇率CNH和CNY联动。通常来说，交易规模大、信息优势强、市场效率高的市场更容易获得主导权和溢出效应。而对离岸与在岸的利率而言，受到的影响因素大体与汇率无差别，但是，在一般情况下，离岸利率CNH Hibor通常低于在岸利率Shibor，企业通常运用内保外贷的方式利用香港市场的低成本融资资金来降低融资成本，而这种套利的金融行为增加了香港市场的资金需求，在一定程度上有利于缩小两地的利差。

离岸汇率和利率会受到市场预期、供求关系、投机行为、市场成熟度和政策调整等多种因素的影响，两者间的溢出关系取决于这些因素影响程度的大小。当CNH预期贬值时，由于跨境结售汇业务币种的选择，离岸人民币流动性下降，CNH Hibor会上升；同时，银行方面会担心未来收回的人民币受损，从而提高CNH Hibor的价格。当CNH预期升值时，离岸市场持有人民币意愿增加，一定程度上也会提高离岸人民币利率市场的活跃度，此时CNH Hibor上升或下降取决于人民币供求关系。而投机行为指当CNH被市场看空时，既会导致CNH进一步贬值，也有可能导致CNH Hibor进一步提高。政策因素则指当人民币过度贬值，引起市场恶意做空及贬值预期旋涡时，中央银行对离岸流动性干预，导致CNH Hibor受到影响。反之，当CNH Hibor升高，人民币供不应求时，有可能对人民币产生升值预期。市场成熟度指当CNH Hibor市场建立的时间较短，尚未完备时，还可能受到其他市场的影响。

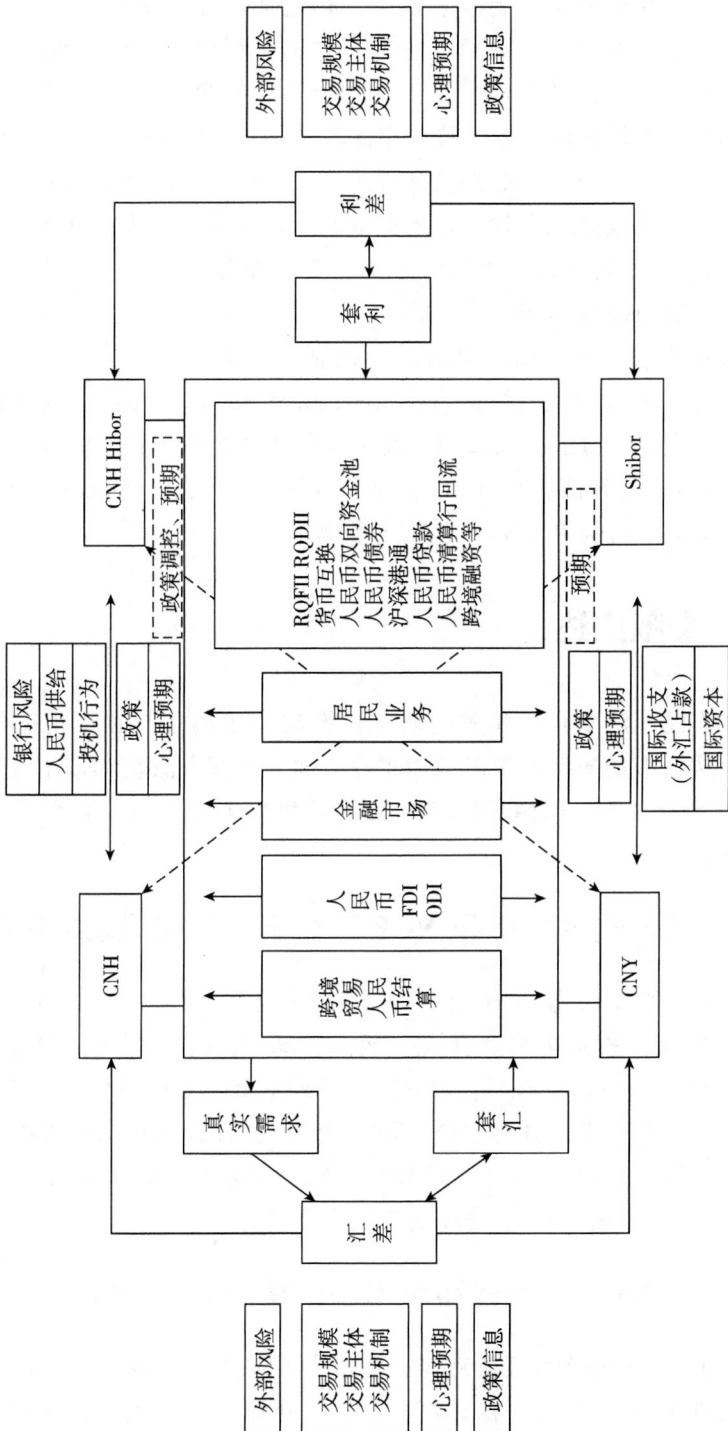

图6-2　香港人民币离岸–在岸汇率、利率与在岸汇率、利率联动关系的机理分析

在岸汇率和利率之间影响因素较多，理论体系也较为完善，包括国际收支理论、利率平价理论、预期理论等，这里仅粗略讨论包括预期、国际资本、贸易收支等因素的影响。当人民币升值或预期升值时，对资本账户来说，有利于吸引外来资本，导致在岸流动性增加，Shibor 降低。人民币升值时，不利于出口贸易，外汇占款有所减少，流动性紧缩，Shibor 升高。另外，当 Shibor 处于较高水平时，外来资本流入，人民币升值；反之，当 Shibor 处于较低水平，资本外逃可能性增加，资金面有可能紧张。以上均在假设中央银行的货币政策不变时才奏效。

最后为 CNH Hibor 与 CNY 相互联动机制，CNY 与 CNH Hibor 无直接的联动渠道，更多通过它们共同的直接 CNH 或 Shibor 进行影响，或者是预期影响。例如，当 CNH Hibor 较高时，境内交易主体会认为在 CNH Hibor 的影响下，未来 CNH 会升值，从而带动 CNY 升值。同样地，Shibor 与 CNH 也可能会通过 CNH Hibor 和 CNY 间接产生影响。

6.3 文献综述

目前，人民币汇率联动相关的研究主要集中于离岸与在岸汇率的价格联动特征、两个市场的定价权以谁为主等方面，研究方法基本采用 GARCH、VAR 和事件研究法等，但由于研究时间期限和视角的不同，研究结论也有一定的差异。

6.3.1 CNY、CNH 和 NDF 三个市场价格联动的特征

香港人民币离岸市场 CNH 建立初期，学者主要关注 CNH、CNY 和 NDF 三个境内外市场的相互影响（伍戈、裴诚，2012；赵胜民等，2013；盛宝莲、庆楠，2015；Owyong D. 等，2015），发现 CNH、CNY 和 NDF 三个市场两两间有长期均衡关系，其中 CNY 即期市场对 CNH 即期市场有价格引导作用，但反之有限；随着 CNH 市场的建立，NDF 市场对 CNY 市场的价格前瞻性减弱，而 CNH 市场对 CNY 市场的影响力上升。

6.3.2 CNY 与 CNH 两个市场价格联动的特征

随着 NDF 市场的影响日渐衰弱，学术界开始集中讨论 CNH 和 CNY 两个境内外市场的联动关系（徐苏江，2015；叶亚飞、石建勋，2016；李政

等，2017；Liang 等，2019），大多发现 CNY 与 CNH 两个市场联动更为持久和显著，且随着人民币汇改的阶段性推进，这种联动关系也表现出时变性特征。徐苏江（2015）发现在 2012 年 4 月 16 日和 2014 年 3 月 17 日汇率波幅扩大使 CNY 市场和 CNH 市场汇率联系更为密切，CNY 市场波动受 CNH 市场短期冲击效应明显，而 CNH 市场波动则受 CNY 市场持久性的影响。李政等（2017）认为 2016 年 3 月以来，人民币即期定价权逐步转移至境外市场。

6.3.3　"8·11 汇改"与 CNY、CNH 联动关系的变化

随着人民币汇率定价机制改革的推进，更多学者开始研究"8·11 汇改"和后续逆周期因子引入对人民币定价权的影响（王盼盼等，2018；钱燕等，2019；Qingsong Ruan 等，2019）。王盼盼等（2018）和钱燕等（2019）均发现"8·11 汇改"后，人民币离岸市场掌握着人民币汇率价格的定价权，人民币在岸市场的定价权被削弱，但中央银行的汇率干预措施提升了在岸市场的汇率定价权。Qingsong Ruan 等（2019）发现"8·11 汇改"后，CNH 和 CNY 短期的价格联动性增强，但长期减弱。而对于逆周期因子引入对汇率稳定的作用，学者对此褒贬不一。何青等（2018）通过使用 VAR 模型和 EGARCH 模型发现逆周期因子的启动不仅在不影响人民币汇率走势的情况下降低了人民币汇率的波动性，还降低了市场参与者产生的顺周期性的过度反应，修正了市场预期。而王盼盼等（2018）则认为逆周期调节因子的引入，使中央银行在短期内重新夺回了汇率定价权，维护了人民币汇率稳定，但长期可能会加剧人民币汇率失衡，引起风险的积聚。

6.3.4　离岸-在岸市场汇率和利率联动的关系

"8·11 汇改"后，离岸市场利率的异常波动使利率逐渐被纳入汇率联动的讨论范畴。研究发现，随着离岸市场发展成熟及在岸汇率市场化改革的推进，离岸利率对在岸利率的溢出效应逐渐凸显，2017 年以来在岸利率受离岸利率的影响更强，离岸市场享有利率定价权（卜林等，2018）。在岸与离岸利率的联动关系在期限上也有差异性特征，其中人民币利率短期品种显现出双向极端风险溢出效应，而长期品种则大多呈现出从在岸利率到离岸利率的极端风险溢出（李政等，2018）。对于离岸汇率和利率之间影响路径，学者认为离岸人民币汇率的波动会影响离岸人民币的资金池，从而

影响离岸利率的波动（Hua Feng，2015；贺力平、马伟，2019）。

总体来看，我国虽然已有不少文献关注人民币离岸-在岸市场汇率、利率的联动，但将两个市场汇率、利率纳入统一分析框架比较鲜见，且联动关系也较少测度波动溢出的程度，以及在岸即期汇率中间价日内波幅扩大和逆周期因子引入等制度性变量对波动溢出关系和溢出强度的效应比较。由于金融市场间的波动溢出关系具有时变性特征，特别是会受到某些事件的影响。因此我们将收集到的样本数据按汇率制度改革的影响分时段分析，检验人民币离岸-在岸汇率和利率市场在经历银行间即期外汇市场人民币兑美元交易价浮动幅度上调和人民币兑美元中间价引入逆周期因子前后结构是否存在显著变动，计算溢出指数，度量市场间的溢出强度，并从溢出指数变化的角度分析溢出效应变化背后的原因。

我们先基于广义 KPPS 方法建立 VAR 模型，计算静态溢出指数，直观比较分阶段状态下人民币离岸、在岸市场汇率与利率之间的整体溢出强度及其变化，两两之间的净双向波动溢出强度及其变化，从而为研究不同阶段市场间的波动溢出效应提供依据。然后利用滚动窗技术得到动态溢出指数时序图，从溢出指数的角度剖析人民币离岸、在岸市场汇率、利率之间的联动关系变化情况。

6.4　实证分析过程

6.4.1　模型构建

当离岸在岸市场的汇差和利差过大时，两岸的套利资金会通过跨境贸易和投资渠道进行套汇和套利活动，进而缩小两个市场的汇差和利差，促进 CNH 与 CNY 及 CNH Hibor 与 Shibor 之间的信息联动。在岸市场的交易规模大，政策信息优势明显，而离岸市场的交易速度和市场效率更高，离岸市场与在岸市场各占优势，因此两者的信息主导权和溢出效应大小需要结合政策和市场背景综合分析。在研究波动溢出效果时，每个金融市场都同时发挥着波动溢出者和波动承受者的双重角色。我们通过构建波动溢出指数，不仅可以得到某一个金融市场接收到（或传递给）系统中其他所有市场的波动溢出贡献，还可以得到某一个金融市场接收到（或传递给）某个特定市场的波动溢出贡献。

我们使用 Diebold 和 Yilmaz（2012）提出的溢出指数（Spillover Index）

考察离岸、在岸市场汇率和利率之间波动溢出的方向性。Diebold 和 Yilmaz（2012）基于广义 KPPS 方法建立 VAR 模型并进行方差分解，并计算出总溢出指数、来自其他变量的溢出指数、对其他变量的溢出指数和变量与变量间的净溢出指数。溢出指数能较为直观地衡量变量之间溢出效应的大小和方向，其计算过程如下。

我们建立一个四元 VAR（p）模型 $x_t = \sum_{i=1}^{p} \varphi_i x_{t-i} + \varepsilon_t$，其中 $\varepsilon \sim$（0，Σ）是一个独立同分布的标准误差变量。将 VAR（p）转换为 MA 的表现形式为 $x_t = \sum_{i=1}^{\infty} A_i \varepsilon_{t-1}$，$A_i$ 为 4×4 的系数矩阵，且满足递归方程 $A_i = \varphi_1 A_{i-1} + \varphi_2 A_{i-2} + \varphi_3 A_{i-3} + \varphi_p A_{i-p}$（$A_0$ 为单位矩阵，且当 i<0，$A_i=0$）。然后运用 KPPS 方法对 VAR 进行一般化的处理及方差分解。来自 x_i（i=1，2，3，…，N）的冲击对 x_i 的向前 H 步预测误差的方差可作为自身项对方差的贡献程度，而不包括 x_i 在内的其他 x_j（i，j=1，2，3，…，N，且 $i \neq j$）对 x_i 的 H 步预测误差的方差则为其他项对方差的贡献值。因此，x_j 对 x_i 方差贡献为式（6-1）。

$$\theta_{ij}^g(H) = \frac{\sigma_{jj}^{-1} \sum_{h=0}^{H-1} (e_i' A_h \sum e_j)^2}{\sum_{h=0}^{H-1} (e_i' A_h \sum A_h' e_i)} \tag{6-1}$$

其中，σ_{ij} 为第 j 个方程误差项的标准差，$\sum$ 为预测误差向量 ε 的方差矩阵。e_i 表示第 i 个元素为 1，其余皆为 0 的列向量。在 KPPS 方法的 VAR 框架下，总贡献度（自身和其他变量方差的贡献度的和）不为 1，即 $\sum_{j=1}^{N} \theta_{ij}^g(H) \neq 1$，因此本章对 θ_{ij}^g 进行标准化，如式（6-2）所示。

$$\tilde{\theta}_{ij}^g(H) = \frac{\theta_{ij}^g(H)}{\sum_{j=1}^{N} \theta_{ij}^g(H)} \tag{6-2}$$

其中，$\sum_{j=1}^{N} \tilde{\theta}_{ij}^g(H) \neq 1$，$\sum_{i,j=1}^{N} \tilde{\theta}_{ij}^g(H) = N$。

将不同变量之间方差贡献度之和占总预测误差方差贡献度百分比构建总溢出指数如下。

$$S^g(H) = \frac{\sum\limits_{i,\,j=1\&i\neq j}^{N} \tilde{\theta}_{ij}^g(H)}{\sum\limits_{i,\,j=1}^{N} \tilde{\theta}_{ij}^g(H)} \times 100 = \frac{\sum\limits_{i,\,j=1\&i\neq j}^{N} \tilde{\theta}_{ij}^g(H)}{N} \times 100 \qquad (6-3)$$

此外，还可以度量市场 i 受到来自其他所有市场的溢出指数，具体如下。

$$S_{i.}^g(H) = \frac{\sum\limits_{j=1\&j\neq i}^{N} \tilde{\theta}_{ij}^g(H)}{\sum\limits_{i,\,j=1}^{N} \tilde{\theta}_{ij}^g(H)} \times 100 = \frac{\sum\limits_{j=1\&j\neq i}^{N} \tilde{\theta}_{ij}^g(H)}{N} \times 100 \qquad (6-4)$$

反之，市场 i 对其他所有市场的溢出指数如下。

$$S_{.i}^g(H) = \frac{\sum\limits_{j=1\&j\neq i}^{N} \theta_{ji}^g(H)}{\sum\limits_{i,\,j=1}^{N} \tilde{\theta}_{ji}^g(H)} \times 100 = \frac{\sum\limits_{j=1\&j\neq i}^{N} \tilde{\theta}_{ij}^g(H)}{N} \times 100 \qquad (6-5)$$

用式（6-5）减去式（6-4），得到市场 i 对其他所有市场的净溢出指数。

$$S_i^g(H) = S_{.i}^g(H) - S_{i.}^g(H) \qquad (6-6)$$

假设 j 是另一个市场，则市场 i 对市场 j 净溢出指数如下。

$$S^g(H) = \frac{\tilde{\theta}_{ji}^g(H)}{\sum\limits_{i,\,k=1}^{N} \tilde{\theta}_{ik}^g(H)} - \frac{\tilde{\theta}_{ij}^g(H)}{\sum\limits_{j,\,k=1}^{N} \tilde{\theta}_{jk}^g(H)} = \frac{\sum\limits_{i,\,j=1\&i\neq j}^{N} \tilde{\theta}_{ij}^g(H)}{N} \times 100 \qquad (6-7)$$

6.4.2　变量说明与数据处理

人民币离岸利率选择香港财资公会公布的人民币隔夜拆借利率（CNH Hibor），该利率是香港银行间拆借人民币的基准利率，能直接反映离岸市场人民币借贷成本的变化。上海隔夜拆借利率（Shibor）自 2007 年 1 月 4 日运行以来，成为在岸货币市场基准利率，能充分反映在岸人民币货币市场的供求关系，因此作为在岸市场的利率代表。在岸人民币汇率（CNY）选取中国外汇交易中心公布的人民币兑美元即期汇率（收盘价）；离岸人民币汇率（CNH）选取香港离岸人民币交易中心公布的人民币兑美元即期汇率。鉴于 2012 年 4 月 30 日前 CNH Hibor 长期保持不变，所以我们研究的样本期间从 2012 年 4 月 30 日至 2019 年 1 月 11 日。考虑到人民币在岸市场和香港离岸市场的交易日不完全一致，我们筛选出 4 个市场同时交易的日度数据，一共 1570 个数据，数据均来源于 Wind 数据库。样本期内人民币汇率制度改革有几个重要的时间点：第一个事件是 2014 年 3 月 17 日银行间即期外汇市场人民币兑美元交易价浮动幅度由 1%上调至 2%，以这个事件为第一个样本时间分割点；第二个事件是"8·11 汇改"，参考前一日收盘价决定第二天的汇率中间价，以这个事件为第二个样本时间分割点；第三个事件是 2017 年 5 月 26 日，中央银行在人民币兑美元中间价报价模型中引入逆周期因子，人民币兑美元的中间价有新的定价公式。因此，我们将样本期划分为 4 个阶段：第一阶段为 2012 年 4 月 30 日至 2014 年 3 月 16 日；第二阶段为 2014 年 3 月 17 日至 2015 年 8 月 10 日；第三阶段为 2015 年 8 月 11 日至 2017 年 5 月 25 日，虽然"8·11 汇改"后中央银行推出了"收盘价+24小时篮子货币稳定"新的定价规则，但我们认为中央银行没有明确公布，所以不宜作为事件分割点；第四阶段为 2017 年 5 月 26 日至 2019 年 1月 11 日。虽然 2018 年 1 月逆周期因子暂停使用，但并没有取消，只是影响变为中性，并且 2018 年 8 月 24 日逆周期因子重启，因此我们对这一时期不再细分。

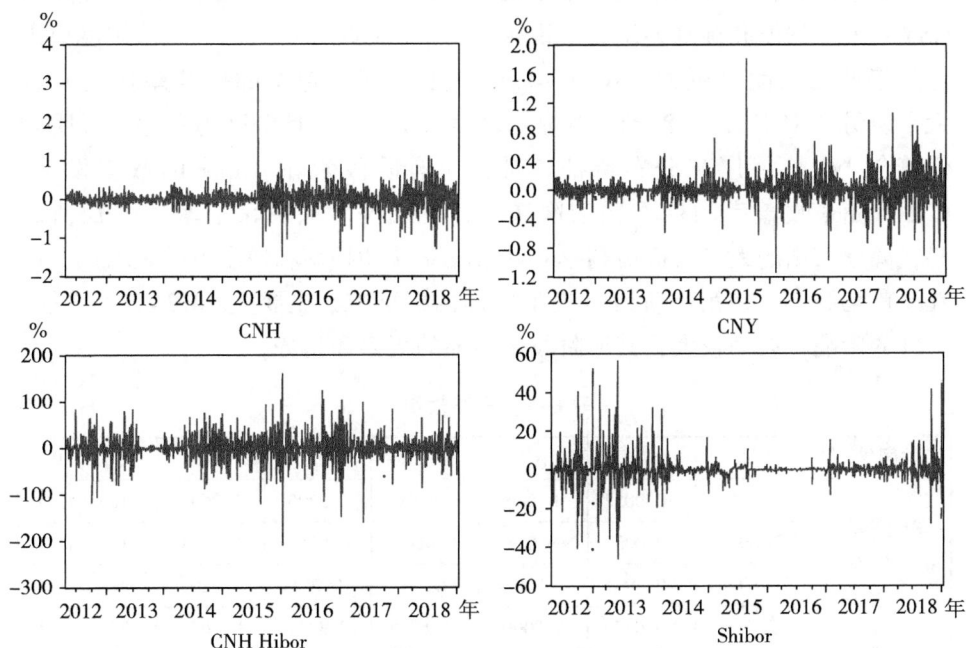

图 6-3　4 个变量的收益率变动图

　　由于模型要求数据是平稳的，我们对上面 4 个变量的数据序列进行对数收益率的处理。$P_{i,t}$ 表示在 t 时刻变量 CNH（$i=1$）、CNY（$i=2$）、CNH Hibor（$i=3$）、Shibor（$i=4$）的价格，$R_{i,t}$ 表示变量 i 在 t 时刻的收益率，其中收益率公式为 $R_{i,t}=ln（P_{i,t}/P_{i,t-1}）\times 100$。原始汇率为直接标价法下的人民币兑美元汇率。图 6-3 中 4 个图分别是 2012 年 4 月 30 日至 2019 年 1 月 11 日 CNH、CNY、CNH Hibor 和 Shibor 对数收益率的变动图，从中可以看出，前 3 个市场均在 2014 年 3 月和 2015 年 8 月之后出现了巨大的波动，说明了 CNY 汇率日间波幅扩大和"8·11 汇改"增加了 CNY、CNH 和 CNH Hibor 三个市场的波动，而 Shibor 市场的波动则不明显，我们将进一步通过实证进行检验。

6.4.3　变量的描述性统计

4 个变量收益率数据的描述性统计结果如表 6-1 所示。对比 4 个阶段的结果发现，在扩大波幅前，CNH、CNY 收益率均为负，此时人民币汇率正处于升值通道。自 2014 年 3 月扩大波动幅度后至"8·11 汇改"前，CNH 和 CNY 的收益率均为正，人民币汇率处于贬值通道中。"8·11 汇改"后，CNH 与 CNY 收益率均值和标准差增大，说明"8·11 汇改"后人民币贬值幅度更大且汇率波动幅度也更大。其中，4 个阶段 CNH 收益率的标准差均比 CNY 大，说明 CNH 比 CNY 波动更明显；峰度都大于 3，且偏度为右偏，说明它们符合"尖峰厚尾"分布特征。对比所有阶段 CNH Hibor 的数据发现，CNH Hibor 收益率的标准差依次递增，说明随着人民币汇率进入贬值趋势，离岸市场的人民币拆借利率 CNH Hibor 波动频率和幅度也随之增加。而在岸市场 Shibor 在第一阶段呈现了较高的标准差，主要受 2013 年"钱荒"事件的影响，波动较大，其他阶段无明显的规律和趋势。

表 6-1　描述性统计　　　　　　　　　　　　　　　　单位：%

时间段	变量	均值	中值	标准差	偏度	峰度	JB	P 值
第一阶段 2012.4.30— 2014.3.16	RCNH	−0.0055	−0.0066	0.1056	0.3725	5.2694	103	0
	RCNY	−0.0058	−0.0033	0.0848	0.0765	6.2734	194	0
	RCNH Hibor	−0.0935	0.0000	22.5137	−0.2611	8.2205	498	0
	RShibor	−0.0950	0.0000	10.6258	0.3337	9.7680	838	0
第二阶段 2014.3.17— 2015.8.10	RCNH	0.0029	−0.0065	0.1405	0.1618	5.3106	74	0
	RCNY	0.0029	0.0000	0.1236	0.5680	9.7656	647	0
	RCNH Hibor	0.3364	0.2132	24.4257	−0.0782	4.5431	33	0
	RShibor	−0.0566	0.0000	3.6483	1.8586	23.7605	6116	0

续表

时间段	变量	均值	中值	标准差	偏度	峰度	JB	P值
第三阶段 2015.8.11— 2017.5.25	*RCNH*	0.0232	0.0245	0.3268	1.1165	20.7065	5573	0
	RCNY	0.0240	0.0044	0.2038	1.2996	21.5635	6148	0
	RCNH Hibor	0.0757	−0.1274	36.2441	−0.2571	7.9362	431	0
	RShibor	0.1231	0.0490	1.7359	0.7605	32.2329	14995	0
第四阶段 2017.5.26— 2019.1.11	*RCNH*	−0.0039	0.0113	0.3329	−0.4374	4.6581	56	0
	RCNY	−0.0045	0.0022	0.2782	−0.0470	4.6583	44	0
	RCNH Hibor	−0.1653	0.2610	22.3669	−0.7972	13.2097	1708	0
	RShibor	−0.1105	−0.0672	5.4402	1.9871	26.5303	9111	0

通过第四阶段与第三阶段对比发现，逆周期因子时期 CNH 和 CNY 收益率变为负值，说明逆周期因子的推出对稳定在岸和离岸市场人民币汇率贬值趋势有积极作用。在逆周期因子时期，CNH Hibor 的收益率和标准差均有一定程度的下降，说明离岸市场流动性紧张的局面有所缓解，波动也趋于平缓。

6.4.4 平稳性检验

变量收益率序列的 ADF 单位根检验如表 6-2 所示，无论在哪一个阶段，所有变量的收益率均不存在单位根，皆为平稳序列，满足建立 VAR 模型的条件。

表6-2 单位根检验

时间段	变量	t 统计量	P 值
第一阶段 2012.4.30—2014.3.16	*RCNH*	−19.2479	0
	RCNY	−19.5086	0
	RCNH Hibor	−21.7855	0
	RShibor	−18.2328	0
第二阶段 2014.3.17—2015.8.10	*RCNH*	−18.0729	0
	RCNY	−19.0869	0
	RCNH Hibor	−12.9581	0
	RShibor	−12.0335	0

时间段	变量	t 统计量	P 值
第三阶段 2015. 8. 11—2017. 5. 25	*RCNH*	−21. 8533	0
	RCNY	−19. 8926	0
	RCNH Hibor	−16. 3739	0
	RShibor	−23. 3623	0
第四阶段 2017. 5. 26—2019. 1. 11	*RCNH*	−20. 4442	0
	RCNY	−18. 1777	0
	RCNH Hibor	−16. 7534	0
	RShibor	−16. 4238	0

6.4.5 静态波动溢出指数

根据表6-3静态溢出指数结果分析可得,从银行间即期外汇市场人民币汇率日间波幅扩大到2015年的"8·11汇改",4个变量间的总溢出指数呈增加态势,表明汇率形成机制的市场化改革促进了离岸、在岸市场间的利率、汇率的联动关系。随着CNY日间波动幅度的扩大和"8·11汇改"的推进,在人民币汇率的形成过程中,CNH对CNY的溢出效应递增,说明人民币即期汇率的定价权逐渐由在岸市场转移到离岸市场。"8·11汇改"后至逆周期因子启用前,CNH Hibor对CNY的溢出效应在4个阶段中最为显著,CNH对CNH Hibor的溢出效应最为显著;在逆周期因子启用时期,CNY对CNH的波动溢出效应显著上升,在岸汇率在人民币兑美元即期汇率定价的影响力重新上升。而4个阶段在岸与离岸市场利率间的波动溢出指数都小于1,说明两个市场利率的"信息传递作用"仍然很有限,离岸市场利率的异常波动更多地与离岸市场汇率波动的溢出相关。

表 6-3 静态波动溢出指数结果 单位:%

变量	第一阶段					第二阶段				
	CNH	CNY	CNH Hibor	Shibor	来自其他	CNH	CNY	CNH Hibor	Shibor	来自其他
CNH	72. 57	25. 39	1. 97	0. 06	27. 43	66. 81	31. 25	0. 14	1. 79	33. 19
CNY	25. 30	74. 07	0. 61	0. 02	25. 93	30. 40	62. 28	0. 55	6. 76	37. 72
CNH Hibor	2. 24	1. 14	95. 95	0. 67	4. 05	0. 44	0. 24	98. 44	0. 88	1. 56
Shibor	0. 11	0. 03	0. 73	99. 14	0. 86	1. 08	0. 22	0. 39	98. 32	1. 68

续表

变量	第一阶段					第二阶段				
	CNH	CNY	CNH Hibor	Shibor	来自其他	CNH	CNY	CNH Hibor	Shibor	来自其他
对其他	27.65	26.56	3.32	0.75	总溢出	31.92	31.71	1.09	9.43	总溢出
包括自身	100.22	100.63	99.27	99.89	14.57	98.74	93.99	99.52	107.75	18.53

变量	第三阶段					逆周期因子时期				
	CNH	CNY	CNH Hibor	Shibor	来自其他	CNH	CNY	CNH Hibor	Shibor	来自其他
CNH	73.52	24.22	1.02	1.23	26.48	64.61	34.25	0.81	0.34	35.39
CNY	31.70	65.91	1.25	1.14	34.09	43.00	54.95	0.71	1.34	45.05
CNH Hibor	5.36	3.91	90.51	0.22	9.49	1.88	0.30	97.16	0.65	2.84
Shibor	1.86	0.55	0.47	97.12	2.88	0.57	1.04	0.66	97.73	2.27
对其他	38.92	28.68	2.75	2.60	总溢出	45.45	35.59	2.18	2.33	总溢出
包括自身	112.44	94.59	93.25	99.72	18.23	110.06	90.53	99.34	100.06	21.39

　　如图 6-4 所示，第一阶段 CNY 对 CNH 正净溢出为 0.02%。第一阶段 CNH 市场建立时间不长、规模有限，CNY 市场掌握着人民币汇率的定价权，境外投资者对人民币汇率的预期大多数来自对在岸即期人民币汇率走势的判断，并且 CNH 市场以 CNY 市场的资金跨境流动作为流动性供给，CNY 充当了 CNH 的货币锚，与此同时，CNH 的作用尚未凸显，且 CNY 的波幅有限，净溢出指数较小。第二阶段 CNY 对 CNH 的正净溢出增加至 0.21%，主要由于中央银行扩大 CNY 的日间波动幅度，使 CNY 较以往能更好地反映市场供求关系，CNY 的市场影响力增加。中央银行扩大在岸汇率波幅区间也会加强在岸与离岸汇率之间的联系（Owyong 等，2015；严佳佳等，2017）。第三阶段变为 CNH 对 CNY 正向净溢出，人民币的定价权从在岸市场转移到离岸市场。"8·11 汇改"之后，CNY 中间价的定价参考"前一日收盘价+一篮子货币汇率+逆周期因子"三种因素的变动，中央银行无法对中间价进行直接的干预，汇率波动幅度也随之增强，CNY 市场汇率波动中市场因素的影响上升。与此同时，受国内经济基本面下滑的影响，CNH 市场对人民币贬值的预期上升，带动 CNY 市场的人民币贬值。虽然 CNH 市场和 CNY 市场之间的联系还是很紧密，但是 CNY 市场的锚定效用逐渐减弱，CNY 市场对 CNH 市场起到的传递和导向作用越来越小。对比 CNH 与 CNH Hibor 变化关系发现，"8·11 汇改"之后，CNH 对 CNH Hibor 的净溢

出指数显著增加。"8·11 汇改"后，CNH 市场的人民币贬值预期强化，银行预期贷出的人民币在将来偿还时价值会受损，因而提高 CNH Hibor 来弥补这部分的汇率损失；另外，CNH 市场的交易主体在人民币预期贬值的情况下更愿意接受外币支付人民币，使离岸人民币市场的资金池萎缩，从而推高了 CNH Hibor。但逆周期因子启用后，CNH 对 CNH Hibor 的净溢出指数显著变小。原因是逆周期因子启用后，离岸市场抛售人民币的"羊群效应"得以改观，对冲了人民币贬值的顺周期情绪，阻止了人民币快速贬值趋势的蔓延。

CNY 主要通过 CNH 对 CNH Hibor 产生波动溢出。第一阶段和第三阶段呈现出 CNY 对 CNH Hibor 的正净溢出，主要由于 CNY 与 CNH 具有同向性，促使 CNY 对 CNH Hibor 的正向净溢出。将第三阶段与逆周期因子启用阶段进行对比，逆周期因子改变了 CNY 和 CNH Hibor 的净溢出方向，并且净溢出的强度也下降了。

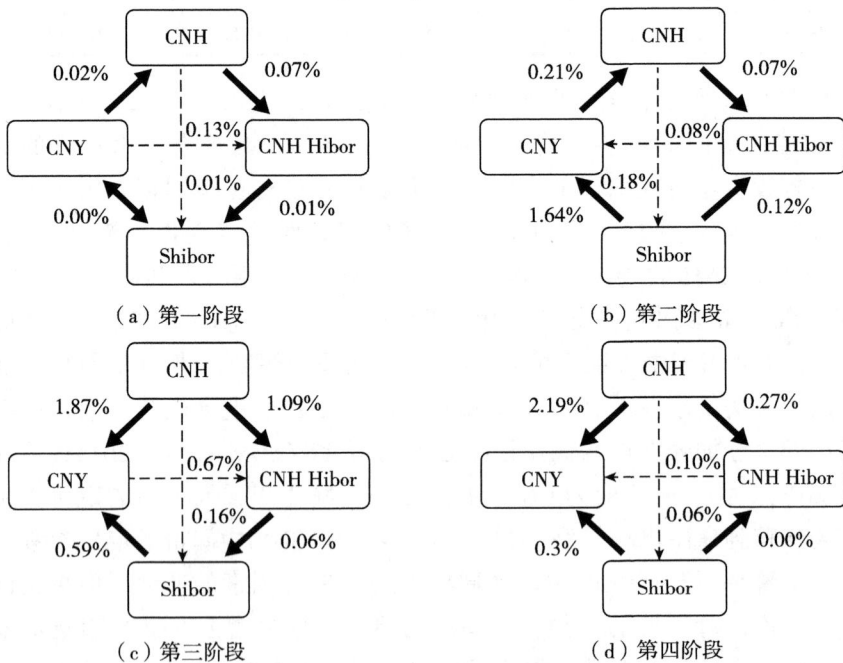

图6-4　静态净波动溢出指数图

由于中国香港和内地之间货币市场的资金无法实现自由流动，两个市场的资金套利渠道有限，所以 Shibor 与 CNH Hibor 的波动溢出只在第二个阶段 Shibor 对 CNH Hibor 产生了正向净溢出，其余阶段均不显著，可能与这一时期我国在岸市场利率市场化改革推进比较快、政策调整比较多有关。

6.4.6　动态波动溢出指数

由于我国的汇率变化具有时变特征且静态分阶段结果较为粗糙，我们采用滚动样本估计进一步挖掘动态的溢出效应，并参考李政（2018）以 125 个样本半年期进行滚动。

滚动结果如图 6-5、图 6-6、图 6-7 和图 6-8 所示。观察总溢出的动态变化，在 2013 年在岸货币市场"钱荒"事件和 2015 年"8·11 汇改"期间，总溢出均飙升至 25%以上。我们将总溢出分解成各个变量的溢出关系，发现 2013 年总溢出增大主要由于 CNH Hibor、Shibor 对其他变量的溢出关系增大。2013 年 6 月 24 日，香港财资市场公会正式统一了 CNH Hibor 的定价，CNH Hibor 逐渐开始发挥人民币离岸市场基准利率定价的作用，导致 CNH Hibor 对其他变量的溢出增加。在岸货币市场受到贷款利率管制全面放开、国内资本流出压力等多重因素的影响，2013 年年中和年末的两次"钱荒"，使得 Shibor 的波动溢出效应增加。2013 年，人民币汇率从单边升值转入双向波动趋势，虽然"升升停停"，汇率弹性明显增强。2015 年"8·11 汇改"后，总体溢出指数飙升至 33%左右，此时 CNH 溢出指数逐渐比 CNY 高，CNH 的溢出效应增加。2016 年 2 月前后，初步形成"收盘汇率+一篮子货币汇率变化"汇率形成机制，稳定市场预期，总溢出指数有所下降，但由于 2017 年初境外再次集结了大量做空人民币的投机者，总溢出效应再次增加。

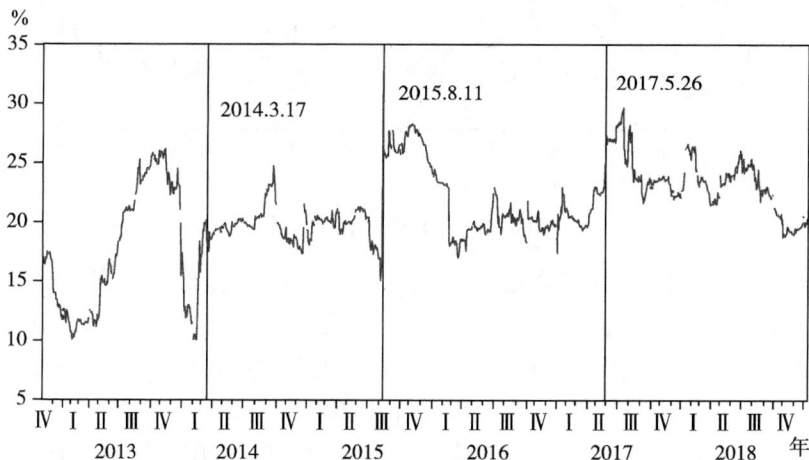

图 6-5　总溢出

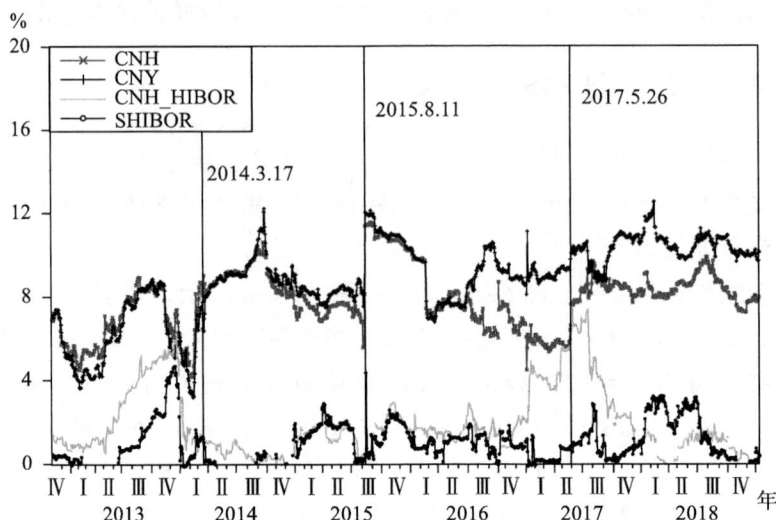

图 6-6 受到其他变量的总溢出

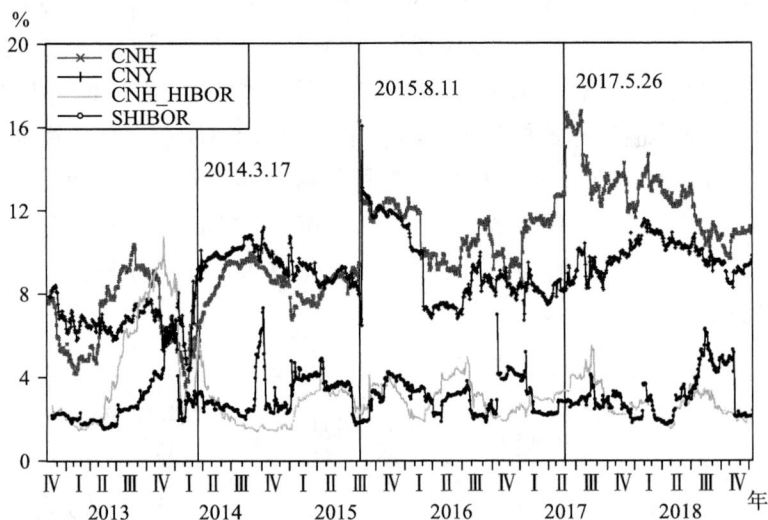

图 6-7 对其他变量总溢出

进一步分析图 6-8 的动态净溢出关系，与静态溢出结果基本一致，并对特殊情况进行分析。首先由图 6-8（a）可知，2015 年"8·11 汇改"后 CNH 对 CNY 的正溢出效应较高，但在逆周期因子启用后，这一正效应有所下降，说明在岸市场对人民币汇率定价的影响力开始上升。图 6-8（b）告诉我们在"8·11 汇改"后、逆周期因子启用前，CNH 对 CNH Hibor 的影响最大，说明离岸汇率贬值的幅度直接影响离岸人民币利率水平，中间既有市场的因素也有调控的需要。图6-8（c）告诉我们在岸汇率 CNY 对离岸利率 CNH Hibor 的影响在逆周期因子启用后有显著的正溢出。由图6-8（d）可知，离岸利率对在岸利率的净溢出只在 2015 年人民币离岸异常波动时间为正，其余时期基本为负。由图6-8（e）可知，离岸汇率对在岸利率的影响不确定，更多地要结合当时的宏观经济金融环境来分析。由图6-8（f）可知，除"钱荒"期间、"8·11 汇改"和逆周期因子暂停期间 Shibor 对 CNY 的净溢出为正外，其他时期净溢出多为负。

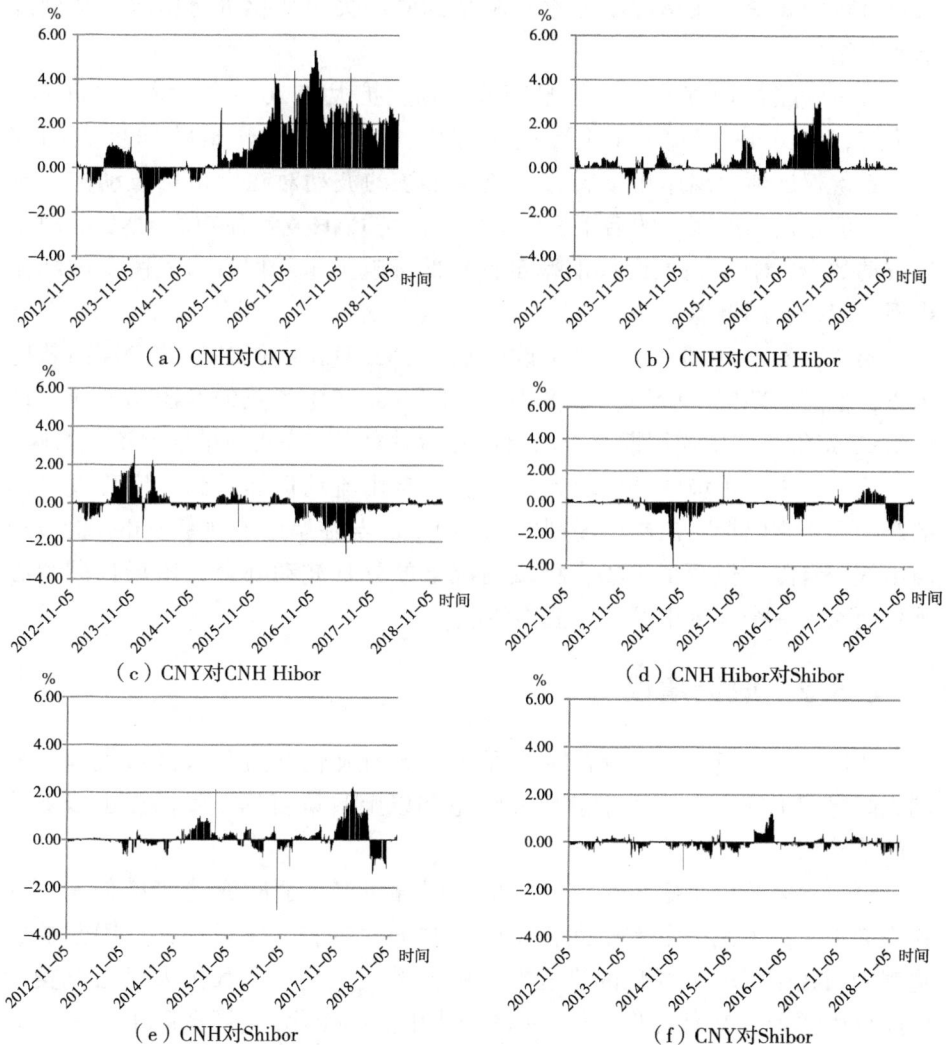

（a）CNH对CNY

（b）CNH对CNH Hibor

（c）CNY对CNH Hibor

（d）CNH Hibor对Shibor

（e）CNH对Shibor

（f）CNY对Shibor

图6-8　净溢出效应

我们进一步对样本期 62 天（3 个月）和 188 天（9 个月）进行稳健性检验，结果与前面基本相同，由于篇幅限制不再进行罗列。

6.5　研究结论与政策建议

6.5.1　研究结论

我们运用静态和动态波动溢出指数模型对人民币汇率形成机制市场化改革过程中离岸、在岸市场汇率和利率的联动关系变化进行检验，得到以下研究结论。

第一，随着 CNY 即期市场日间波动幅度扩大和 2015 年"8·11 汇改"的推进，人民币汇率定价的形成过程中，市场因素开始发挥更大的作用，定价权逐渐向离岸市场转移，离岸市场的波动对在岸市场波动的影响增大。但是逆周期因子的启用削弱了离岸市场 CNH 对在岸市场 CNY 的净溢出波动效应，CNY 在人民币汇率定价权的影响力重新回升，人民币国际化出现一定程度的倒退。

第二，2015 年的"8·11 汇改"后，CNH Hibor 对 CNY 的净溢出效应为正，但逆周期因子阶段，CNY 对 CNH Hibor 产生了正的净溢出效应，说明 CNY 定价公式中逆周期因子的启用开始对离岸利率市场的波动产生影响。

第三，人民币境内外金融市场的资金自由流动仍然受到一定程度限制的影响，正常时期，离岸市场利率 CNH Hibor 与在岸市场利率 Shibor 的波动溢出效应有限，但两个市场在极端情况下的异常波动都会在市场预期和心理层面对另一个利率市场产生溢出效应。

6.5.2　政策建议

我国中央银行一直在提高人民币汇率定价弹性与避免人民币大幅度波动之间寻求平衡。基于本章的研究结论和以上政策目标，我们提出以下几点改革建议。

第一，完善中央银行对市场的信息引导机制，适时取消定价公式中的逆周期因子。人民币汇率中间价定价机制的改革和汇率波动幅度限制的放宽都表明我国汇率市场化的进程在不断推进，但是目前我国人民币兑美元中间价由"前一交易日收盘价+一篮子货币汇率变化+逆周期因子"三者共同决定，人民币汇率与外汇市场的美元供求状况变得没有直接关系，虽然逆周期因子的引入可以对冲汇率的顺周期波动，但是逆周期因子的启用也使得人民币汇率市场改革化进程停滞甚至倒退，人民币国际化的步伐也有所放缓。由于逆周期因子的计算公式并未对外公开，所以每次重启逆周期因子时，市场汇率就开始升值，而暂停逆周期因子时，人民币汇率又开始大幅度回落，人民币汇率的波动开始受到逆周期因子的影响。在外汇资金流动管制日益严格的背景下，汇率贬值引发资本外流的风险控制变得更加容易，建议中央银行适时在汇率定价公式中取消逆周期因子。

第二，增加离岸人民币市场流动性补充机制，弱化离岸市场对在岸市场汇率的冲击。离岸人民币市场接受外部信息的速度快，受到外部冲击的影响也大，离岸人民币利率容易大起大落。目前人民银行通过在香港建立发行央票的常态机制，丰富了中央银行调节离岸市场人民币流动性的管理工具。在资本项目管制及境外金融机构参与境内货币市场的现实条件下，建议逐步加大开放境外中央银行和金融机构参与境内资本市场、货币市场的力度，通过市场互联互通的形式，为离岸人民币提供更具深度和广度的投资交易市场，稳定离岸市场人民币的资金池，缓解离岸人民币市场流动性波动过大的问题，提升境外人民币资产的吸引力，促进人民币国际化。

第三，克服对人民币汇率贬值的恐慌，择时加快人民币在岸市场的汇率市场化改革。人民币汇率改革的最终目标是浮动汇率制度，由市场来决定汇率水平。虽然人民币国际化可能加剧汇率的波动，但归根结底，汇率的波动和变化主要受制于国内的经济基本面。中央银行采用通过影响离岸利率水平和在岸汇率中间价定价公式的方式来影响汇率的间接干预方式，容易授人以柄。在中美贸易摩擦和美国将中国列为"汇率操纵国"的背景下，顺势推动人民币汇率的市场化改革，可以充分发挥汇率对宏观经济和国际收支"自动稳定器"作用，国内经济主体也会通过决策调整提高承受人民币汇率自由波动风险的能力。考虑到中国经济的基本面和资本管制的现状，我们认为人民币不会下跌到触发金融危机的程度。

第7章　汇率波动与股价联动的渠道效应比较研究

7.1　问题的提出

2018年6月以来，人民币汇率快速贬值，同期国内股市也创出新低。2018年6月，人民币兑美元中间价持续走高，从6.40一路快速上升逼近6.70关口。2018年7月3日，在岸人民币兑美元较前一日官方收盘跌超700点，创2017年8月以来最低水平。同一日，A股市场在人民币加速贬值及亚洲市场低开的影响下走低，上证指数一度录得3342点的新低。从2018年6月22日至7月5日收盘，沪深300指数跌幅超过7%。股市、汇市一同"双杀"有何关联呢？2020年6月以来，人民币汇率快速升值，同期国内股市也出现明显上涨，市场上再次出现"人民币升值有利于股市上涨"的观点。随着我国金融市场对外开放进程加快，股市对外资的吸引力持续释放。与此同时，随着人民币双向浮动的弹性汇率制度改革和人民币国际化的有序推进，汇率变化更易受到国际经济金融环境的影响，汇率与股指的联动关系愈加明显（见图7-1）。

2005年"7·21汇改"后人民币经历了升贬值的阶段性差异，人民币汇率与股价的联动关系在不同时期表现出较强的时变特征。"7·21汇改"启动时，人民币面临升值的单边预期，汇改后一年内人民币升值3.4%，同期沪深股市涨幅超过68%。2015年"8·11汇改"恰逢人民币面临单边贬值预期，汇改后两周人民币汇率贬值3.26%，同期沪深300指数跌幅超过25%。2017年6月20日，MSCI宣布将中国A股纳入MSCI新兴市场指数，国外投资者可以通过MSCI指数投资我国资本市场，消息公布后的一个月内，人民币汇率升值幅度达到1.05%，沪深300指数涨幅为5.68%。从这三个事件的时间窗口来看，金融市场的制度性改革使汇率波动与股价的关联效应更为复杂。

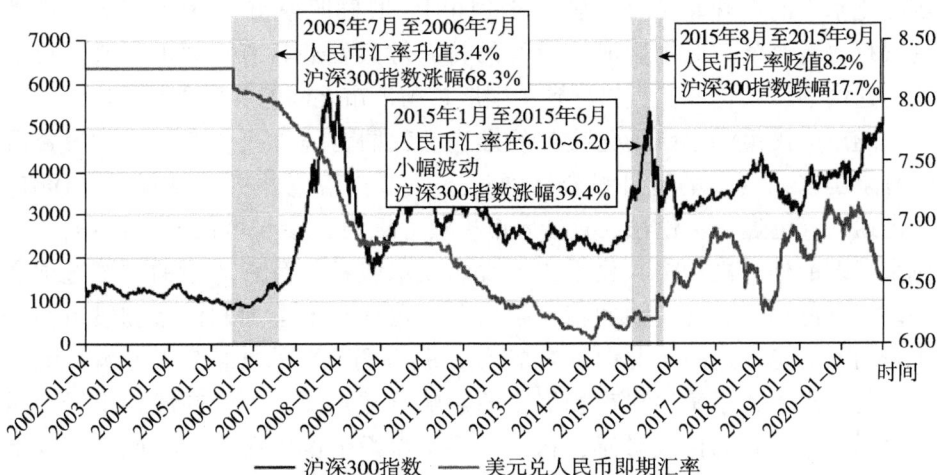

图 7-1　沪深 300 指数与美元兑人民币即期汇率走势图（2002 年 1 月—2020 年 1 月）

（资料来源：Wind 数据库）

　　汇率和股价同为资产价格，随着浮动汇率制的广泛推展，汇率过度波动开始成为股市脆弱性的一个重要来源。但是股价和汇率波动并不是直接关联的，它们之间通过其他金融变量和货币政策产生联动（Hashem 等，2015）。汇率与股价关系研究的两个经典理论是流量导向模型（Dornbusch 和 Fischer，1980）和股票导向模型（Branson，Halttunen 和 Masson，1977）。流量导向模型认为汇率变动改变了一国货币的实际购买力，影响国际收支平衡。一些学者将该模型进一步延伸，认为汇率变动通过改变国际收支对该国宏观经济产生影响，从而影响企业商品的国际价格及企业未来收益，最终波及由企业未来现金流决定的股价。这一过程从微观角度解释了汇率变动通过商品价格影响上市公司股票价格的作用机制（Adler 和 Dumas，1984；Canova 和 De Nicolo，1995；Roll，1992；Schwert，1990）。股票导向模型认为一国股价上涨将提升该国股票市场的整体价值，吸引外资流入本国股票市场，使本币需求增加，从而本币升值。这一过程从宏观角度阐述了股价变化通过资本项目使汇率发生波动。股票导向模型要求国内股市足够强大，而且资本进出自由，才能够影响汇率，但是目前我国股市对外开放程度还有限，外资持股比例还存在一定程度的限制，基于此，本书认为当前我国从汇率到股价的传导机制会更通畅，即我国汇率和股价之间的传导关系更符合流量导向模型。

　　2005 年 "7·21 汇改" 以来，人民币汇率市场化特征越来越明显，汇率双向波动日益常态化，人民币汇率与其他汇率的联动效应也随着人民币国际化水平的提升而显著增强。与此同时，我国股票市场2005年5月启动的股权分置改革，对中国股票市场的持续健康发展具有重要的意义。换言之，这两项市场化变革直接导致中国股市与汇市之间的关联更加紧密。

随着人民币汇率市场化改革的推进和我国为境外投资者提供的投资渠道越来越多，更多的境外投资者通过人民币合格境外机构投资者（QFII）沪港通、深港通、沪伦通、直接入市投资等渠道，参与境内股票市场交易。越来越多的外资机构将人民币资产视为获取收益、管理风险的重要选项之一。汇率波动与股价波动的相互影响在一定程度上会加剧汇市和股市两个市场的不稳定。近两年北向资金成为A股市场重要的增量资金来源，北向资金的净买入和净卖出对市场涨跌的影响日益重要。外资在股票市场上对人民币汇率的波动比较敏感，在人民币汇率贬值的情况下，在股票市场上有资金流出的情况。从陆股通（沪股通和深股通的统称）的情况看，2018年陆股通的累积买入成交净额从年初一直呈持续上升的态势，特别是2020年6月人民币升值以来，陆股通的净买入规模明显扩大（见图7-2）。

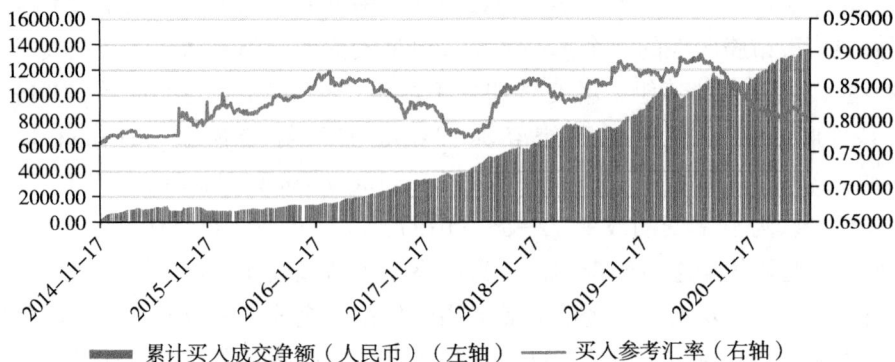

图 7-2　陆股通累计买入成交净额与买入参考汇率
（2014 年 11 月 17 日—2020 年 11 月 17 日）
（资料来源：Wind 数据库）

在此背景下，人民币汇率波动的风险是如何向股市传递的，不同传导渠道之间有何差异性？关于这些问题的探讨对我国在金融开放进程中守住不发生系统性金融风险的底线具有重要意义。目前国内对汇率波动与股价的联动关系已开展了深入而广泛的研究，对汇率波动在股市波动中的影响也得到了一致定论，然而，相关研究仍存在以下不足有待进一步解决：第一，研究汇率波动对股市的影响大多只考虑单一的渠道，而较少对比不同渠道的差异性影响，这是学者们关于如果缓释汇率风险在资本市场传染未能得到统一定论的原因之一；第二，已有研究多从汇率水平的变化度量汇率波动，随着汇率双向波动的常态化，本书拟以汇率波动率来度量汇率波动，因为波动率适宜捕捉汇率长期运动中的异常短期变化，具有较强的预测能力。基于此，我们拟以 2005 年"7·21 汇改"为时间起点，用 IGARCH 模型计算汇率波动率，运用 TVP-VAR 模型中的等间隔脉冲响应函数对汇率波动在不同时间维度上向股价传导的间接动态效果进行实证分析，并比较利率、货币供应量、短期国际资本流动、国际贸易和心理预期 5 个渠道的影响效应。为比较在不同改革事件冲击下汇率波动与股价联动关系的变化，我们还选择了 2015 年"8·11 汇改"和 2018 年 6 月 A 股正式纳入 MSCI 指数这两个重要改革时点，应用时点脉冲响应函数分析汇率波动向股价传导的情况。

7.2　文献回顾

国外对汇率与股价关系的研究开始较早，迄今为止发展最为成熟的两个理论分别是流量导向模型与股票导向模型。Dornbusch 和 Fischer（1980）提出流量导向模型，认为汇率变动改变了一国货币的实际购买力，影响国际收支平衡。后人将该理论进一步延伸，汇率变动通过改变国际收支对该国宏观经济产生影响，从而影响企业商品的国际价格及企业未来收益，影响由企业未来现金流决定的股价。这一过程从微观角度解释了汇率变动通过商品价格影响上市公司股票价格的作用机制。Branson（1977）和 Frankel（1983）提出股票导向模型，认为一国股价上涨将提升该国股票市场的整体价值，吸引外资流入本国股票市场，使本币需求增加从而本币升值。这一过程从宏观角度阐述了股价变化如何通过资本项目使汇率发生波动。国内对汇率与股价的研究相对国外起步较晚，这与我国股票市场起步晚，汇率市场化改革相对滞后有关。曾康霖（1994）是国内较早分析汇率与股价关系的学者，他分析了汇率波动对中国只发行 A 股、同时发行 A 股和 B 股股价的影响，以及汇率波动对股民心理的影响。2005 年股权分置改革与"7·21 汇改"启动后，我国人民币汇率与股价关系的研究文献开始增多（王圣辉，2005；秦熠群，2005；薛荣俊，2005）。

7.2.1 汇率与股价相关性研究的实证模型

1. VAR 模型和 VECM 模型

Ajayi 和 Mougoue (1996) 以 8 个发达经济体为样本，应用双变量误差修正模型研究汇率与股价的长短期关系，研究发现：短期来看，国内股价上升对汇率有负向冲击；长期来看，股价上升对汇率有正向冲击；反向来看，货币贬值对股价的冲击无论在长期还是短期都显示为负。Abdalla 和 Murinde (1997) 建立二元向量自回归模型，采用协整检验和格兰杰因果检验方法对印度、韩国、巴基斯坦和菲律宾 4 个国家进行研究，发现印度、韩国、巴基斯坦均存在汇率到股价的单向因果关系，而菲律宾并不存在这种关系。Ming-Shiun Pan 等 (2007) 选择泰国、日本、韩国、马来西亚、新加坡，中国台湾和中国香港 7 个市场，运用 VAR 模型对亚洲金融危机前后汇率与股价的因果关系进行研究，发现亚洲金融危机前中国香港、日本、马来西亚和泰国的汇率与股价之间存在显著的因果关系，而危机发生期间所有市场均不存在因果关系。在不同国家的比较中，汇率与股价之间的动态关系受汇率制度、贸易规模、资本控制程度和股票市场规模等方面的不同影响而有所不同。Tsagkanos 和 Siriopoulos (2013) 采用结构非参数协整回归模型，对比分析 2008 年国际金融危机发生前后欧盟与美国股票价格与汇率的关系。研究发现金融危机前，欧盟和美国都存在汇率到股价的短期因果关系，但长期并不存在；国际金融危机后，欧盟存在股价到汇率的长期因果关系，美国存在股价到汇率的短期因果关系。何诚颖等 (2013) 利用 2005 年"7·21"汇改以来的数据，基于 SV-TVP-SVAR 模型实证研究了人民币汇率与我国股票价格之间的时变动态关系。结果表明，汇率与股价之间的关系呈现出显著的时变性；2009 年之前存在人民币升值—股价上涨的联动效应，但 2009 年之后出现人民币升值—股价下跌的联动效应；在不同时点上，汇率与股价波动之间的关系呈现较大的不对称性。Ramdhany 等 (2018) 采用面板向量自回归模型，分析了巴西、中国、印度、毛里求斯和俄罗斯 5 个新兴市场在 1995 年至 2015 年股票市场价格与汇率之间可能存在的关系，面板协整检验表明股票市场价格与汇率之间存在长期关系，向量误差修正模型证明股票市场价格与汇率呈负相关关系，但不显著。程海星等 (2016) 建立 VAR 模型，分别研究了 2005 年 8 月 1 日至 2015 年 10 月 23 日全样本和分三个区间后子样本的汇率与股价关系，从全样本区间看，二者存在微弱的负相关关系；从子样本来看，汇率对股市的影响效果随年份增长显著上升，解释比例从 1.44% 升至 5.41%。于乃书、于棚土（2018）采用 2005 年 8 月 1 日至 2016 年 12 月 30 日的日度数据，应用 Johansen 协整检验和格兰杰因果检验方法研究汇率与股价的关系，发现长期内汇率和股价存在协整关系，而因果关系在长期和短期的表现不同：短期内汇率变化是股价的格兰杰原因，长期内则相反。

2. 回归模型

回归模型也是研究相关性的一种常用方法。Zarei 等（2019）基于平价理论和资产定价理论，将国际资本资产定价模型（CAPM）应用于宏观变量的研究，利用澳大利亚、加拿大、德国、日本、瑞典、英国和美国 7 个实行浮动汇率制度的国家 1999 年 2 月至 2016 年 3 月的面板数据，建立包含各国股价指数收益率、世界股价指数收益率、各国汇率收益率、通货膨胀、利率和各国工业指数的回归模型，研究发现这些国家的汇率对股价指数收益率在统计上具有显著影响。叶陈刚等（2016）基于 Alder - Dumas 拓展模型，根据各国货币的贸易权重计算出人民币贸易权重汇率，与 2006 年至 2012 年的上证 A 股、深证 A 股价格指数共同构建回归模型，研究发现汇率与股价指数存在负相关关系，即人民币汇率贬值造成股票价格指数下降；沪深 A 股受汇率影响的程度因市值不同而相异。

3. 小波分析

Afshan 等（2017）采用小波分析方法研究巴基斯坦股票价格与汇率的关系，结果表明，在 2005 年至 2006 年和 2011 年至 2012 年的 8 周至 16 周和 16 周至 32 周，股票价格在巴基斯坦卢比汇率中占主导地位，并且两个市场长期存在双向因果关系。Dahir 等（2017）基于小波分析方法，采用 2006 年 1 月 1 日至 2016 年 12 月 31 日的日度数据，分析金砖五国（巴西、俄罗斯、印度、中国和南非）的汇率与股票收益率之间的联系发现，除中国外，其他国家的汇率与股票收益在中长期有很强的相关性；从领先—滞后关系来看，巴西和俄罗斯存在汇率引导股价的现象，符合股票导向理论；印度某些时期存在股价领先于汇率的情况，符合流量导向理论；南非的股票市场同样受汇率影响；而中国的股市与汇市显示出弱相关性。苏志伟、姚宗良（2016）引入 Morlet 小波时频相关性分析方法，实证分析 2011 年 1 月至 2016 年 3 月汇率与股价的短期、中期、长期关系，发现汇率与股价除短期内存在股价到汇率波动的正相关性外，中期、长期均无相关性。

4. 其他方法

除上述几种主要方法外，ARDL 模型、DCC-MIDAS 模型、有向无环图

（DAG）等方法也被应用于该领域的研究。Effiong 和 Bassey（2019）利用非线性 ARDL 模型和尼日利亚 2000 年 1 月至 2016 年 12 月的月度数据，分别从货币升值和贬值、长期和短期关系两方面考察了汇率变动与股票价格的不对称性。实证结果表明，汇率变动对股票价格的影响在短期和长期都是非对称的；在长期，货币贬值对股价的影响大于升值的影响。Moagar-Poladian 等（2019）应用 DCC-MIDAS 模型，采用 2003 年至 2018 年捷克、匈牙利、波兰和罗马尼亚 4 个中欧和东欧国家的股票市场指数与汇率数据，分别探讨了外汇市场和股票市场在跨国层面上的相互作用，以及这两个市场在各国内部的联系，发现汇率收益率与股价之间的相关性主要在欧洲主权债务危机期间上升，在全球金融危机期间上升幅度较小。卜林等（2015）采用有向无环图（DAG）技术，检验了 2005 年 7 月至 2013 年 12 月短期国际资本流动、人民币汇率和资产价格之间的动态关系，得出汇率与股价无因果关系的结论。孙刚、李树文（2015）采用滚动相关分析法及 Toda-Yamamoto 因果关系检验，实证研究了 2008 年国际金融危机后至 2014 年 6 月人民币实际有效汇率与上证指数之间的关系，发现二者走势存在同期相关，且实际汇率周期滞后于上证指数周期约三个月，还发现二者的因果关系仅存在于周期的波动上，二者走势并不存在因果关系。

7.2.2 汇率与股价的溢出关系

前期研究发现外汇市场与股票市场之间存在波动的联动性，国内外学者大多采用 GARCH 模型及其拓展模型检验二者的溢出关系。Dong 和 Yoon（2017）选择 2005 年 7 月 22 日至 2015 年 11 月 30 日的样本数据，分别采用存在和不存在结构性突变的 DCC-GARCH 模型研究中国股票市场与外汇市场的时变相关性与条件波动持续性，发现中国股市和外汇市场之间存在负向溢出，该结论支持流量导向模型。Rubayat 和 Tareq（2018）利用 2009 年 1 月 1 日至 2016 年 12 月 12 日塔卡/美元汇率波动率和 CSE 综合指数的股票收益波动率数据，应用 ARCH 和 GARCH 模型研究波动率的溢出效应、持续性效应和非对称性效应，发现股票指数的波动性对汇率的波动性有溢出效应；反之则无溢出效应。Sikhosana 和 Aye（2018）采用 EGARCH 模型和其他非对称 GARCH 模型（GJR GARCH 和 APARCH 模型），利用 1996 年至 2016 年的数据分析南非实际汇率与股票收益之间的非对称波动溢出效应，实证检验发现短期内两个市场之间存在双向波动溢出效应，汇市的负向冲击对股市波动性的影响较大，而股市的正向冲击对汇市波动性的影响较大。Wong（2018）采用具有非对称效应的 C-GARCH 模型，将波动分解为长期分量和短期分量，分析马来西亚实际汇率收益与实际股价收益之间的波动溢出效应，发现二者的长期波动溢出效应要强于短期波动溢出效应。金融危机期间，波动的长期记忆成分和短期记忆成分都很高，以马来西亚林吉特对美元表示的汇率收益率对股价收益率的波动溢出效应强于以马来西亚林吉特对日元表示的汇率收益率的波动溢出效应。Njegić 等（2018）使用三种 BEKK-GARCH 模型（基础 BEKK-GARCH 模型、非对称 BEKK-GARCH 模型和具有结构突变的非对称 BEKK-GARCH 模型），分析了 7 个主要新兴市场（捷克、波兰、匈牙利、俄罗斯、土耳其、印度和韩国）和发达市场美国的股票与汇率之间的动态联系和双向溢出效应，结果发现在新兴市场，两类资产的条件相关性为负，即二者之间的动态联系符合资产组合平衡理论；而在美国市场，这种条件相关性为正，符合流量导向理论。此外，BEKK-GARCH 模型的结果显示：均值和波动溢出效应在所有国家中主要从汇率市场向股票市场传导。贾凯威（2015）将汇改后的 2005 年 8 月至 2013 年 11 月作为样本区间，并以金融危机为界分为危机前后两个子样本建立 VAR（1）-MGARCH（1,1）-BEKK 模型，全样本估计结果验证了"股票导向理论"，即存在股市对汇市的负外溢效应；子样本估计结果表明，金融危机前后外溢效应方向发生了改变，危机前溢出方向为汇市到股市，危机后为股市到汇市。熊正德等（2015）采用小波分析与多元 BEKK-GARCH（1,1）模型研究了 2005 年 7 月 22 日至 2012 年 6 月 30 日期间汇市与股市的波动溢出效应，发现其在短期和长期有不同的表现：短期（2 日内）仅存在股市对汇市的波动溢出，而长期（周甚至月）则表现为双向溢出，且汇市对股市的波动溢出效应更为强烈。史芳芳、任晓勋（2016）基于 VAR-GARCH-BEKK 扩展模型实证检验了 2014 年 3 月 18 日至 2016 年 1 月 15 日汇率与股价的溢出效应，发现存在汇率到股价的单向均值溢出及波动溢出。肖芝露、尹玉良（2018）建立三元 VAR-BEKK-GARCH 模型，综合考虑汇市、股市、债市三个金融子市场间的波动溢出效应，发现汇市与股市间有双向的波动溢出效应。也有学者使用 Copula 模型研究汇率与股价的波动溢出效应。吴智昊（2015）选取 2006 年 1 月 1 日至 2013 年 12 月 31 日美元对人民币汇率与沪深 300 指数的日数据，应用变结构 Copula 模型，研究发现汇率与股价存在波动溢出效应，金融危机期间这种效应显著增强。张艾莲、靳雨佳（2018）用 Copula 函数和 CoVaR 方法相结合，研究 2005 年 7 月 22 日至 2017 年 8 月 1 日汇率收益率和股票收益率数据，发现汇率与股价存在双向风险溢出效应；股市与汇市的上行风险和下行风险溢出效应并不相同，其中股市的上行风险溢出效应更显著，而汇市的下行风险溢出效应更显著。

7.2.3 汇率与股价关系的时变特征

随着研究的深入，人们不再局限于汇率和股价的静态关系研究，更多学者开始采用非线性模型研究汇率与股价之间的时变关系，采用的实证模型包括状态空间模型、TVP-VAR模型和GARCH模型的拓展模型等。张佳睿（2013）使用状态空间模型检验2005年7月至2013年6月汇率与股价的动态关系，发现汇率对股价的影响强于股价对汇率的影响，且前者具有时变性。刘林等（2015）采用门限协整和TVP-VAR模型及2005年7月至2013年6月的数据，研究了汇率和股价的长期、短期非线性动态关系，发现长期来看，汇率和股价存在门限协整关系，在长期均衡中存在非对称的调整，二者之间的关系具有时变性，主要受到宏观经济环境的影响。张娥等（2016）采用EEMD和状态空间分析方法分析股市和汇市的动态关系，发现汇市对股市的传导远大于股市对汇市的传导；对于不同波动频率的汇率和股价，二者的关系具有不同表现，受经济形势和重大事件的影响程度也不同。周爱民、韩菲（2017）对2010年10月11日至2016年9月30日中国香港和内地的股市、汇市风险溢出效应分别进行实证检验，采用偏t分布的GARCH-时变Copula-CoVaR模型，发现长期来看股市和汇市的风险溢出效应是有时变性的。王想等（2018）利用2005年7月21日至2017年8月31日的样本数据，在构建二元DCC-GARCH模型的基础上，采用序列"累积平方和迭代"（ICSS）算法识别出三个突变点，将样本期分为三个子区间，发现在不同的子区间内，汇率和股价之间负相关、不相关关系交替出现，验证了二者关系具有时变性的结论。

7.3 汇率与股价联动的理论模型和传导渠道

7.3.1 汇率与股价联动的理论模型

股价指数是国民经济的"晴雨表"，而汇率变动则反映一国货币国际购买力的变化。股价指数和汇率既是股票市场和外汇市场的价格，又同为国民经济运行状况的重要指标，二者之间存在内在联系，股价的变化可能导致汇率的波动，反之亦然。国外学者较早关注了这两种金融指标的关联程度，关于汇率和股价之间的关系，已形成两种成熟的理论模型，即汇率决定的流量导向模型和股票导向模型。前者强调经常项目或贸易平衡，认为存在由汇率到股价的反向关系，这种分析主要着眼于微观层面；而后者强调资本项目是汇率变化的主要决定因素，认为存在由股价到汇率的正向关系，这种分析主要着眼于宏观层面。

1. 流量导向模型

流量导向模型由 Dornbush 和 Fisher 于 1980 年提出，该理论从微观视角出发，认为汇率变动从两个方面影响企业收益，从而对股票价格产生影响。该理论解释了汇率变动对股价的单向影响机制，认为前者是后者变化的原因。

以本币升值为例：一方面，本币相对外币升值会使公司以外币标价的资产和负债的价值下降，反映到资产负债表中，以外币标价的资产价值下降将使利润降低，而以外币标价的负债价值上升将通过现金流增长而增加利润，最终作用效果取决于公司外币资产和负债的比值。如果受汇率影响的外币标价资产大于负债，则本币升值将使企业股价下跌；如果受汇率影响的外币标价资产小于负债，则本币价值与股价变动方向呈正相关。另一方面，汇率变动对不同贸易模式的企业有不同影响。对出口导向型企业而言，本币升值时本国商品价格高于国际价格，将使其在国际市场上丧失竞争力，企业出口量减少、未来收益和利润减少，股票下跌；而对进口导向型企业，本币升值意味着其在国际市场上进口的原材料价值下降，因而成本下降、未来利润上升，股价上涨。汇率变动对股市的整体影响还应考虑进出口企业所占比重。从实际情况看，大多数国家实行外向型经济，出口导向型企业居多，因此本币价值与整体股价变动反向相关。

2. 股票导向模型

Branson 等（1977）提出了股票导向模型，该理论认为股价变动是汇率变动的原因，着重考虑资本与金融账户在股价到汇率的传导过程中发挥的作用。股票导向模型的前提是将汇率看作普通商品，其价值由外汇市场的供需关系决定。股价变化同样通过两条途径影响汇率，以股价上升为例表述其核心逻辑：一方面，一国股价上升伴随股市的繁荣，吸引国际投资者将资金投入该国股市，国际游资通过资本与金融账户涌入国内，由于外币无法直接购买本国股票，投资者在国内市场上用外币兑换本国货币，拉升对本币的需求，使本币价值上升、汇率变动。另一方面，对国内投资者来说，股价上升将引发"财富效应"，其所持有的总资产价值随股价上升而增加，投资者的货币需求量增加，同时由中央银行控制的货币供给量保持不变，市场利率伴随货币需求量的增加而上升，高利率进一步吸引国外资金流入国内，本币价值上升导致汇率变动。

两个模型通过不同的视角得到截然不同的结论，前者强调经常账户的作用，而后者强调资本与金融账户的作用，因此可分别适用于一国的不同发展阶段。当国家处于经常项目下可自由兑换的阶段时，流量导向模型更贴合该国实际情况；当一国的经常项目、资本与金融账户均实现可自由兑换时，在考虑汇率与股价关系时应综合考虑两种模型，即汇率与股价存在双向因果关系。

7.3.2　汇率与股价联动的传导渠道

关于汇率对股价传导机制的研究，已有的文献主要从利率（Mehmet Ivrendi，2004；AI-Mashat 和 Billmeier，2008；黄金老，2001；巴曙松、严敏，2009；李成等，2014）、货币供应量（Gavin，1989）、国际贸易（赵蓓文，1998；朱新蓉、朱振元，2008；Moore 和 Wang，2014）、短期国际资本流动（Sarno 和 Taylora，1999；张宜浩、沈晓华，2008；赵进文、张敬思，2013；吴丽华、傅广敏，2014；陶士贵、范佳奕，2018）、心理预期（Dieci 和 Westerhoff，2010；司登奎等，2018）5 个渠道进行论述。

1. 利率渠道

以利率为中介的传导过程可分为两个阶段：汇率变动首先对利率产生影响，利率再影响股票价格，可分别用利率平价理论和戈登模型来解释。

（1）汇率与利率的关系。

利率平价理论直观反映了汇率与利率之间的动态平衡关系，该理论认为一国市场利率高低会影响该国投资环境，当不同国家的短期利率不同时，利率差产生套利机会，驱动跨国投资者将资金从利率高的国家转移至利率低的国家，从而产生国际资本流动与外汇需求的变化，汇率变动抵消利差，直至套利机会消失。

（2）利率与股票价格的关系。

利率与股票价格的均衡关系可用戈登模型解释。戈登模型已在前文中介绍，其公式如下。

$$P_0 = \frac{D_1}{i + r - g} \tag{7-1}$$

式（7-1）中，P_0 为股价，D_1 为基期的股息，g 为固定不变的股息增长率，贴现率由市场利率 i 与风险溢价 r 相加而得到。戈登模型的结论是股票价格与利率呈负相关，当利率降低时，股票价格上升；当利率上升时，股票价格下降。

综合上述两个模型可得出：在利率传导渠道上，直接标价法下的汇率与股票价格呈反向关系。当一国利率水平高于其他国家，国际资本流入推动本币升值、汇率下降，套利行为导致国内流动性增加，市场利率逐渐趋近国际水平，利率下降导致股票价格上升。反之，当一国利率水平较低时，国内投资风险增加，资本外流推动本币贬值、汇率上升，在回归均衡状态的过程中市场利率上升，股票价格下降。

与发达国家相比，我国金融体系的利率放开均已基本完成，但仍然存在货币市场利率与存贷款利率两个轨道。银行市场外的利率形成受多因素干扰，银行间向交易所及标准化债权的利率传导不甚畅通。存贷款利率名义上已基本放开，2013 年中国人民银行开始正式推行 LPR 集中报价，目的在于以市场化的方式指导信贷产品定价，逐步取代贷款基准利率，进一步推动贷款市场的利率市场化改革。除此之外，短期资本流动限制和非完全市场化的汇率形成机制均无法满足利率平价理论下利率的前提假设，阻碍了利率平价理论在我国的应用。

2. 货币供应量渠道

在完全对外开放的资本市场中，汇率小幅波动属于正常现象，而汇率大幅升值或贬值则可能威胁国家经济和金融市场的稳定。我国正在推动货币政策调控从数量型工具向价格型工具的转变，由于信贷传导渠道一直是我国货币政策调控的主要渠道，货币供应量仍是当前我国货币政策调控的合适的中介目标。

（1）汇率与货币供应量的关系。

汇率对货币供应量的影响机制可从两个角度分析：一是国际收支角度。对经常项目而言，汇率即两国货币价值兑换的比例，汇率的变动不仅改变了一国货币的相对价值，而且改变了由货币衡量的商品的相对价格，进而影响国家的进出口量，导致国际收支中经常项目的变化。对资本项目而言，汇率变动会影响国际资本的流动方向，从而使资本项目变化。经常项目和资本项目的变化均会影响外汇储备及基础货币中外汇占款的数量，进而影响货币供应量；二是政策角度，汇率变动打破了稳定的经济环境，为了调节内外均衡，中央银行实施外汇干预政策对货币供应量进行影响。

（2）货币供应量与股价的关系。

货币供应量同样通过两种途径对股价产生影响：对企业而言，货币供应量变化影响市场利率，利率与公司融资成本及利润关系密切，进而影响股价；对投资者而言，货币供应量变化意味着可投资金发生改变，股市中的流动资金变化也会影响股票价格。

汇率通过货币供应量渠道影响股票价格的传导机制可描述为：如果一国货币升值，在国际收支方面，商品价值上升导致经常项目恶化，外汇储备和外汇占款减少，而资本项目顺差使外汇储备和外汇占款增加，两个相反方向的作用相互抵减，基础货币小幅变化；在政策方面，中央银行为降低本币价值，在市场上投放基础货币，使货币供应量增加。如果货币供应量上升，一方面利率下降导致企业的融资成本下降、利润上升，使企业内在价值上升；另一方面投资者可支配资金增加，对股票的需求上升，促使股价上涨。

在货币供应量到股价的传导过程中，一方面，由于我国银行间向交易所及标准化债权的利率传导不甚通畅，货币供应量变化很难通过利率改变股票的内在价值。另一方面，货币以股票、债券、金融衍生品、实物资产等多种形式存在于投资者的资产组合中，而我国投资者对股票的配置比例与美国等发达国家相比相对较低，弱化了货币供应量变化对股票需求的影响。因此，我们认为汇率通过货币供应量渠道对股价的影响有限。

3. 国际贸易渠道

汇率是连接不同国家贸易的桥梁，汇率变动直接影响一国商品的进出口。理论上，如果一国货币贬值，国内商品价格相对较低，有利于出口；而当一国货币升值时，出口量会因商品价格上升而受到抑制。但经实践验证，该理论并不能完全解释汇率影响国际贸易的实际情况。在有关汇率影响国际贸易的理论模型中，最具代表性的为马歇尔—勒纳条件（以下简称M-L条件）和J曲线效应。M-L条件将一国进口与出口贸易需求弹性考虑在内，认为当进出口贸易需求弹性绝对值之和大于1时，本币对外币贬值才能够改善该国贸易收支状况；如果进出口贸易需求弹性之和小于1，本币贬值将使国际贸易收支恶化；如果弹性之和等于1，贸易收支将不受本币币值变化的影响。J曲线效应解释了汇率对国际贸易影响的时滞现象，即汇率变动的影响并不会立即反映在进出口变化上，影响效果需要一段时间的传递。当本国货币贬值后，最初发生的情况往往正好相反，经常项目收支状况反而会比原先恶化，进口增加而出口减少，经过一段时间，贸易收入才会增加，因为这一运动过程的函数图像酷似字母"J"，所以这一变化被称为 J 曲线效应。

　　汇率变动通过国际贸易渠道影响股市的传导过程大致为：在符合 M-L 条件的情况下，本币升值提高了本国企业商品的相对价格，在国际市场上，本国商品竞争力减弱，造成出口抑制。对出口导向性企业来说，未来现金流及利润增长受阻，从而拉低其股票价格；对进口导向型企业，国外商品相对价格降低，成本降低使利润增加，股价上升。因此，该渠道上汇率变动对股价的影响方向取决于一国的进出口贸易结构。

　　结合我国的实际情况来看：我国以加工贸易为主导，出口的商品以价格弹性较小的生活必需品居多，进口的商品多是需求弹性小的机电产品和高新技术产品，不满足 M-L 条件下进出口需求弹性绝对值之和大于 1 的要求。因此，汇率对国际贸易的影响方向可能与发达国家相反，即人民币升值有可能导致贸易顺差增加。但随着技术发展和经济环境变化，我国贸易结构逐步向高技术、高附加产值的模式转变，出口商品的需求弹性增加，使得人民币升值对出口商品的竞争力影响加大。综合上述分析，汇率通过国际贸易渠道对股价的影响情况是较为复杂的。

4. 短期国际资本流动渠道

　　国际资本流动即资本在不同国家或地区间转移的行为，其目的是追逐较高的投资收益。按照投资对象不同可分为直接投资和间接投资，前者是以实体企业为投资对象，以期在长期内获取企业经营收益的投资活动；后者是以被投资国的证券、投资性房地产等金融资产为投资对象，以期在短期内实现资本增值的投资活动。由于汇率波动属于短期行为，此处主要讨论带有投机性质的短期国际资本流动。

　　汇率通过国际资本流动渠道影响股价的传导路径为：在资本项目完全放开、国际资本可自由流动的前提下，如果一国货币升值，理性投资者预期未来货币升值将使其获得额外的投资收益，将国际资本通过各种渠道投入该国资本市场，大量资金流入股票市场，打破了股票市场原有的供需平衡，短期内股票需求大于供给，股价迅速上涨。相反，如果一国货币贬值，国际投资者预期收益减少，进而将本币资产转换成外币资产，国际资本纷纷从国内抽逃，股票市场迅速缩水，推动股价下跌。

　　虽然目前国际资本可通过 QFII、沪深港通等渠道进入国内资本市场，但我国对资本账户的管制较严格。与发达国家相比，我国的资本开放程度仍然较低，意味着国际资本不能自由地在国内股市进行套利活动。但国际资本可通过提高市场流动性的方式对股市产生影响：当汇率变化引发投机资本的套汇行为时，国内市场流动性扩张，带动股票市场流动性增加，股价上升。

5. 心理预期渠道

从微观角度看，股票价格很大程度上反映了投资者的心理预期，人们更倾向于投资未来发展前景较好的企业，基于当前股价、公司基本面情况及未来发展趋势等指标做出投资决策。而投资者心理预期容易受到诸多因素影响，如宏观经济、政策动向、汇率、利率等。因此，汇率变化通过心理预期影响股价是一类重要的传导渠道。由于"羊群效应"的存在，心理预期渠道的传导机制在汇率贬值时更能得到体现。"羊群效应"是行为金融学中一项重要理论，指当市场上出现不确定因素时，个体的恐慌情绪将在群体中蔓延，个别投资者的行为被更多的投资者效仿，层层放大，造成更大范围内的非理性行为。

具体表现为：当预期一国货币贬值时，投资者预期本币资产在未来将同步贬值，于是将资金撤出本国资本市场以避免损失，市场上其他投资者因受到这种情绪的传染，纷纷抛售国内股票，股市暴跌。反之，当一国货币有升值预期时，投资者出于套利目的购买本币资产，投资情绪高涨，热钱纷纷流入股市，股价大幅上升。因此，由汇率变动产生的利好或利空消息，在羊群效应的作用下迅速传播，带来大规模的投资决策变化，进而影响股市。2008 年金融危机正是由于心理预期持续恶化，致使投资者对金融市场彻底失去信心，汇市与股市相互影响、双双暴跌。

我国股票市场以个人投资者为主，与机构投资者相比，该类投资者的特点是投资心理不成熟，理性程度较低，更容易受到市场情绪的影响。当经济情况发生大幅度变化时，个人投资者由于缺乏独立客观的判断能力，而产生大规模的追随行为，加剧股市的波动。在我国股市成熟度低的背景下，股票市场上的信息不对称性会助长这种非理性的羊群效应。因此，国内股票价格受心理预期渠道的影响相对较大。

7.4 实证过程与结果分析

7.4.1 TVP-VAR 模型

由于传统 VAR 模型的假定条件过于严格，Primiceri（2005）提出了

TVP-VAR（Time Varying Parameter-Stochastic Volatility-Vector Auto Regression）模型，与传统 VAR 模型相比，TVP-VAR 模型假定系数、方差和协方差等参数均为时变参数，比较符合实际情况，也更能捕捉到经济变量在不同时代背景下所具有的关系和特征。TVP-VAR 模型的基本形式如下。

$$y_t = X_t\beta_t + A_t^{-1}\Sigma_t\varepsilon_t , \quad t = s + 1, \ s + 2, \ \cdots, \ n \tag{7-2}$$

其中，系数 β_t、参数 A_t 和 Σ_t 都是时变的。将下三角矩阵 A_t 中的非 0 和 1 的元素用 $\alpha_t = (\alpha_{21}, \ \alpha_{31}, \ \alpha_{32}, \ \cdots, \ \alpha_{k, \ k-1})$ 表示，令对数随机波动率矩阵 $h_t = (h_{1t}, \ \cdots, \ h_{kt})$，且 $h_{jt} = log\sigma_{jt}^2$。假定参数的变化满足以下形式的随机游走过程。

$$\beta_{t+1} = \beta_t + \mu_{\beta t} \tag{7-3}$$

$$\alpha_{t+1} = \alpha_t + \mu_{\alpha t} \tag{7-4}$$

$$h_{t+1} = h_t + \mu_{ht} \tag{7-5}$$

其中，$\mu_{\beta t}$，$\mu_{\alpha t}$，μ_{ht} 均为扰动项，分别用矩阵表示包括 ε_t 在内的变异矩阵，具体的结构冲击形式如下。

$$\begin{bmatrix} \varepsilon_t \\ \mu_{\beta t} \\ \mu_{\alpha t} \\ \mu_{ht} \end{bmatrix} \sim N \left(0, \begin{bmatrix} I & 0 & 0 & 0 \\ 0 & \Sigma_\beta & 0 & 0 \\ 0 & 0 & \Sigma_\alpha & 0 \\ 0 & 0 & 0 & \Sigma_h \end{bmatrix} \right), \quad t = s + 1, \ \cdots, \ n \tag{7-6}$$

其中，Σ_β，Σ_α，Σ_h 为对角矩阵。$\beta_{s+1} \sim N(\mu_{\beta 0}, \Sigma_{\beta 0})$，$\alpha_{s+1} \sim N(\mu_{\alpha 0}, \Sigma_{\alpha 0})$，$h_{s+1} \sim N(\mu_{h0}, \Sigma_{h0})$。

7.4.2　变量选择与数据处理

1. 变量定义

在样本区间的选择上，考虑到我国分别在 2005 年 5 月、7 月实行股权分置改革和汇率制度改革，改革后的数据相比改革前更具市场化，能够更好地反映股汇两市的联动关系。因此，我们选择 2005 年"7·21 汇改"后即 2005 年 8 月至 2020 年 12 月的月度数据，两个主要经济变量—汇率波动和股价，5 个中介变量—利率、货币供应量、国际贸易、国际资本流动和心理预期，两个控制变量——国外市场利率和国内经济增速。选择依据如下。

（1）汇率波动。美国是我国第一大对外贸易国家，美元也是国际贸易中最主要的结算货币，人民币相对美元的币值变化对我国经济的影响举足轻重，因此我们选择直接标价法下的美元兑人民币即期名义汇率作为计算汇率波动的原始变量，参照高铁梅（2009）的方法，采用 GARCH 族模型度量汇率波动的数值。

（2）股票价格。对于股票价格这一变量，国内文献在实证中多采用上证综合指数与沪深 300 指数两个指标，二者虽然走势相近，但从选择的成分股来看，沪深 300 指数涵盖了沪深两市的股票，覆盖范围更广、更具代表性。因此我们选择沪深 300 指数作为股价的代理指标。

（3）市场利率。国内货币市场质押式回购的成交量几乎是同业拆借的 10 倍，我们选取中国银行间货币市场的 7 天质押式回购利率作为市场利率的代理变量。

（4）国际贸易。一国对外贸易的进出口规模代表了该国国际贸易的活跃程度，我们用一段时期内的进出口总额表示国际贸易指标。

（5）货币供应量。在我国货币供应量的三个层次 M0、M1、M2 中，M2 代表广义货币总量，能够同时反映现实和潜在购买力。我们选用 M2 作为货币供应量指标的替代变量。

（6）国际资本流动。一般来说，短期国际资本流动使用直接法或间接法测算，但测算结果的符号代表了流动方向，即正数表示净流入，负数表示净流出，而汇率波动与股价均为正数序列，为保持一致性，我们仅考虑流入量中的外商直接投资额，将 FDI 作为国际资本流动的代理指标。

（7）心理预期。消费者信心指数是综合反映消费者对国内经济形势看法及对未来收入、物价、就业等预期的指标，该指数以量化的形式反映了消费者信心的强弱，数值越高，说明消费者对未来经济状况越乐观。我们用消费者信心指数作为心理预期的代理指标。

除上述变量外，汇率波动到股价的传导机制还受到其他因素的影响。在利率平价理论中，利差决定远期汇率与即期汇率的差额，而利差由国内外利率共同决定，因此国外利率同样与汇率有关。同时，国外利率变化可通过改变资金流向而对股市产生影响。美国联邦基金利率是联邦基金市场的隔夜拆借利率，也是美国最重要的基准利率，我们采用联邦基金利率作为国外市场利率的代理指标。

经济增长速度也是影响股票价格的一个重要因素，具有"晴雨表"之称的股价能够准确地反映宏观经济基本面情况。当经济持续增长时，居民可支配收入提高，企业发展前景向好，二者均导致投资者持有股票的意愿增加、股价上升。因此，我们将国内经济增速作为控制变量之一，以 GDP 增长率表示。

综上所述，我们设定的两个控制变量分别为国外市场利率和国内经济增速，分别以美国联邦基金利率与 GDP 增长率表示。

实证模型中变量的选取与说明如表 7-1 所示。

表 7-1 变量选取与说明

类型	变量名称	替代指标	符号	频率	数据来源
主要变量	汇率波动	IGARCH 模型计算得出	V	月	美元兑人民币即期名义汇率来自人民银行
	股票价格	沪深 300 指数	SP	日	Wind
传导中介	市场利率	银行间 7 日质押式回购利率	IR	月	Wind
	国际贸易	进出口总额	IE	月	Wind
	货币供应量	广义货币 M2	$M2$	月	Wind
	短期国际资本流动	短期国际资本流动（间接法）= 外汇储备的增加额-贸易顺差额-外商直接投资额（李成刚等，2021）	CF	月	Wind
	心理预期	消费者信心指数	CCI	月	Wind
控制变量	国外市场利率	美国联邦基金利率	FFR	日	Wind
	国内经济增速	GDP 同比增速	GDP	季	Wind

2. 数据处理

在建模前对变量进行统一频率和季节调整处理，所有变量去均值并除以标准差作去量纲处理（陈创练等，2017）。汇率指标选取 2005 年 8 月 1 日至 2020 年 12 月 31 日美元兑人民币即期名义汇率的日收盘价，数据来自中国人民银行网站。首先通过取平均值的方法将日度数据转换为月度数据，通过走势图可看出美元兑人民币汇率是非平稳变量，经季节调整后，对其取对数后进行一阶差分，得到汇率的对数收益率序列如下。

$$r_t = \mathrm{Lne}_t - \mathrm{Lne}_{t-1} \tag{7-7}$$

式（7-7）中，r_t 为汇率的对数收益率，e_t 表示第 t 期美元兑人民币汇率即期汇率，e_{t-1} 表示第（$t-1$）期美元兑人民币即期汇率。从图 7-3 可以看出，r_t 序列具有一定的聚集性和持续记忆特征，对数收益率序列相比原序列平稳性更高。我们以汇率的对数收益率为研究对象建立 GARCH 族模型测算汇率波动。

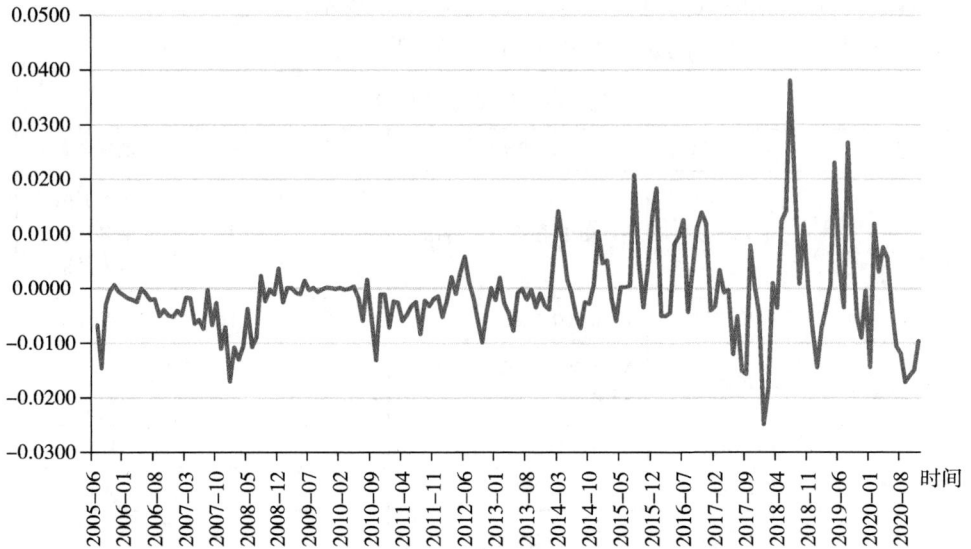

图 7-3　美元兑人民币月度数据的对数收益率序列（2005 年 6 月—2020 年 8 月）

7.4.3　变量的描述性统计

对汇率、股价和中介变量进行描述性统计，结果如表 7-2 所示。从标准差来看，各个变量的标准差较小，没有剧烈波动的现象，集中度较高。从偏度和峰度来看，除进出口总额右偏外，其余变量均左偏，且 7 个变量的峰度值均大于 3，呈现尖峰厚尾特征。从 J-B 统计量来看，除沪深 300 指数 SP 和外商直接投资 CF 外，其余变量均在 1% 的显著性水平下拒绝了正态分布的原假设。考虑到 2020 年新冠肺炎疫情的影响，为了剔除疫情的外生影响，我们又重新对 SP 和 CF 两个序列 2005 年 8 月 1 日至 2019 年 12 月 31 日进行了分析，发现 SP 和 CF 变量在这一时期的 J-B 统计量均在 1% 的显著性水平下拒绝了正态分布的原假设。

表 7-2　描述性统计结果

变量	V	SP	IR	M2	IE	CF	CCI
均值	−0.0001	0.0000	0.0000	0.0000	0.0000	0.0000	0.0000
中位数	−0.5104	0.0952	0.1291	−0.0908	0.3498	0.0880	−0.2718
最大值	3.0480	2.6713	4.2799	1.9371	1.7276	2.3169	2.5082

变量	V	SP	IR	M2	IE	CF	CCI
最小值	−0.8561	−2.2400	−2.2920	−1.3875	−2.1457	−2.9849	−1.4852
标准差	1.0007	1.0000	1.0000	1.0000	1.0000	1.0000	1.0000
偏度	1.3497	−0.0794	0.3718	0.2719	−0.5235	−0.3176	0.8285
峰度	3.6987	3.0312	4.2844	1.8101	2.0223	3.0659	2.6501
J-B 统计量	59.9358***	0.2018	16.9790***	13.1934***	15.8181***	3.1442	22.1076***

注：J-B 统计量的原假设为序列服从正态分布，*、**、*** 分别表示在 10%、5%、1%的显著水平下拒绝原假设，下同。

7.4.4 平稳性检验

TVP-VAR 模型以变量平稳为前提，而时间序列变量大多为非平稳变量，如果变量不平稳容易导致伪回归。为保证回归结果的可靠性，我们先用 ADF 方法对各变量进行平稳性检验，结果如表 7-3 所示。

表 7-3　ADF 检验结果

变量	C, T, K	ADF 统计量	1%临界值	5%临界值	10%临界值	P 值	结论
V	(C, T, 1)	−2.4483	−4.0090	−3.4346	−3.1412	0.3536	不平稳
DV	(C, T, 0)	−17.1433	−4.0090	−3.4346	−3.1412	0.0000***	平稳
SP	(C, T, 4)	−4.3989	−4.0098	−3.4350	−3.1415	0.0028***	平稳
IR	(C, 0, 0)	−4.4912	−3.4660	−2.8771	−2.5751	0.0003***	平稳
M2	(C, T, 0)	−2.2839	−4.0087	−3.4344	−3.1412	0.4402	不平稳
DM2	(C, T, 0)	−14.0449	−4.0090	−3.4346	−3.1412	0.0000***	平稳
IE	(0, 0, 2)	−1.2124	−2.5777	−1.9426	−1.6155	0.2061	不平稳
DIE	(0, 0, 1)	−13.8236	−2.5777	−1.9426	−1.6155	0.0000***	平稳
CF	(C, T, 2)	−3.8624	−4.0093	−3.4347	−3.1413	0.0156**	平稳
CCI	(0, 0, 1)	−0.9928	−2.5777	−1.9426	−1.6155	0.2868	不平稳
DCCI	(0, 0, 0)	−18.2188	−2.5777	−1.9426	−1.6155	0.0000***	平稳

根据表 7-3 可知，在 10%的显著性水平下，汇率波动 V、货币供应量 M2、国际贸易 IE 和心理预期 CCI 不平稳，其他变量均为 I（0）。经一阶差分后的 V、M2、IE 和 CCI 4 个序列均为 I（1），模型的所有变量都实现了一阶差分平稳，我们利用变量的一阶差分形式构建 TVP-VAR 模型。

7.4.5 TVP-VAR 模型的参数估计结果

为比较汇率波动对股票价格的传导机制，我们分别用汇率波动、股价、控制变量和 5 个传导中介建立 5 个 TVP-VAR 模型。5 个模型的参数估计结果如表 7-4 所示。

表 7-4　模型参数估计结果

模型	参数	均值	标准差	95%置信区间	CD 统计量	无效因子
模型 1 （利率渠道）	$(\Sigma_\beta)_1$	0.0228	0.0026	[0.0185, 0.0286]	0.0110	9.40
	$(\Sigma_\beta)_2$	0.0227	0.0027	[0.0177, 0.0287]	0.8200	13.82
	$(\Sigma_\alpha)_1$	0.0732	0.0266	[0.0406, 0.1427]	0.2430	79.27
	$(\Sigma_\alpha)_2$	0.0894	0.0317	[0.0444, 0.1647]	0.6880	53.21
	$(\Sigma_h)_1$	0.8484	0.1754	[0.5517, 1.2228]	0.9200	69.20
	$(\Sigma_h)_2$	0.8299	0.1693	[0.5304, 1.1995]	0.0370	41.61
模型 2 （货币供应量渠道）	$(\Sigma_\beta)_1$	0.0229	0.0026	[0.0184, 0.0286]	0.8480	9.01
	$(\Sigma_\beta)_2$	0.0224	0.0025	[0.0182, 0.0278]	0.1230	13.92
	$(\Sigma_\alpha)_1$	0.0739	0.0255	[0.0409, 0.1369]	0.3300	78.81
	$(\Sigma_\alpha)_2$	0.0839	0.0270	[0.0450, 0.1475]	0.9110	77.94
	$(\Sigma_h)_1$	0.7634	0.1473	[0.5082, 1.0839]	0.1410	55.74
	$(\Sigma_h)_2$	0.7453	0.1413	[0.5055, 1.0539]	0.0040	37.72
模型 3 （国际贸易渠道）	$(\Sigma_\beta)_1$	0.0229	0.0025	[0.0184, 0.0283]	0.5600	8.32
	$(\Sigma_\beta)_2$	0.0224	0.0025	[0.0181, 0.0279]	0.2690	8.30
	$(\Sigma_\alpha)_1$	0.0739	0.0337	[0.0433, 0.1702]	0.0460	65.17
	$(\Sigma_\alpha)_2$	0.0839	0.0449	[0.0476, 0.2029]	0.8910	79.41
	$(\Sigma_h)_1$	0.7634	0.1415	[0.5218, 1.0742]	0.1830	42.18
	$(\Sigma_h)_2$	0.7453	0.1584	[0.5128, 1.1354]	0.2650	42.95
模型 4 （短期国际资本流动渠道）	$(\Sigma_\beta)_1$	0.0227	0.0026	[0.0184, 0.0286]	0.0210	13.80
	$(\Sigma_\beta)_2$	0.0223	0.0024	[0.0181, 0.0277]	0.3700	7.74
	$(\Sigma_\alpha)_1$	0.0819	0.0307	[0.0417, 0.1584]	0.0130	71.56
	$(\Sigma_\alpha)_2$	0.0806	0.0279	[0.0414, 0.1457]	0.2170	92.61
	$(\Sigma_h)_1$	0.8470	0.1751	[0.5495, 1.2341]	0.7640	56.74
	$(\Sigma_h)_2$	0.7646	0.1493	[0.5149, 1.1142]	0.4280	38.94

续表

模型	参数	均值	标准差	95%置信区间	CD 统计量	无效因子
模型 5 （心理预期渠道）	$(\Sigma_\beta)_1$	0.0230	0.0027	[0.0185, 0.0292]	0.7990	13.63
	$(\Sigma_\beta)_2$	0.0230	0.0027	[0.0183, 0.0290]	0.4930	14.68
	$(\Sigma_\alpha)_1$	0.0737	0.0284	[0.0386, 0.1503]	0.4860	66.04
	$(\Sigma_\alpha)_2$	0.0898	0.0359	[0.0451, 0.1821]	0.3500	86.48
	$(\Sigma_h)_1$	0.8659	0.1858	[0.5574, 1.2784]	0.0190	64.04
	$(\Sigma_h)_2$	0.7599	0.1601	[0.4788, 1.1086]	0.0020	52.63

由表 7-4 可知，5 个模型的 CD 统计量均小于 5%的临界值，表明模型的估计参数均在 5%的显著性水平下不能拒绝收敛于后验分布的原假设，预烧期内马尔科夫链趋于集中；5 个模型参数的无效因子数值最大为 92.61，即 MCMC 抽样 10000 次至少可获得 107 个不相关样本，样本个数满足 TVP-VAR 模型的后验推断。综上所述，模型的拟合结果是有效的。

7.4.6　时变脉冲响应分析

TVP-VAR 模型包括等间隔脉冲响应和时点脉冲响应。等间隔脉冲响应函数可以解释在给定时间间隔下，每期自变量单位冲击对因变量的影响，捕捉不同时期变量之间相互影响的动态特征，也能考察短期和长期影响效应的差异。时点脉冲响应函数用于分析在特定时点下，自变量单位冲击后因变量随时间衰减的变化情况。我们以汇率形成机制改革与股票市场对外开放发生重大冲击事件作为选取时点的依据，进而观察在特殊时点汇率波动冲击与股价之间的联动关系是否发生了显著改变。

1. 等间隔脉冲响应

由于 5 个模型的最优滞后阶数均为 1 阶，初步判断汇率波动对股价的间接影响主要集中在短期，因此我们设定时间间隔为间隔 0 个、1 个、6 个月，分别代表当期、短期和中期的时变溢出效应，进而比较变量冲击的影响在不同时间维度上的变化规律。图 7-4 至图 7-8 为 5 种渠道下汇率波动对传导中介、传导中介对股价的等间隔脉冲响应。

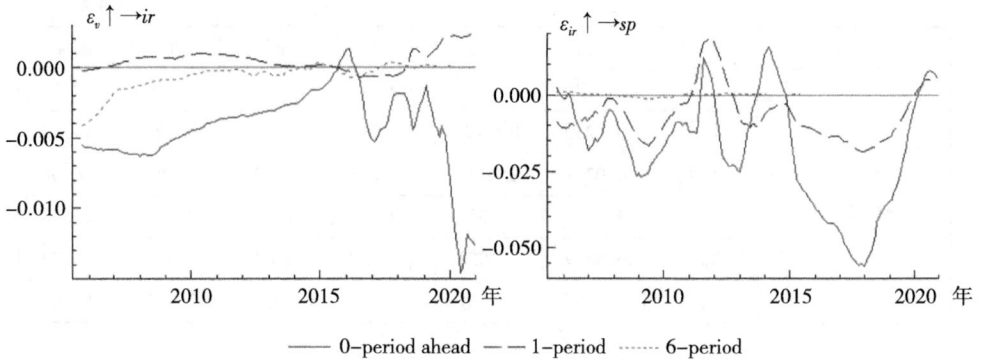

图 7-4　利率渠道的等间隔脉冲响应图

从图 7-4 的脉冲响应结果来看，汇率波动一个标准差正向冲击对利率（IR）的影响（$\varepsilon_v \to ir$）在 2005 年至 2015 年当期具有递减的负向冲击效应，滞后一期具有微弱的递减正向冲击效应。当期和滞后一期的冲击效应在 2020 年内最为显著。随着汇率市场化改革的推进，利率对汇率波动正向冲击的敏感性趋于下降。但 2015 年"8·11 汇改"后至 2020 年当期负向溢出效应扩大至阶段性高位，2020 年后负向效应有走弱的趋势。利率的一个标准差正向冲击对股价的影响（$\varepsilon_{ir} \to sp$）主要在当期和滞后一期。当期只在 2011 年下半年、2014 年下半年、2020 年有小幅正向溢出，其余时期均为负向溢出。这些时点我国股市基本处于牛市，说明牛市期间加息对股价上涨的抑制效果有限，但是整体上来看加息还是对股市上涨不利的，特别是 2015 年我国完成存贷款利率市场化改革之后，加息冲击对股价的负向影响出现上升趋势，说明利率市场化程度的提高增强了利率渠道的影响。

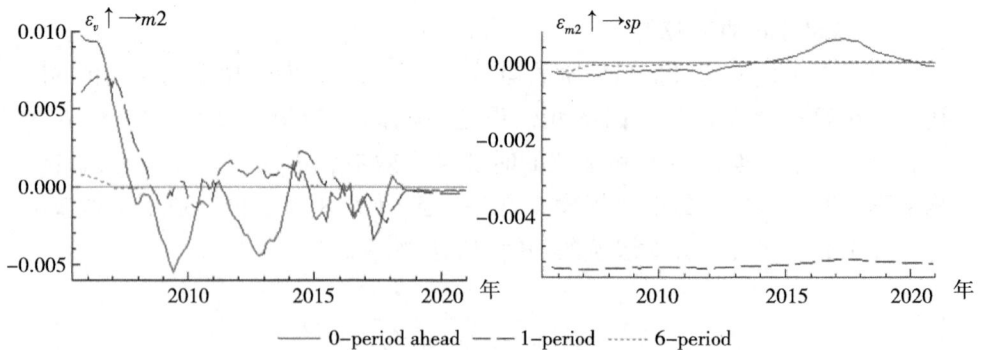

图 7-5　货币供应量渠道的等间隔脉冲响应图

从图 7-5 的脉冲响应结果来看，汇率波动一个标准差正向冲击对货币供应量（M2）的影响（$\varepsilon_v \to m2$）在当期和滞后一期的方向在 2009 年以前均为正向溢出，且 2007 年处于高位，之后连年下滑到 2010 年的 0 附近。1994 年开始的银行结售汇制度是我国汇率与货币供应量关联的一条重要渠道，2008 年取消了企业经常项目外汇收入强制结汇的要求，特别是 2015 年底开始我国外汇占款的持续下滑，这些变化都使汇率波动通过结汇对我国货币供应量的影响下降。货币供应量一个标准差正向冲击对股价的影响（$\varepsilon_{m2} \to sp$）在滞后一期呈负向冲击效应，响应值的波动区间在 [-0.006，-0.0055]。而在当期和滞后 6 期的影响都很弱，响应值的波动区间在 [-0.0005，0.001]。

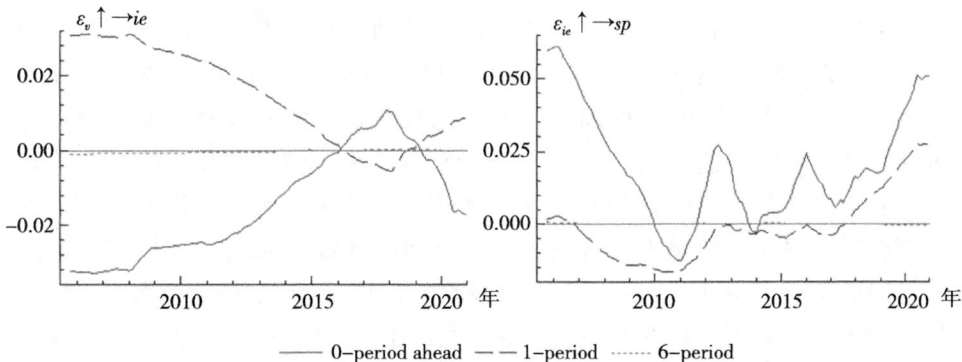

图 7-6　国际贸易渠道的等间隔脉冲响应图

从图 7-6 的脉冲响应结果来看，汇率波动一个标准差正向冲击对以进出口额为代表的国际贸易影响（$\varepsilon_v \to ie$）在 2016 年以前当期呈负向溢出、滞后一期呈正向溢出，2018 年当期呈现正向效应，滞后一期呈现负向效应。主要原因是 2018 年人民币兑美元双向波动明显加大，上半年最高时升至 2015 年 "8·11 汇改" 启动时的水平附近，下半年最低又到了 "7.0" 这一重要心理关口。2018 年 6 月 15 日，中美贸易战拉开序幕，在此期间汇率波动增强了市场主体对未来汇率走势不确定的预期，一些进出口商为了锁定未来汇率波动的风险，提前达成贸易合约，所以汇率波动反而带动了当期国际贸易规模的增长，而滞后一期的影响恰好相反。国际贸易一个标准差正向冲击对股价的影响（$\varepsilon_{ie} \to sp$）在当期主要为正，而滞后一期的影响主要为负。贸易订单增加的消息会刺激当期股价的上涨，而 "利好出尽是利空"，到了下一期，股价大概率会转而下跌。人民币汇率波动双边震荡呈现常态化的新形势下，进出口企业的汇率风险管理意识提升，汇率波动通过国际贸易渠道对企业股价的影响开始减弱。

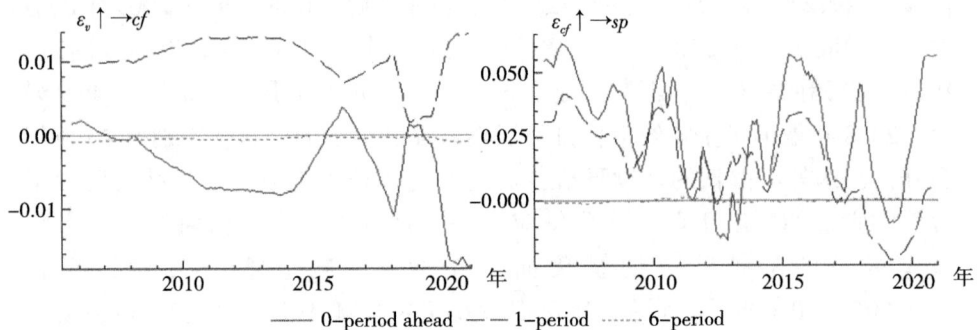

图 7-7　短期国际资本流动渠道的等间隔脉冲响应图

从图 7-7 的脉冲响应结果来看，汇率波动一个标准差正向冲击对短期国际资本流动的影响（ $\varepsilon_v \to cf$ ）2019 年以前当期为负向溢出，滞后一期为正向溢出，且人民币升值期间溢出效应比较明显，随着人民币贬值预期的强化，溢出效应快速减弱。2018 年由于汇率水平大幅度波动，所以溢出效应也有大的变化。2019 年以后跨境资本流动无论是当期还是滞后一期，受汇率波动正向冲击的溢出效应均为正。短期国际资本流动一个标准差正向冲击对股价的影响（ $\varepsilon_{cf} \to sp$ ）在大多数情况下，当期的影响要大于滞后一期。股价对短期国际资本流动正向冲击在 2015 年"8·11 汇改"后表现出较强的敏感性，2015 年"8·11 汇改"后短期内股价对短期国际资本流动正向冲击的敏感性又有所上升。2018 年前后短期国际资本流动对股价的正向冲击转为负向，因为 2018 年后短期国际资本外流的压力开始显现，此外，沪深港通的陆续开通，一方面有利于吸引外资增持 A 股，另一方面增强了外资流出的便利性。

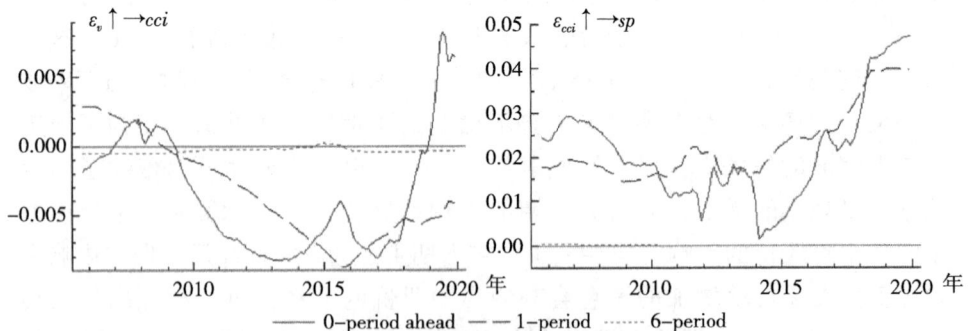

图 7-8　心理预期渠道的等间隔脉冲响应图

从图 7-8 的脉冲响应结果来看，汇率波动一个标准差正向冲击对以消费者信心指数衡量的投资者心理预期影响（$\varepsilon_v \to cci$）主要在当期和滞后一期。当期的冲击在 2013 年至 2018 年为负向溢出，其他年份为正向溢出。滞后一期的冲击在人民币单边升值预期强烈（2010 年以前）时，汇率波动对投资者的心理预期影响不大，但随着贬值预期的增强及汇率波幅的扩大，汇率波动对投资者心理预期的影响开始扩大。2015 年"8·11 汇改"下汇率波动对消费者信心指数的影响在滞后一期下探到阶段性低位。投资者心理预期一个标准差正向冲击对股价的影响（$\varepsilon_{cci} \to sp$）无论在当期还是滞后一期都是正向影响，即消费者对当前和未来经济乐观的情绪均会刺激当期和未来股指上涨，这一结果也说明投资者情绪在外汇市场与股票市场联动中发挥着潜在的"助推器"效果。

2. 时点脉冲响应

对于时点脉冲响应函数我们分别选择 2015 年"8·11 汇改"和 2018 年 6 月 A 股正式纳入 MSCI 指数这两个事件窗口，意图发现在不同改革时点汇率波动与股价的联动关系会发生哪些变化。图 7-9 至图 7-13 为汇率波动对传导中介、传导中介对股价 5 种渠道的时点脉冲响应比较分析。

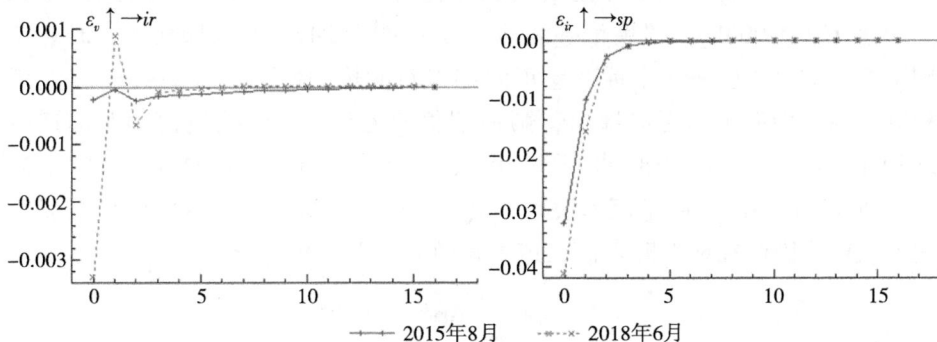

图 7-9　利率渠道的特定时点脉冲响应

从图 7-9 的时点脉冲响应结果来看，2015 年 8 月时点下，汇率波动一个标准差正向冲击对利率的影响（$\varepsilon_v \to ir$）在各期溢出方向均为负且收敛至 0。而 2018 年 6 月时点下，当期的溢出方向为负，第一期转为正向溢出，第二期及以后期间均收敛至 0。2018 年 6 月 A 股纳入 MSCI 时的溢出幅度要大于 2015 年"8·11 汇改"。当利率受到正向冲击时，不同时点股票整体价格受利率一个标准差正向冲击（$\varepsilon_{ir} \to sp$）影响均为负向，即加息与股价上涨负相关，验证了戈登模型的结论。两个时点均为当期响应值最大，其余时期响应值均随时间递减逐渐收敛至 0。

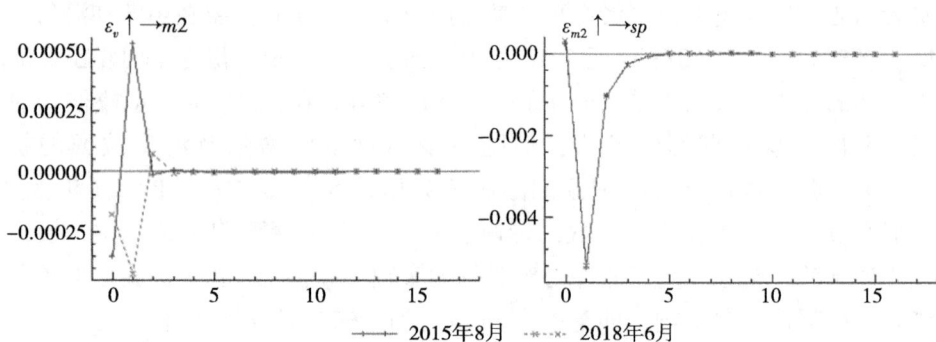

图 7-10　货币供应量渠道的特定时点脉冲响应

从图 7-10 的时点脉冲响应结果来看，2015 年 8 月和 2018 年 6 月时点下，汇率波动一个标准差正向冲击对货币供应量 $M2$（$\varepsilon_v \to m2$）的影响不同。虽然两个时点当期均为负向溢出，但 2015 年 8 月的第一期迅速转为正向，第二期又迅速下降到 0 附近，且响应值在随后期间逐渐收敛至 0。而 2018 年 6 月时点第一期负向溢出扩大，第二期迅速转为微弱的正向效应，响应值在随后期间逐渐收敛至 0。两个时点的波动区间在 $[-0.0005, 0.0005]$，说明汇率波动对货币供应量的影响效果在两个时点差别不大。货币供应量一个标准差正向冲击对股价的影响（$\varepsilon_{m2} \to sp$）走势相近，当期均为小幅正向溢出，第一期负向溢出，之后响应值随时间递减逐渐收敛至 0。两个时点下货币供应量冲击对股价的波动区间在 $[-0.006, 0.001]$。由于汇率波动对货币供应量、货币供应量对股价的影响程度较弱，因此在两个时点该渠道影响效果的差异相对较小。

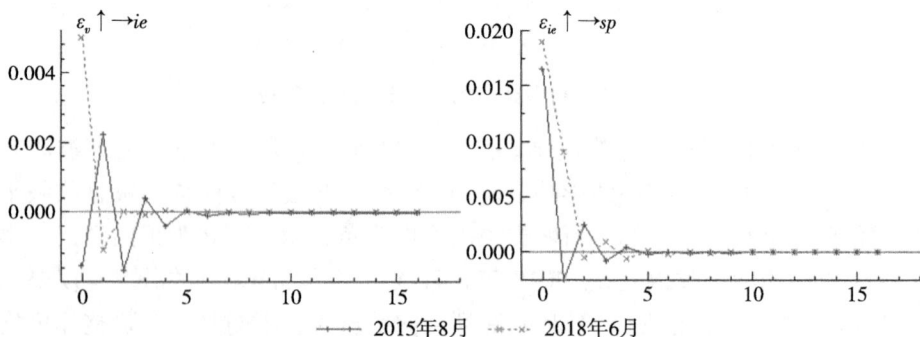

图 7-11　国际贸易渠道的特定时点脉冲响应

从图 7-11 的时点脉冲响应结果来看，2015 年 8 月和 2018 年 6 月时点下，汇率波动正向冲击对国际贸易收支的影响（$\varepsilon_v \to ie$）在当期的溢出方向相反，2015 年 8 月负向溢出，2018 年 6 月正向溢出，这一差异与两个时点的国际贸易背景有关，2018 年 6 月 15 日中美贸易战正式拉开序幕。之后两个时点第一期溢出方向反转，到第二期两个时点均呈现负向溢出，第三期又都开始正向、负向溢出交替出现随后收敛于 0，两个时点的脉冲响应程度均较小（不超过 0.004 个标准差）。两个时点下国际贸易收支一个标准差正向冲击对股价的影响（$\varepsilon_{ie} \to sp$）在当期均为正向溢出，之后都迅速下降，2015 年 8 月的响应值从当期开始正向、负向溢出交替出现，最后于第 5 期收敛于 0。2018 年 6 月的响应值从当期下降后始终为正向溢出且递减收敛至 0。除第一期外，两个时点该渠道影响效果的差异几乎没有。

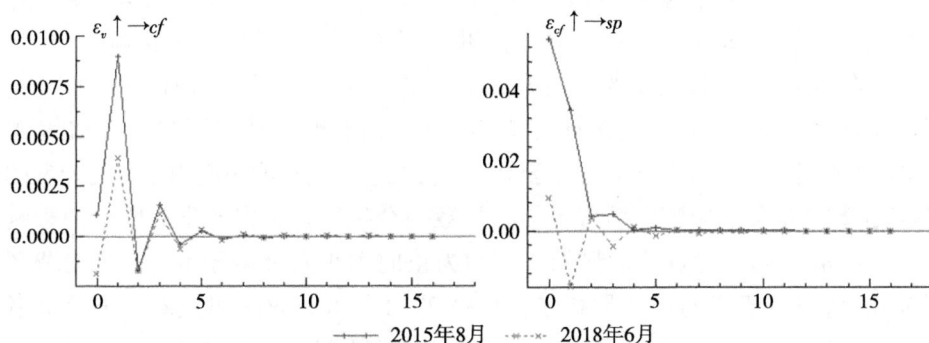

图 7-12　短期国际资本渠道的特定时点脉冲响应

从图 7-12 的特定时点脉冲响应结果来看，汇率波动一个标准差正向冲击对短期国际资本流动（$\varepsilon_v \to cf$）的影响在 2015 年 8 月当期表现为正向溢出，2018 年 6 月当期表现为负向溢出。两个时点第一期均为正向溢出，且 2015 年 8 月的影响程度略大于 2018 年 6 月，第二期开始围绕 0 小幅波动，于第 5 期收敛于 0。短期国际资本流动一个标准差正向冲击对股价的影响（$\varepsilon_{cf} \to sp$）在 2015 年 8 月当期正向溢出快速下降，第一期末降到 0 附近，第 4 期开始收敛于 0。2015 年"8·11 汇改"下，短期跨境资本流动的波动明显加剧，不时出现资金净流出。在"8·11 汇改"之后的 4 个月内，股票与债券市场累计净流出近 1600 亿元，其中绝大部分为股票市场流出（谢亚轩、林澍，2019）。2018 年 6 月当期有微弱的正向溢出效应，随着这一时期外资在 A 股参与度的提升，溢出效应迅速回升到正并在 0 附近波动，第 5 期收敛于 0。

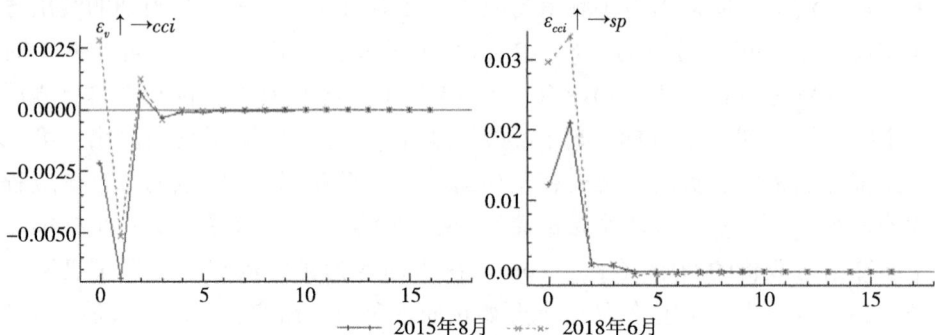

图 7-13　心理预期渠道的特定时点脉冲响应

从图 7-13 的特定时点脉冲响应结果来看，2015 年 8 月和 2018 年 6 月时点下，汇率波动的一个标准差正向冲击对消费者信心指数的影响（$\varepsilon_v \to cci$）在 2015 年 8 月当期的影响为负向，在 2018 年 6 月当期的影响为正向。两个时点均在第一期达到负向最大值，且 2015 年 8 月的影响程度略大于 2018 年 6 月，随后于第 5 期收敛至 0，说明汇率波动加剧短期内会对消费者的信心指数产生负面影响。消费者信心指数一个标准差正向冲击对股价的影响（$\varepsilon_{cci} \to sp$）两个时点下走势相似，均为正向溢出且递减至 0，说明消费者信心的增强对股指的提升是利好，其中 2018 年 6 月这一时点对提振投资者参与 A 股的信心大于 2015 年 "8·11 汇改"，说明 A 股纳入 MSCI 等国际主流指数，对推动国际投资者进入国内市场无疑具有重要的积极意义。

7.5　结论与启示

我们基于 2005 年 7 月至 2020 年 12 月的月度数据，建立包含利率、货币供应量、国际贸易、短期国际资本流动和心理预期 5 个传导中介的 TVP-VAR 模型。通过 TVP-VAR 模型的脉冲响应图，从当期、短期和中期 3 个时间间隔，以及 2015 年 "8·11 汇改" 和 2018 年 6 月 "A 股纳入 MS-CI" 两个事件窗口分析汇率波动通过中介变量影响股价的时变特征。实证研究结果表明：第一，从等间隔脉冲响应的结果来看，汇率波动通过 5 种传导渠道对股价的影响均集中在短期内，中期几乎无影响。5 个渠道的时变效应都很显著，其中利率市场化进程的推进和中央银行货币政策调控手段从数量型向价格型的转轨增强了利率渠道的有效性，降低了货币供应量渠道的影响；汇率双边波动常态化强化了进出口企业的汇率风险管理意识，国际贸易渠道的影响有所下降；资本市场对外开放的不断推进，短期国际资本流动渠道的敏感性上升；消费者信心指数的正向冲击在短期对股价有积极的提振效果。第二，从时点脉冲响应的结果来看，2015年"8·11汇改"和2018年6月A股纳入MSCI时汇率波动对股票价格的间接影响效果不同，2015年"8·11汇改"下短期国际资本流动冲击对股价的正向影响短期内迅速下滑，这一结论与"8·11汇改"后短期内股市大量外资流出有一定的关系。2018年6月A股纳入MSCI这一消息短期内提振了股民对A股的信心，对股价有显著正向影响。

根据上述结论，我们得到如下启示：①未来国际关系的不确定性风险增加，叠加疫情影响下短期内经济下行压力增大，人民币汇率波动会更加敏感，外汇市场风险传染的危害性也会提升。我国中央银行在货币政策调控过程中，要注重汇率和利率两大价格工具的合理搭配，尽可能减少价格型货币政策工具操作对人民币外汇市场稳定的影响，缓释外汇市场异常波动对国内资本市场的冲击。②外资流入A股的驱动力主要源于资本市场对外开放政策释放的红利，随着证券市场对外开放的加快，短期国际资本流动的波动明显加剧，不时出现资本净流出，未来短期国际资本流动与国内股市走势的直接相关性将更为明显，要建立跨境贸易和投融资活跃企业的风险监测和提示机制。除此之外，短期国际资本流动对人民币汇率波动的影响也不容忽视。③汇率制度的改革会增加短期汇率的波动率，因而我国汇率制度改革依然要坚持循序渐进的原则，做好与市场的沟通，引导市场建立人民币汇率走势的合理预期，降低意外汇率大幅波动对市场信心的负面冲击，谨防汇率制度改革引发"跨境资本大规模流出—外汇储备持续下降—人民币贬值压力增大"的负向螺旋。

第 8 章 沪深港通开通下人民币汇市 与股市的联动关系[①]

8.1 中国资本市场对外开放的制度创新

8.1.1 QFII 制度和 RQFII 制度

高水平对外开放是我国资本市场迈向成熟的重要标志，近年来中国资本市场对外开放进程明显加快，开放程度不断加深。合格境外投资者制度是中国资本市场对外开放的最重要的制度之一。QFII（合格境外机构投资者）制度是中国稳健引进外资进入国内资本市场的过渡手段，在我国已有近 20 年的历史。2011 年，在 QFII 制度基础上进一步推出 RQFII（人民币合格境外机构投资者）制度，与 QFII 制度共同作为平稳开放资本市场，提升人民币资本项目可兑换程度的重要安排。2002 年实施合格境外机构投资者（QFII）制度、2011 年实施人民币合格境外机构投资者（RQFII）制度以来，来自全球 31 个国家和地区的超过 400 家机构投资者通过此渠道投资中国金融市场，在分享中国改革开放和经济增长成果的同时，也促进了我国资本市场的健康发展。RQFII 是由 QFII 制度创新而来，是境外机构用人民币进行境内投资的制度，RQFII 制度为境外人民币回流在岸市场投资提供了渠道，有利于推动人民币国际化进程。与 QFII 使用外币兑换成人民币再进行境内投资不同，RQFII 为使用境外人民币直接投资于境内市场，且受到试点国家和地区限制（试点的区域限制已于 2019 年 9 月取消）。2019 年 9 月 10 日，国家外汇管理局取消了合格境外机构投资者（QFII）和人民币合格境外机构投资者（RQFII）投资额度的限制。2020 年 RQFII 业务流入 1.29 万亿元，流出 1.24 万亿元，净流入 526.31 亿元。

2020 年 9 月，中国证监会、中国人民银行和国家外汇管理局联合发布《合格境外机构投资者和人民币合格境外机构投资者境内证券期货投资管理

---

① 本章实证部分数据的处理得到了博士生钟俊豪的帮助，在此表示感谢。

办法》（以下简称《QFII、RQFII 办法》）规定："合格境外机构投资者和人民币合格境外机构投资者是指经中国证券监督管理委员会（以下简称中国证监会）批准，使用来自境外的资金进行境内证券期货投资的境外机构投资者，包括境外基金管理公司、商业银行、保险公司、证券公司、期货公司、信托公司、政府投资机构、主权基金、养老基金、慈善基金、捐赠基金、国际组织等中国证监会认可的机构。"中国证监会还同步发布配套规则《关于实施〈合格境外机构投资者和人民币合格境外机构投资者境内证券期货投资管理办法〉有关问题的规定》，《QFII、RQFII 办法》及配套规则自 2020 年 11 月 1 日起施行。《QFII、RQFII 办法》及配套规则修订内容主要涉及三方面：一是降低准入门槛，便利投资运作。将 QFII、RQFII 资格和制度规则合二为一，放宽准入条件，简化申请文件，缩短审批时限，实施行政许可简易程序；取消委托中介机构数量限制，优化备案事项管理，减少数据报送要求。二是稳步有序扩大投资范围。新增允许 QFII、RQFII 投资全国中小企业股份转让系统挂牌证券、私募投资基金、金融期货、商品期货、期权等，允许参与债券回购、证券交易所融资融券、转融通证券出借交易。QFII、RQFII 可参与金融衍生品等的具体交易品种和交易方式，将本着稳妥有序的原则逐步开放，由证监会会商中国人民银行、国家外汇管理局同意后公布。三是加强持续监管。加强跨市场监管、跨境监管和穿透式监管，强化违规惩处，细化具体违规情形适用的监管措施等。QFII 和 RQFII投资范围与投资限制如表 8-1 所示。

表 8-1　QFII 和 RQFII 投资范围与投资限制

投资范围	（一）在证券交易所交易或转让的股票、存托凭证、债券、债券回购、资产支持证券；（二）在全国中小企业股份转让系统（以下简称全国股转系统）转让的股票等证券；（三）中国人民银行（以下简称人民银行）允许合格境外投资者投资的在银行间债券市场交易的产品以及债券类、利率类、外汇类衍生品；（四）公募证券投资基金；（五）在中国金融期货交易所（以下简称中金所）上市交易的金融期货合约；（六）中国证监会批准设立的期货交易场所上市交易的商品期货合约；（七）在国务院或中国证监会批准设立的交易场所上市交易的期权；（八）国家外汇管理局（以下简称外汇局）允许合格境外投资者交易基于套期保值目的的外汇衍生品；（九）中国证监会允许的其他金融工具。合格境外投资者可以参与证券交易所和全国股转系统新股发行、债券发行、资产支持证券发行、股票增发和配股的申购，可以参与证券交易所融资融券、转融通证券出借交易

持股比例限制	（一）单个合格境外投资者或其他境外投资者持有单个上市公司或者挂牌公司的股份，不得超过该公司股份总数的 10%；（二）全部合格境外投资者及其他境外投资者持有单个公司 A 股或者境内挂牌股份的总和，不得超过该公司股份总数的 30%。合格境外投资者及其他境外投资者依法对上市公司战略投资的，其战略投资的持股不受前款规定的比例限制。境内有关法律、行政法规、产业政策对合格境外投资者及其他境外投资者的持股比例有更严格规定的，从其规定

资料来源：关于实施《合格境外机构投资者和人民币合格境外机构投资者境内证券期货投资管理办法》有关问题的规定，中国证监会网站。

8.1.2 QDII 制度和 RQDII 制度

合格境内机构投资者（QDII/RQDII）与合格境外机构投资者（QFII/RQFII）制度一道，是中国资本市场双向开放的重要机制。QDII 是在人民币资本项下不可自由兑换，资本市场尚未完全开放的条件下，经国家有关部门批准，有控制地允许境内机构投资者投资境外资本市场股票、债券等有价证券的一项投资制度。自 2006 年实施以来，QDII 制度在推动我国金融双向开放，拓宽境内居民投资渠道，以及培育国内金融机构业务发展等方面发挥了积极作用，也较好地防范了境内主体境外投资的风险，实现了跨境资金流动总体相对平稳有序。2014 年 11 月正式开闸人民币合格境内机构投资者（RQDII）业务。RQDII 是指以人民币开展境外证券投资的境内金融机构，其所涉及的金融机构仍将延续目前合格境内机构投资者（QDII）制度下的 4 类机构，RQDII 与 QDII 的区别主要体现在 RQDII 以人民币资金投资境外人民币计价产品。RQDII 开辟了境内投资者对外投资和人民币走出去的新渠道，具有多方面的积极意义。

如今，我国 QDII 额度发放已实现常态化、规则化，QDII 额度发放的投资主体种类也日益丰富。2021 年 6 月 2 日，国家外汇管理局一次性向 17 家合格境内机构投资者（QDII）发放了 103 亿美元额度，涵盖了基金、证券、银行、保险等各主要类型金融机构，这是有史以来单次或单月批准额度最多的一次。加快 QDII 额度发放，有助于构建金融双向开放新格局，也有利于疏导境内主体多样化境外资产配置需求，为境内金融机构提升境外投资能力提供机会。QDII 和 RQDII 制度的改革体现了相关部门围绕保持人民币汇率在合理均衡水平上基本稳定的目标，采取增加汇率弹性，有序扩大金融市场双向开放的外汇政策"组合拳"思路。

8.1.3　沪港通和深港通机制

2014 年 11 月 17 日，连接香港和上海股票市场的沪港通机制启动。
2016 年 12 月 5 日，连接香港和深圳股票市场的深港通机制启动。沪港通和
深港通是由香港交易所、上海证券交易所、深圳证券交易所与中国证券登
记结算有限责任公司在中国内地与香港两地证券市场建立的交易及结算互
联互通机制。沪深港通的开通，让投资者在不改变本地市场交易习惯的原
则下，能够方便快捷地直接参与对方市场。

根据沪港通和深港通的交易规则，北上沪（深）股通股票以人民币报
价和交易，南下港股通股票交易以港币报价，投资者以人民币交收。两地
的资金往来采用"封闭式循环圈"的模式。也就是说，使用港股通的中国
内地个人投资者和机构投资者使用人民币购买了以港币报价的港股，如果
之后卖出所持股票后不能进行任何的投资，只能够换回人民币现金。类似
的，使用沪股通（深股通）的香港个人投资者和机构投资者在卖出以人民
币报价并实际购买的 A 股后，也不能进行除 A 股标的范围外任何资产的投
资。"封闭式循环圈"的运作模式，一方面能够有效避免国际游资对我国经
济金融平稳发展的扰动，另一方面是我国资本项目开放的重要一步，有效
实地现了香港离岸人民币市场与内地金融市场的互通互联，两地市场的联
系更加紧密，促成离岸和在岸人民币外汇市场互补互助、相互交融。中国
内地与香港股票市场互联互通机制如图 8-1 所示。

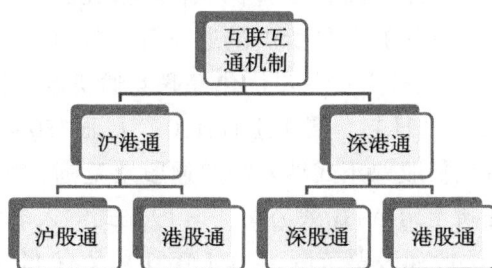

图 8-1　中国内地与香港股票市场互联互通机制

香港投资者可以通过深股通来购买深圳证券交易所的股票（含深圳创
业板、中小板），或者通过沪股通来购买上海证券交易所的股票（上证主
板）。沪（深）港通是指内地投资者委托内地证券公司，经由上海（深圳）
证券交易所设立的证券交易服务公司，向香港联交所进行申报买卖规定范

围内的两所上市股票。沪股通+深股通则合称"陆股通"。虽然内地投资者都可以通过沪港通和深港通购买港股，但是投资标的范围和标的数量都不一样，如表8-2所示。

表8-2 沪（深）港通投资标的范围和标的数量

项目	沪港通	深港通
标的范围	沪股通：上证180指数的成分股；上证380指数的成分股；上交所上市的A+H股公司股票；科创板股票	深股通：市值60亿元人民币以上的深证成分指数；市值60亿及以上的深证中小创新指数的成分股；深圳证券交易所上市的A+H股公司股票
	港股通：恒生综合大型股指数的成分股；恒生综合中型指数成分股；同时在上交所、科创板、港交所上市的A+H股公司的H股	港股通：恒生综合大型股指数成分股；恒生综合中型股指数成分股；市值50亿元港币及以上的恒生综合小型股指数成分股；A+H股上市公司在联交所主板上市的H股
标的数量	沪股通：567只	深股通：880只
	港股通：318只	港股通：417只

2018年，沪深港通积极推动和促成了国际市场主要指数纳入A股，吸引了大量国际投资者进入内地股票市场。近年来，港交所与内地交易所伙伴和业界紧密合作，不断完善互联互通机制，推出了针对机构投资者的特别独立户口，取消了总额度限制并提升每日额度，对北向通提供实时货银对付结算服务，推出了北向通投资者标识符等。2021年1月，沪深交易所发布了新修订的《上海证券交易所沪港通业务实施办法》和《深圳证券交易所深港通业务实施办法》，进一步优化互联互通机制，扩大沪深港通股票范围。自2021年2月1日起，属于上证180、上证380指数成分股及A+H股公司的A股及科创板股票正式纳入沪股通股票范围；科创板上市A+H股公司的H股及深交所上市A+H股公司的H股正式纳入港股通股票范围，12家科创板企业纳入沪股通股票范围。2021年6月又有11只科创板股票纳入沪股通。

随着两地投资者对中国内地与中国香港股票市场互联互通机制了解的加深，沪港通与深港通的成交规模稳步增长，跨境持仓总额屡创新高，为两地股票市场注入了新的活力。2021年11月17日沪港通迎来7周年，根据香港证券交易所提供的数据，截至2021年11月10日，沪股通和深股通2021年以来日均成交额已达1222.6亿元人民币，比去年同期上涨35%；港股通 2021 年以来日均成交额已达 440.6 亿港元，比去年同期上涨 87%。沪股通和深股通累计成交额达 64 万亿元人民币，累计 1.5 万亿元人民币净流入内地股票市场。投资者通过沪股通和深股通持有的内地股票总额不断增长，由 2014 年底的 865 亿元人民币激增至 2021 年 11 月 10 日的 2.6 万亿元人民币，沪深港通成为中外投资者跨境资产配置的主渠道。沪深港通不但帮助了中国投资者进行多元化的海外资产配置，也方便了国际投资者通过可靠、高效、便利的渠道投资内地市场。

8.1.4　债券通

债券通是内地与香港债券市场互联互通的合作机制，指境内外投资者通过香港与内地债券市场基础设施机构连接，买卖香港与内地债券市场交易流通债券的机制安排，包括"北向通"和"南向通"。"北向通"是指境外投资者经由香港与内地基础设施机构之间在交易、托管、结算等方面互联互通的机制安排，投资于内地银行间债券市场。2017 年 7 月 3 日 "北向通"开通，境内外投资者通过"北向通"可实现在香港买卖内地债券的目的。"北向通"开通 4 年多来累计成交量为 12.3 万亿元人民币，带动境外投资者以超 40% 的年均增速增持内地债券，全球前 100 大资产管理机构已有78 家参与其中。2021 年 9 月 24 日，"南向通"上线，标志着"债券通"实现了双向通车，我国金融市场双向开放再获稳步推进。符合中国人民银行要求的境内投资者可以通过"南向通"投资在境外发行并在香港市场交易流通的债券。"南向通"首批内地投资者暂定为中国人民银行 2020 年度公开市场业务一级交易商中的 41 家银行类金融机构（不含非银行类金融机构与农村金融机构）。合格境内机构投资者（QDII）和人民币合格境内机构投资者（RQDII）可以通过"南向通"开展境外债券投资，交易对手方暂定为香港金融管理局指定的"南向通"做市商。目前"南向通"年度总额度为5000 亿元等值人民币，每日额度为 200 亿元等值人民币。

8.1.5　粤港澳大湾区跨境理财通试点

2021 年 9 月 10 日，由中国人民银行广州分行、深圳市中心支行，中国银行保险监督管理委员会广东监管局、深圳监管局，中国证券监督管理委员会广东监管局、深圳监管局共同起草的《粤港澳大湾区"跨境理财通"业务试点实施细则》正式公布。

"跨境理财通"是指粤港澳大湾区内地和港澳投资者通过区内银行体系建立的闭环式资金管道,跨境投资对方银行销售的合格投资产品或理财产品。"跨境理财通"分为"北向通"和"南向通"。"南向通"产品是指内地投资者通过"跨境理财通"购买的,发行主体在香港和澳门的产品,包括基金、债券和存款等中低风险且非复杂的产品。"北向通"产品是指香港和澳门投资者通过"跨境理财通"购买的,发行主体在内地的产品,包括理财产品和公募基金。"跨境理财通"推出后,内地大湾区的居民可直接投资"南向通"产品,包括香港、澳门特区政府金管局发行的外汇基金债券、当地银行推出的定期存款、当地基金公司发行的基金等,投资范围更广阔。"跨境理财通"业务均使用人民币进行跨境资金划转,资金兑换在离岸市场完成。由于资金结算均使用人民币,因此不占用个人的外汇额度。

"跨境理财通"业务试点的开展依托互联互通在股票和债券市场的成功实践,将金融市场开放延伸到客户覆盖面更广的银行理财产品,粤港澳三地居民个人的投资产品得以丰富,个人投资便利化和跨境人民币资金双向流动得到加强,继沪港通、深港通、债券通、基金互认等渠道之后,人民币资本项目跨境流动增加了新的资金循环渠道,对促进人民币境外投放与回流的动态均衡具有积极意义。截至 2022 年 2 月末,跨境理财通内地试点银行进一步扩容至 27 家。

8.2　人民币汇市与股市联动的研究文献

"沪港通"不仅有利于打通境内资金投资境外市场的投资渠道,更有利于打通香港人民币离岸市场中沉淀已久的大量人民币资金的回流渠道,活跃了香港离岸人民币资金池的"体外循环",实现了两地资本市场的双向开放与融合(郑国姣、杨来科,2015)。沪深港通的资金流动会受到汇率波动、股票价格波动及其他因素的影响。当汇率升值时,人民币资产吸引力上升,权益资产定价受到支撑;权益资产价格上行时,跨市场交易增加,汇率也受到支撑。贬值的过程则正好相反。之前关于汇率与股价联动关系的研究文献多一般关注一国国内或不同国家之间外汇市场与股票市场的联动关系,分析一国离岸与在岸市场汇率与股价联动关系的文献则较为鲜见。

关于中国股票市场与外汇市场之间的联动研究,巴曙松、严敏(2009)和张艾莲、靳雨佳(2020)研究发现中国股票市场与外汇市场间存在显著的波动溢出效应，然而关于两者的长期均衡关系却存在不同的结论。邓燊、杨朝军（2007），张兵等（2008）等研究认为 2005 年"7·21 汇改"后，中国股市与汇市之间存在长期稳定的协整关系，而巴曙松、严敏（2009）得出的结论却与此相反，没有发现股价与汇率之间存在长期均衡关系。

在资本市场对外开放的背景下，沪港通、深港通作为中国香港和内地证券交易所股票市场的互联互通机制，直接影响了两地股票市场的联动效应，人民币离岸市场和在岸市场之间呈现出新的关系。目前关于沪深港通对金融市场影响的研究成果，主要集中于研究沪深港通对两地股票市场联动效应的影响，或者对某一单一市场的影响（方艳等，2016；王莹，2017；贺晓博，2020；许从宝，2020 等）。方艳等（2016）运用 t - Copula - aDCC-GARCH 模型分析沪港通推出前后沪、深、港、美 4 个市场间的联动效应变化情况及相关断点，进而探讨"沪港通"的推出是否会促进我国资本市场的国际化进程。结果表明 4 个市场间确实存在动态相依性，但沪港通的推出对这种动态相依性的增强作用不大。王莹（2017）以沪港通开启为分界点，选取人民币在岸即期和远期汇率、离岸即期和远期汇率作为变量，运用格兰杰因果检验和 BEKK-GARCH 模型比较沪港通开启前后两地人民币外汇市场的联动关系变化，最终发现沪港通增进了两地外汇市场的相互关联，其中对两地人民币即期市场间的联动影响尤为显著。贺晓博（2020）指出债券通和股票通的实施可以促进离岸和在岸的汇率差异缩小，促进了离岸和在岸市场利率差异收窄，以及促进离岸和在岸衍生品价格一致。许从宝等（2020）研究发现人民币汇率贬值对沪股通资金净流入和上证 50 指数均产生了显著负向影响，即人民币汇率波动是影响沪股通资金流动和内地股市运行的一个重要因素。

沪深港通是推动我国资本项目可兑换和人民币国际化的重要改革。沪深港通北向资金和南向资金对沪深股市和香港股市的影响有目共睹，本章拟采取沪深港通条件下，离岸、在岸外汇市场与股票市场的联动性作为研究对象，回答以下问题：沪深港通推出一段时期后，中国香港和内地外汇市场与股票市场的联动效应如何？这对监管层和投资者都有重要意义。如果在岸外汇市场的影响力较强，那么调控在岸市场发挥政策效果会明显一些；如果离岸外汇市场的影响增强，则会使中央银行宏观调控的独立性减弱。对投资者而言，可以利用两个市场的互动关系来提前判断机会，进而规避风险。

8.3 研究方法与指标选择

8.3.1 研究方法

金融市场中的"联动效应"主要涉及收益率和波动率。对两个不同的市场来说，如果两个市场具有良好的联动性，则表现为两个市场的收益率或波动率的变化能够互相影响，并且能够快速和有效地发挥正向作用；如果是两个市场不具有联动性，处于市场分割的状态，则两个市场之间的信息传递受阻，一个市场的收益率或波动率的变化难以传递到另一个市场，并造成另一个市场收益率或波动率的变化。金融市场的"联动效应"既可以发生在不同类型的金融市场之间（如股票市场与外汇市场之间、现货市场与期货市场之间等），也可以发生在不同国家或地区的金融市场之间（如本章所关注的人民币在岸市场与香港人民币离岸市场之间）。金融市场之间的联动主要体现在均值溢出与动态相关关系，同时估计均值溢出效应和动态相关关系有利于完整地解释两个不同市场的联动关系。因此本书应用 SVAR 模型和 DCC-GRACH 模型分别研究 4 个市场之间的均值溢出效应与动态相关关系。

1. SVAR 模型

VAR 模型用来预测分析具有联系的时间序列中存在扰动与自身信息错漏的现象，解释经济变量之间的溢出效应。VAR 模型虽然在均值溢出效应研究方面获得广泛的应用，但是 VAR 模型没有包含内生变量的当期值，当期关系隐藏在误差项中无法解释。而在 VAR 模型基础上改进的 SVAR 模型不但包含了内生变量的当期关系，而且根据现实中的经济理论对模型进行结构型冲击约束，具备了现实的经济意义，因此我们使用 SVAR 模型研究内地与香港股票、外汇 4 个市场之间的均值溢出效应。

2. DCC-GARCH 模型

传统的 GARCH 模型是建立在 ARCH 模型基础之上的。ARCH 模型由 Engel（1982）建立，随后被广泛应用于金融领域，以刻画金融收益率序列的波动性聚集现象。在 ARCH 模型的基础上，Bollerslev（1986）进行了扩展，构建起 GARCH 模型。但是 GARCH 模型只能处理单一金融序列，无法刻画不同序列之间的关联性。针对这一问题，Engle（2002）提出 DCC-GARCH（动态条件相关多变量广义自回归条件异方差）模型，拓展了 Bollerslev（1990）提出的 CCC-GARCH 模型，认为观测序列的波动具有异方差性，跟前期波动大小相关且随着时间的变动而改变，这种假设条件能够很好地解释外汇市场和股票市场收益率波动丛聚效应、尖峰厚尾等特征，动态相关系数的估计也比静态相关系数更加稳健，因此本书应用 DCC-GARCH 模型进行两地股票市场与外汇市场之间的动态相关关系研究，更有利于捕捉在岸、离岸股汇市场间相关系数时变的特性。DCC-GARCH 模型分为两个步骤：第一步是给每个时间序列建立 GARCH 模型，第二步是利用第一步建立的 GARCH 模型计算得到的残差来估计动态相关系数 DCC。

本书采用 DCC 模型来捕捉金融序列之间的动态相关性。DCC 模型的建立首先要对所考察的序列进行 GARCH（1,1）模型拟合，得到残差 ε_t 和条件方差 h_t，进而得到标准化残差 $\widetilde{\varepsilon}_t$。

DCC 模型对条件相关系数矩阵进行建模，根据协方差矩阵定义［见 Engel（2002）］可进行如下分解。

$$H_t = D_t R_t D_t \tag{8-1}$$

其中，R_t 是条件相关系数矩阵，D_t 是条件方差对角阵，R_t、D_t 的具体估算过程通过构建式（8-2）和式（8-3）进行，公式如下。

$$R_t = diag(Q_t)^{-\frac{1}{2}} Q_t diag(Q_t)^{-\frac{1}{2}} \tag{8-2}$$

Q_t 为标准化残差的无条件相关矩阵。

$$Q_t = (1-\gamma_1-\gamma_2)S + \gamma_1 \widetilde{\varepsilon}_{1,t-1}\widetilde{\varepsilon}_{2,t-1} + \gamma_2 Q_{t-1} \tag{8-3}$$

其中，$\widetilde{\varepsilon}_{1,t-1}$ 和 $\widetilde{\varepsilon}_{2,t-1}$ 是经过标准化的残差序列，S 是标准化残差序列的无条件协方差矩阵，Q_t 是标准化残差序列的条件协方差矩阵，γ_1 为标准化无条件协方差系数，γ_2 为条件协方差矩阵系数。

8.3.2　指标选择

在岸和离岸市场的人民币外汇交易均以人民币兑美元交易为主。香港市场人民币兑美元外汇成交量占人民币外汇交易量的 98%，对港币和其他货币交易各占 1%。我们选取香港离岸市场直接标价法人民币兑美元即期汇率（CNH）、在岸汇率选择直接标价法人民币兑美元即期汇率（CNY），沪深港股通涉及沪、深两个市场的成分股，在岸股指选择沪深 300 指数（HS300）；港股通的交易标的主要是恒生指数的成分股，离岸市场股指选择

恒生指数（HS）。沪港通和深港通机制分别于 2014 年 11 月 17 日、2016 年
12 月 5 日启动，且沪港通的成交规模基本上高于同期的深港通，所以本章
研究的样本期间从 2014 年 11 月 17 日至 2021 年 6 月 30 日，考虑到中国内
地和香港的节假日不一致，两地股市开闭市时间也不相同，故只选取中国
内地和香港同时开市指数收盘价的日度数据，一共 1565 组数据，数据来源
于 Wind 数据库。由于模型要求数据是平稳的，我们对以上 4 个变量的数据
序列进行对数收益率的处理，收益率公式 Ri，t＝ln（Pi，t/Pi，t-1）×100。
4 个变量的收益率变动图如图 8-2 所示。

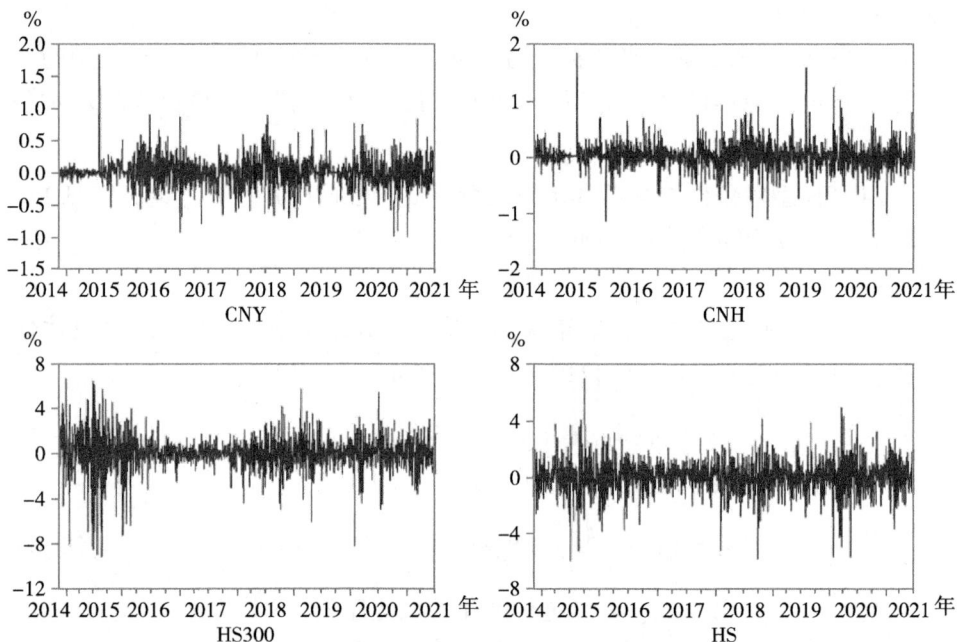

图 8-2　4 个变量的收益率变动图

　　沪深港通开通后成为两地投资者拓宽资本配置渠道，对冲人民币贬值
需求的重要渠道。2015 年"8·11 汇改"后，人民币汇率开启双向波动周
期，对沪深港通机制下的资金流动产生了一定的影响，为了考察"8·11 汇
改"是否对中国内地和香港股汇市场间的溢出效应产生显著影响，本章拟
以"8·11 汇改"为时间节点，对"8·11 汇改"前后的市场均值溢出效应
进行对比。

8.4　均值溢出的实证分析

8.4.1　变量的描述性统计分析

表 8-3 列出了 4 个变量收益率数据的描述性统计结果。从表 8-3 可以看出，沪深港通开通以来，离岸人民币即期汇率的贬值压力高于在岸，虽然离岸人民币即期汇率的波动幅度略低于在岸，但是从极值来看，离岸人民币汇率的波动区间要大于在岸。CNY、CNH 和 HS 三个序列的偏度为负值，说明这三个序列分布为左偏态。HS300 的偏度为正值，说明这个序列分布为右偏态。HS300 的峰度大于 3，表明 HS300 序列具有"尖峰厚尾"特征。在运用 DCC-GARCH 模型之前，需要对残差序列 ARCH 效应检验，本章采用了 ARCH-LM 检验法。在 1% 的显著水平下，残差序列的 P 值均为 0，拒绝原假设，说明变量的残差序列存在 ARCH 效应，具有波动率聚散现象，适合使用 GARCH 模型进行建模。

表 8-3　变量的描述性统计结果

项目	CNY	CNH	HS300	HS
均值	6.6474	6.6597	3857.049	25822.19
中位数	6.6676	6.6685	3766.282	26062.56
最大值	7.1316	7.1791	5807.719	33154.12
最小值	6.1079	6.1195	2537.099	18542.15
标准差	0.2842	0.2717	633.0948	2998.551
偏度	-0.3063	-0.1246	0.9010	-0.1705
峰度	2.1096	1.9197	3.1492	2.3334
JB 统计量	76.1582	80.1470	213.2149	36.5602
P 值	0.0000	0.0000	0.0000	0.0000
ARCH-LM 的 P 值	0.0000	0.0000	0.0000	0.0000

从图 8-3 可以看出，2015 年的"8·11 汇改"以来，在岸和离岸人民币兑美元即期汇率的汇差呈收窄的趋势，两地汇率市场的联动效应日益增强。

图 8-3　在岸汇率 CNY 和离岸汇率 CNH 走势（2014 年 11 月 17 日—2020 年 11 月 17 日）
（资料来源：Wind 数据库）

从图 8-4 可以看出，沪港通开通后，沪深 300 指数和恒生指数的走势也开始趋同，说明随着资金在两地流动的放开，成交额连年创历史新高，内地和香港股市的联动性开始显现，沪深港通的顺利实施促进了内地和香港股票市场的相互融合。

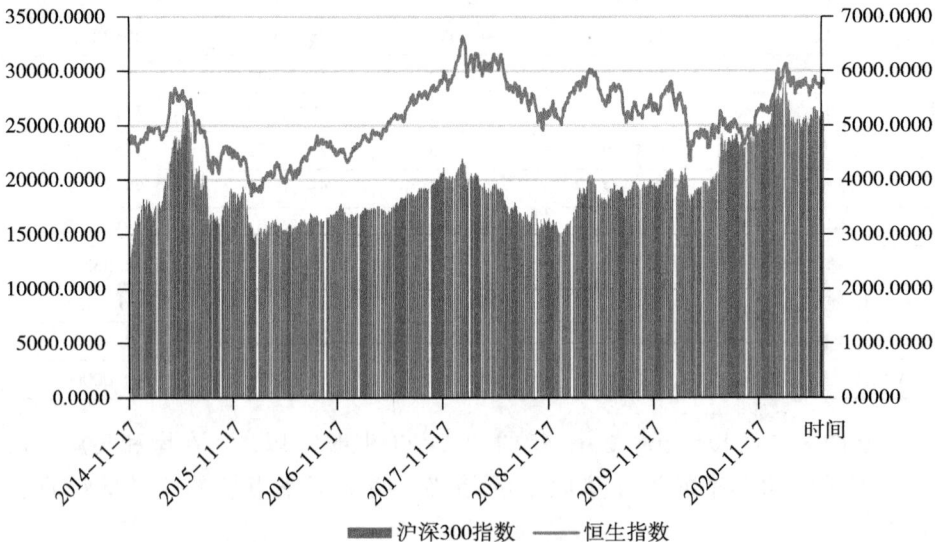

图 8-4　沪深 300 指数和恒生指数走势（2014 年 11 月 17 日—2020 年 11 月 17 日）
（资料来源：Wind 数据库）

8.4.2　平稳性检验

一般地，进入 VAR 模型中的变量形式要求是平稳序列，否则非平稳变量进入模型，会导致模型本身不稳定，出现伪回归现象。在分析离岸、在岸人民币汇率与股指这 4 个时间序列的相互影响关系之前，需要进行平稳性检验，本章采用 ADF 单位根检验法，如表 8-4 所示，在岸人民币汇率、离岸人民币汇率、在岸股市和离岸股市均为平稳序列。从表 8-4 可以看出，所有序列的 ADF 值都小于 1% 置信水平下的临界值，说明序列都是平稳的。

表 8-4　平稳性检验

序列	ADF 值	Prob.*	结论
CNY	-35.4630	0.0000	平稳
CNH	-39.2257	0.0000	平稳
HS300	-38.2774	0.0000	平稳
HS	-40.2061	0.0000	平稳

8.4.3　"8·11汇改"前股汇市场的均值溢出效应

1. 单位根检验

由于 4 个时间序列都是非正态分布，内生变量个数为 k，最大滞后阶数为 p，则共有 kp 个根，设置最大滞后阶数为 0，AR 根检验结果显示所有单位根的模小于 1，因此满足稳定性条件，如表 8-5 所示。

表 8-5　"8·11汇改"前最优滞后阶数结果

lag	LogL	LR	FPE	AIC	SC	HQ
0	2704.139	NA*	2.26e-19*	-31.58058*	-31.50709*	-31.55076*
1	2709.630	10.66135	2.56e-19	-31.45767	-31.09022	-31.30857
2	2717.675	15.24333	2.81e-19	-31.36463	-30.70322	-31.09626
3	2729.287	21.45780	2.96e-19	-31.31330	-30.35794	-30.92566

注："*"表示在该信息准则下最优滞后阶数。

根据 LR、FPE、AIC、SC 和 HQ 信息准则，沪港通开通后，"8·11汇改"前（2014 年 11 月 17 日至 2015 年 8 月 11 日）构建的 SVAR 模型最优滞后阶数为 0。

2. 模型参数估计

在此基础上估计施加了长期约束的 4 变量 SVAR 模型，用 AB 型矩阵模式表示短期约束。假定约束 A 为主对角元素是 1 的下三角矩阵，B 为对角矩阵，对于 k＝4 个变量的 SVAR 模型，其矩阵模式可定义为如下公式。

$$
A = \begin{pmatrix} 1 & 0 & 0 & 0 \\ NA & 1 & 0 & 0 \\ NA & NA & 1 & 0 \\ NA & NA & NA & 1 \end{pmatrix}, \quad B = \begin{pmatrix} NA & 0 & 0 & 0 \\ 0 & NA & 0 & 0 \\ 0 & 0 & NA & 0 \\ 0 & 0 & 0 & NA \end{pmatrix}
$$

AB 型矩阵的估计结果如下。

$$
A = \begin{pmatrix} 1 & 0 & 0 & 0 \\ -0.9428 & 1 & 0 & 0 \\ 0.5610 & -0.4048 & 1 & 0 \\ 0.4247 & -0.3584 & -0.2548 & 1 \end{pmatrix},
$$

$$
B = \begin{pmatrix} 0.0015 & 0 & 0 & 0 \\ 0 & 0.0012 & 0 & 0 \\ 0 & 0 & 0.0262 & 0 \\ 0 & 0 & 0 & 0.0101 \end{pmatrix}
$$

3. 脉冲响应函数分析

SVAR 模型重点关注的是脉冲响应函数分析，在估计了施加长期约束的 SVAR 模型后，我们求解各变量对结构性冲击的脉冲响应。脉冲响应函数的建立可以用来检验变量之间的动态相关关系。其检验原理为给变量间一个标准差的冲击，观察变量对于冲击的未来与当前值的变化轨迹。脉冲响应分析可以直白地描述变量间的动态相互关系，并在接受冲击的动态反应当中分析变量间的时滞关系。

图 8-5 表示"8·11 汇改"前汇率的一个标准方差结构冲击对股市的影响，横轴代表日数（结构冲击在 1 日时发生），纵轴代表响应系数，实线代表脉冲响应函数值，虚线代表正负两倍标准差偏离带。2015 年"8·11 汇改"前，在岸汇率 CNY 的一个标准方差结构冲击对沪深 300 指数在前 4 期都是负响应，在第 3 日达到峰值-0.0045，与在岸人民币升值、沪深指数上涨（在岸人民币贬值、沪深指数下跌）的理论预期一致。离岸汇率 CNH 的一个标准方差结构冲击对沪深 300 指数的影响不稳定，第 1、3、4 期为正响应，第 2、5、6 期为负响应，除第 2 期的响应值高于在岸汇率 CNY 外，其他期间均远小于在岸汇率。在岸汇率 CNY 的一个标准方差结构冲击对恒生

指数在前 5 期都是负响应，在第 3 日达到峰值-0.0015，说明在岸人民币升值会利好香港恒生指数的走势，在岸人民币贬值也会拖累香港恒生指数下跌。离岸汇率 CNH 的一个标准方差结构冲击对恒生指数的影响不稳定，第 1、3、5 期为正响应，第 2、4、6 期为负响应，负响应值在第 2 日达到峰值-0.0016，正响应值在第 1 日达到峰值 0.0005。

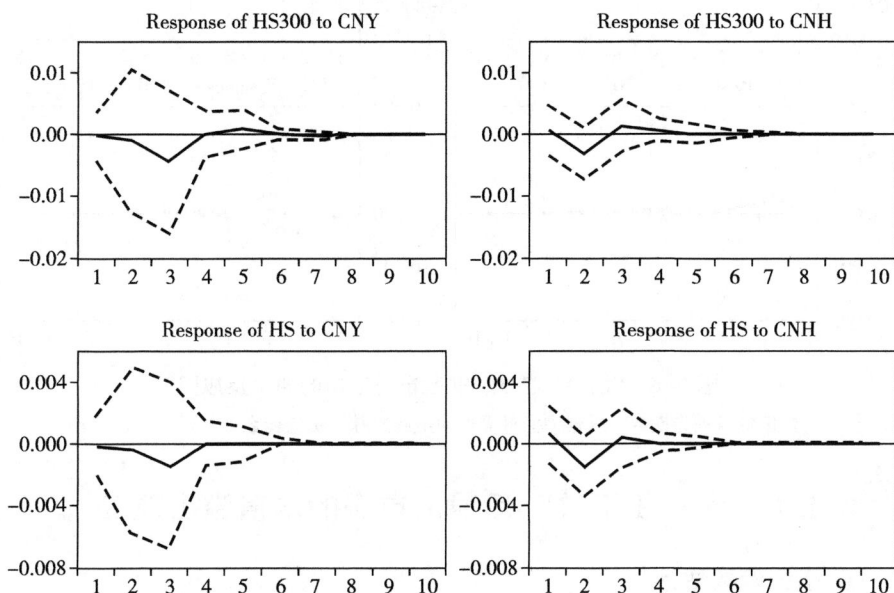

图 8-5　"8·11 汇改"前汇市对股市的冲击反应图

图 8-6 表示"8·11 汇改"前股市收益率的一个标准方差结构冲击对汇率的影响。沪深 300 指数和恒生指数第 1 期对在岸汇率 CNY 和离岸汇率 CNH 的影响均为 0。沪深 300 指数对在岸汇率 CNY 和离岸汇率 CNH 在第 2~3 期均为正响应，第 4~5 期则均为负响应。恒生指数对离岸汇率 CNH 和在岸汇率 CNY 在第 2、4 期均为负响应，第 3、5 期均为正响应，从响应系数值来看，异地股汇两市的均值溢出效应明显小于本地股汇两市，且均在第 2 期响应值达到峰值 0.0002（沪深 300 指数对 CNH）和-0.0001（恒生对 CNY）。相比汇市对股市的均值溢出效应，股市对汇市的均值溢出效应要小很多，说明股市走强提振人民币汇率的效应并不明显。异地股汇两市短期内均值溢出效应很弱且不稳定，一定程度上也受制于 2015 年"8·11 汇改"前沪港通成交量很低的影响，当时沪港通的日均成交金额不足 30 亿元。

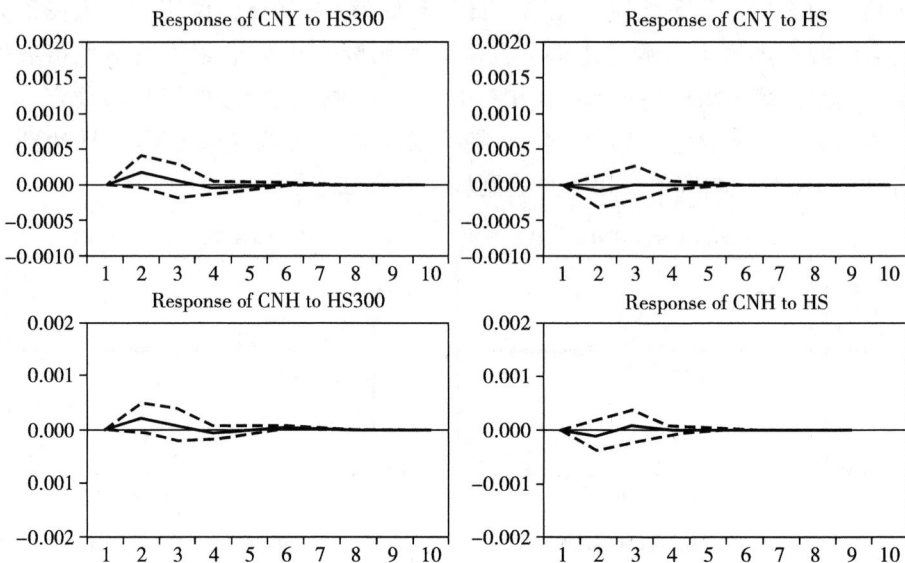

图 8-6 "8·11 汇改"前股市对汇市的冲击反应图

注：坐标轴横轴为期数，纵轴为变量受到冲击后的脉冲响应函数。

8.4.4 "8·11汇改"后股汇市场的均值溢出效应

1. 模型参数估计

表 8-6 "8·11汇改"后最优滞后阶数结果

lag	LogL	LR	FPE	AIC	SC	HQ
0	21393.32	NA	5.06e−19	−30.77601	−30.76093	−30.77037
1	21832.25	874.6848	2.75e−19	−31.38453	−31.30917	−31.35635
2	21946.35	226.7259	2.39e−19	−31.52568	−31.39004*	−31.47496
3	21988.23	82.98312*	2.30e−19*	−31.56292*	−31.36700	−31.48966*

注："＊"表示在该信息准则下最优滞后阶数。

根据 LR、FPE、AIC 和 HQ 信息准则，"8·11汇改"后（2015年8月12日至2021年6月30日）构建的 SVAR 模型最优滞后阶数为3，如表8-6所示。我们构建一个4变量 SVAR 模型，用 AB 型矩阵模式表示短期约束。假定约束 A 为主对角元素是1的下三角矩阵，B 为对角矩阵，对于 k=4 个变量的 VAR 模型，其矩阵模式可定义为以下公式。

$$A = \begin{pmatrix} 1 & 0 & 0 & 0 \\ NA & 1 & 0 & 0 \\ NA & NA & 1 & 0 \\ NA & NA & NA & 1 \end{pmatrix}, \quad B = \begin{pmatrix} NA & 0 & 0 & 0 \\ 0 & NA & 0 & 0 \\ 0 & 0 & NA & 0 \\ 0 & 0 & 0 & NA \end{pmatrix}$$

AB 型矩阵的估计结果为以下公式。

$$A = \begin{pmatrix} 1 & 0 & 0 & 0 \\ -0.3769 & 1 & 0 & 0 \\ -0.2191 & 1.0961 & 1 & 0 \\ -0.1054 & 0.7570 & -0.5300 & 1 \end{pmatrix},$$

$$B = \begin{pmatrix} 0.0016 & 0 & 0 & 0 \\ 0 & 0.0024 & 0 & 0 \\ 0 & 0 & 0.0135 & 0 \\ 0 & 0 & 0 & 0.0091 \end{pmatrix}$$

2. 脉冲响应函数

从图 8-7 可以看出，2015 年"8·11 汇改"后，在岸汇率 CNY 和离岸汇率 CNH 对沪深 300 指数的影响当期均为负（人民币升值与股市上涨共存），其中离岸汇率 CNH 比在岸汇率 CNY 对沪深 300 指数的影响更为显著。第 2 期响应效应开始分化，在岸转为正向，离岸继续为负，但负向效应减弱。在岸汇率 CNY 和离岸汇率 CNH 对恒生指数的影响变得更加稳定，其中 CNY 和 CNH 前三期的影响都是负向，且当期影响最大，CNH 对恒生指数冲击的负向效应在当期最大为 -0.003，高于同期 CNY 的 -0.0005，说明"8·11 汇改"后离岸人民币升值会同时影响中国内地和香港股市的表现。

对比图 8-5 与图 8-7 可以看出，相比"8·11 汇改"前，汇改后在岸人民币兑美元即期汇率对沪深 300 指数和恒生指数的冲击反应减小，离岸人民币兑美元汇率对沪深 300 指数和恒生指数的冲击反应变大。图 8-5 和图 8-7 的对比表明"8·11 汇改"前后，汇率对股市的影响程度及影响形式均有所变化。

由图 8-8 可知，"8·11 汇改"后沪深 300 指数和恒生指数对在岸汇率 CNY 和离岸汇率 CNH 的第 1 期影响都为 0，但对 CNY 的负向效应从第 2 期持续至第 5 期，对 CNH 的负向效应较短，只持续至第 3 期，说明中国内地和香港股市走强对在岸汇率 CNY 的提振效应影响时长超过离岸汇率 CNH。

对比图 8-6 与图 8-8 可以看出，"8·11 汇改"前后，两地股指对在岸汇率 CNY 和离岸汇率 CNH 的第 1 期影响均为 0；虽然对离岸汇率 CNH 影响的持续时间更短，但是第 2~3 期离岸市场的影响系数要大于在岸市场。

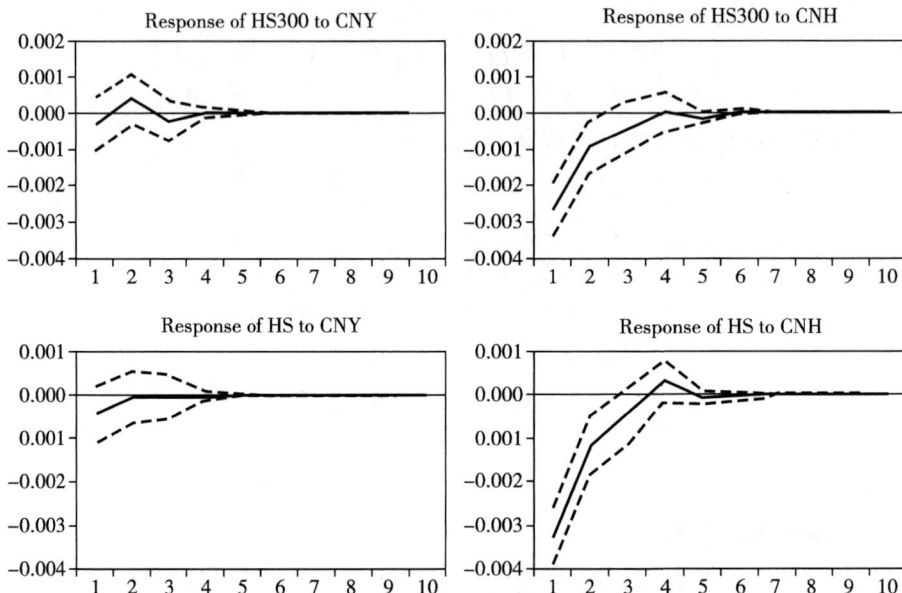

图 8-7 "8·11 汇改"后汇市对股市的冲击反应图

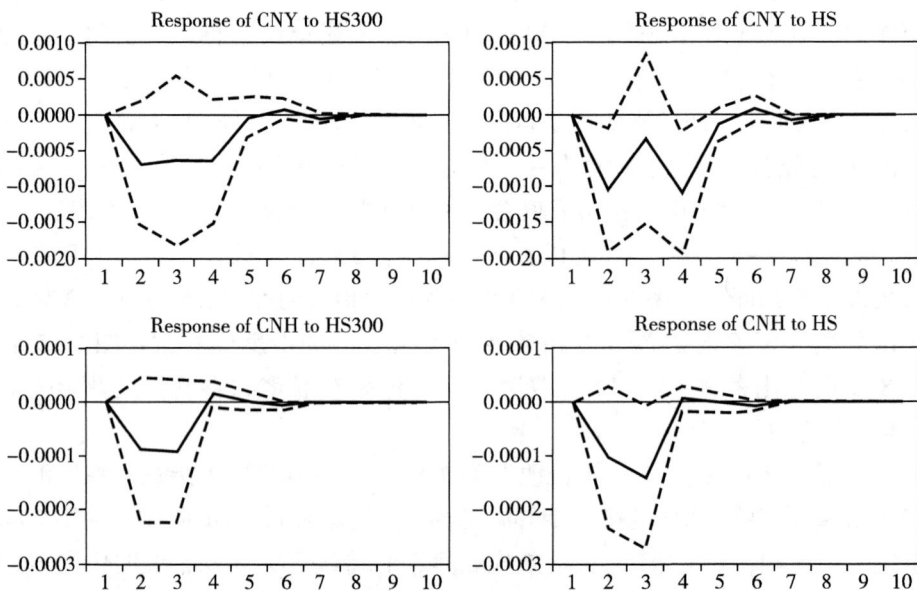

图 8-8 "8·11 汇改"后股市对汇市的冲击反应图

8.5　基于 DCC-GARCH 模型分析外汇市场与股票市场的关联度

8.5.1　基于单变量 GARCH（1,1）模型分析市场的波动性

众多实证研究结果均表明，GARCH（1,1）模型可以很好地刻画金融资产收益率的特征，我们直接构建单变量 GARCH（1,1）模型测算在岸、离岸外汇市场和股票市场的波动性。式（8-4）中，α 为 ARCH 项，其含义是滞后一期的残差平方对当期波动性影响的大小。α 值越大，说明残差平方的滞后期对当期波动性作用越大，即 α 值越大，表示对新信息的反应越敏感，反应速度越快；β 为 GARCH 项的系数，其含义是方差自身滞后一期对当期条件协方差的作用程度，即波动集聚效应，代表衰减系数；$\alpha + \beta$ 为市场记忆性对市场波动的影响，能够反映市场波动率的持久程度。$\alpha + \beta$ 值越接近 1，表明前期波动对当期条件方差的影响越持久，即波动的持续性越长。$\alpha + \beta$ 值越偏离 1，表明前期波动对当期条件方差的作用时间越短，即波动的持续性越短。模型参数估计结果如表 8-7 所示。

$$\sigma_t^2 = c + \alpha \varepsilon_{t-1}^2 + \beta \sigma_{t-1}^2 \qquad (8-4)$$

表 8-7　单变量 garch（1,1）模型参数估计结果

变量	c	α	β	$\alpha + \beta$
CNY	6.38E-07	0.1543	0.7243	0.8786
CNH	2.46E-06	0.2373	0.3732	0.6105
HS300	1.25E-06	0.0876	0.9123	0.9999
HS	2.98E-06	0.0564	0.9237	0.9802

由表 8-7 可知，在岸和离岸外汇市场、股票市场指标变量的 α 和 β 存在差异，从参数估计结果来看，外汇市场对信息的反应速度比较快，其中离岸市场更是快过在岸市场，股票市场中 A 股指数收益率的 $\alpha + \beta$ 值要稍大于恒生指数，表明当市场受到冲击时，沪深指数收益率的波动持续时间更长。股票市场 β 值要显著大于外汇市场，表明股票市场的衰减系数比较大，受当前信息的影响较大，同时 $\alpha + \beta$ 值均接近于 1，表明股市波动的持久性比较好，容易受宏观经济周期及外部冲击的影响。

8.5.2 基于 DCC-GARCH 模型分析外汇市场与股票市场的关联度

动态条件相关系数（DCC 系数）是测度不同市场之间收益率波动相关性的重要指标。我们通过 DCC 系数来判断外汇市场与股票市场动态相关性的强弱程度。动态条件相关系数的描述性统计如表 8-8 所示，在岸外汇市场与两个股市的 DCC 均值都低于离岸外汇市场与两个股市的 DCC 均值，说明离岸外汇市场对股市的影响大于在岸外汇市场。A 股与港股的动态相关系数均值为 0.61，说明两个市场的波动具有正相关性。以上分析显示，我国人民币在岸离岸汇率与 A 股指数和恒生指数之间的波动具有一定的联动性和传递性，如图 8-9 所示。

表 8-8 动态相关系数的描述性统计结果

系数	CNY_HS300	CNY_HS	CNH_HS300	CNH_HS	HS300_HS
均值	−0.0455	−0.1054	−0.1756	−0.2455	0.6112
中位数	−0.0412	−0.1053	−0.1724	−0.2451	0.6030
最大值	0.0746	−0.0283	0.0698	0.2238	0.7840
最小值	−0.1705	−0.9972	−0.6280	−0.7625	0.3869
标准差	0.0558	0.0253	0.0597	0.0873	0.0847
偏度	−0.2016	−27.9455	−1.0317	−0.2680	0.1215
峰度	2.3057	987.6017	9.8450	8.3621	2.0862

图 8-9 在岸人民币汇率和在岸股票市场动态条件相关系数图

长期来看，在岸人民币汇率与股市主要呈负相关，即人民币升值股市上涨，但特定时期股市与汇市也有可能正相关。例如，2016 年至 2018 年的部分时期，人民币兑美元汇率贬值，但 A 股却经历了一波上涨。从表 8-9 的结果可知，人民币汇率对股市的影响相对有限，所以虽存在短期内股市与汇市正相关的关系，但不能否认二者长期负相关的结论。

从图 8-10 可以看出，在岸人民币汇率与港股市场的动态相关系数一直为负数，只是在 2015 年 "8·11 汇改" 时对港股产生了较大负面影响。而图 8-11 显示离岸人民币汇率与在岸股票市场动态相关系数的均值为-0.1756，高于在岸人民币汇率与在岸股票市场动态相关系数的均值为-0.0455，可以看出离岸人民币汇率对在岸股票市场的影响比在岸汇率的影响更大。离岸人民币汇率由市场决定，能客观真实地反映投资者对中国前景的看法和人民币走势的预期，所以离岸人民币汇率与在岸股市的动态相关性更强。

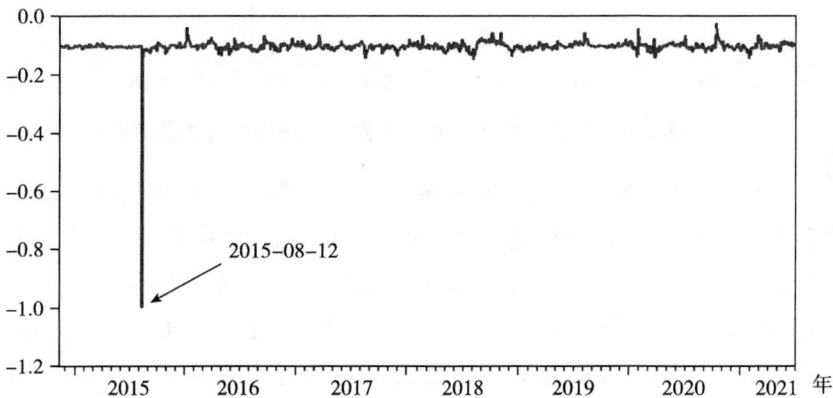

图 8-10　在岸人民币汇率和离岸股票市场动态条件相关系数图

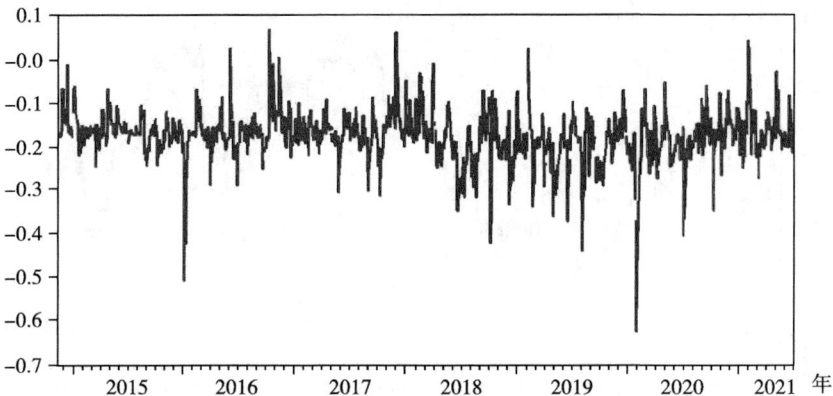

图 8-11　离岸人民币汇率和在岸股票市场动态条件相关系数图

从图 8-12 可以看出，离岸人民币汇率与香港恒生指数的动态相关性更强，二者动态相关系数的均值为-0.2455。当汇率变动引发投资者预期变化时，内地市场的有限开放导致跨境资金流动首先冲击中国香港股市，国际资本主要通过中国香港和内地资本市场间的互联互通机制进出内地股票市场，因此恒生指数受人民币兑美元汇率的影响相比沪深 300 指数更深刻。

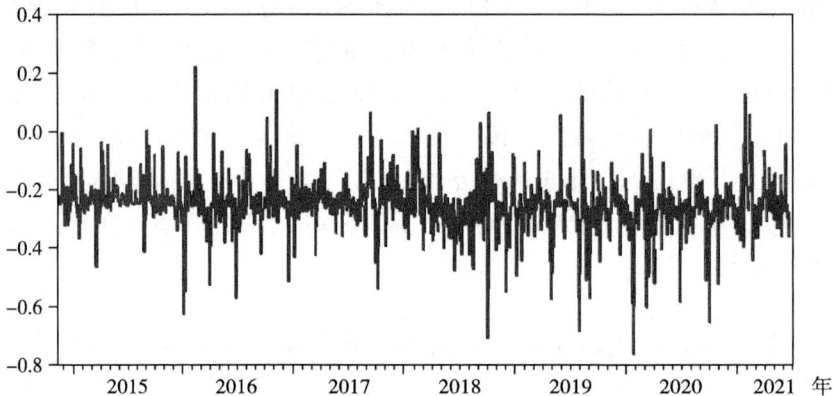

图 8-12　离岸人民币汇率和离岸股票市场动态条件相关系数图

从图 8-13 可以看出，在沪深港通开通后的整个样本期间内，动态条件相关系数全部是正值，意味着 A 股和港股市场之间存在较高程度的正相关，即上海（深圳）或香港股市如果出现波动，其波动将会迅速并且较大程度地影响另一个市场，从而使两者的波动率呈现出同向的动态关系。2017年开始，动态条件相关系数呈现明显的上涨趋势，受益于沪深港通交易规模的持续提升，北上和南下资金的相互流入带动了两个市场股指收益率的正相关（见图 8-14）。

图 8-13　在岸股票市场和离岸股票市场动态条件相关系数图

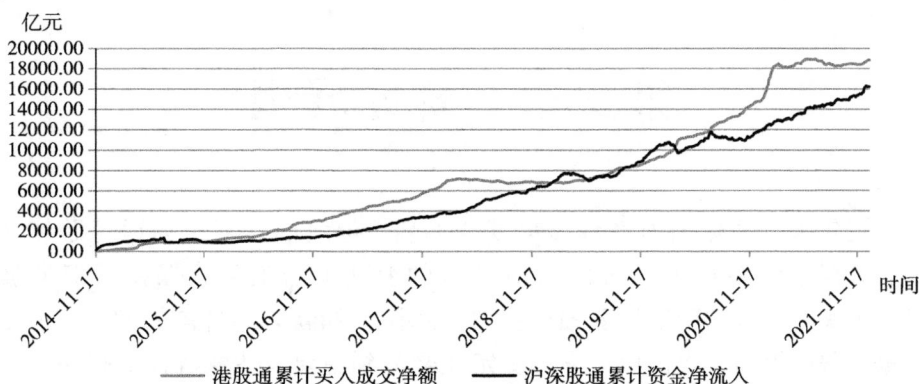

图 8-14　沪深港股通开通以来南下和北上资金的规模

（资料来源：Wind 数据库）

2020 年 7 月至 2021 年 1 月，沪深 300 指数和恒生指数的动态条件相关系数从 0.70 迅速降至 0.38 波动区间。主要是因为这段时期受新冠肺炎疫情影响，中国内地资金面偏宽松，推动 A 股指数上扬。但同期港股受到全球风险偏好回落，海外资金持续巨额流出的负面影响，虽然有南向资金流入的补充，但恒生指数仍在底部区间震荡。香港交易所公布的数据显示，截至 2021 年 11 月 10 日，北向沪股通和深股通 2021 年日均成交额已达1222.6亿元，同比上涨 35%；南向港股通 2021 年日均成交额已达 440.6 亿港元，同比上涨 87%。

8.6　研究结论

沪深港通作为国际资本进入中国内地、内地资本走向世界的双向管道，有效提升了中国内地与香港股票市场的联动效应。2015 年 "8·11 汇改" 前，在岸人民币升值无论是对沪深 300 指数还是对恒生指数均会产生利好，但离岸人民币汇率的变动对两地股市的影响均不稳定；2015 年 "8·11 汇改" 后，离岸汇率对沪深 300 指数和恒生指数的冲击反应变大，而在岸汇率对沪深 300 指数和恒生指数的冲击反应减小。

在岸外汇市场与两个股市的动态条件相关系数均值都低于离岸外汇市场与两个股市的动态条件相关系数均值，说明样本期内沪深港通条件下人民币离岸市场对股市的影响大于在岸市场，A 股和港股市场之间存在较高程度的正相关，两地股市的波动率也呈现出正向联动性。

第 9 章　研究展望

近年来，国际国内经济形势复杂多变，但我国外汇市场运行总体平稳，人民币汇率在不同阶段适应形势的变化有升有贬，保持了双向波动，人民币汇率的稳健性要强于主要发达国家和新兴经济体的货币。但是未来一段时期内，人民币汇率的稳定还会受到主要发达经济体实行缩减抗疫紧急购债计划（Pandemic Emergency Purchase Programme，PEPP）下购债规模的影响。虽然美联储和欧洲中央银行在这轮货币政策调整时都注重了市场沟通和预期引导，但对人民币市场的溢出影响不可避免，国际金融市场动荡对我国的外溢将成为主要的风险点。

影响汇率波动的因素较多，市场化趋势下汇率双向波动既是常态也是必然。短期内外汇市场供求关系和国际金融环境变化会导致汇率偏离均衡水平，但从中长期来看，一国经济的发展状况会对汇率的短期偏离进行纠偏，因而人民币的坚挺与否，最根本的影响因素还是中国经济的基本面。根据"巴拉萨——萨缪尔森"效应假说（Balassa-Samuelson Hypothesis，BSH），实体经济的增长会引起本国实际汇率的升值，即使存在暂时的货币"超发"，币值高估的现象，也会随着经济发展而被吸收。尽管未来新冠肺炎疫情等不确定因素可能会继续存在，但全球经济从疫情中逐步恢复仍是大趋势，国内经济稳中向好的基本面长期来看不会改变，这将继续支持中国外汇市场稳健运行。

货币国际化往往伴随资本项目自由化。人民币在资本项目尚未完全开放条件下的国际化，使离岸市场成为人民币国际化的重要平台。随着市场驱动，人民币国际化中影响力的上升和离岸人民币市场规模的扩大，离岸人民币市场汇率已经开始对在岸价格产生影响。根据国际清算银行的统计数据，国际货币的外汇交易主要发生在离岸市场，美元、欧元和日元的汇率主要由离岸市场决定而不是在岸市场来决定的。离岸金融市场的交易以非居民为主，香港离岸人民币市场的非居民主要是中国内地的机构，并且又是以中国内地为主要交易对手方，与第三国的交易较少。当前，中国香港离岸人民币市场与中国内地的跨境交易居多，与中国内地以外的国家和地区之间的人民币交易很少。直接投资和证券投资也基本与中国内地交易，这些都从侧面反映了目前香港离岸人民币的国际化程度还不够高。未来人民币的国际化还要依托中国日益强大的经济和金融实力在香港、"一带一路"沿线国家的基础上进一步对外延伸。

未来，中国资本市场双向开放有望进一步提速，在人民币离岸、在岸市场金融投资互联互通安排增多的前景下，会有更多、更广的境外投资者参与中国内地金融市场的投融资活动，人民币在岸与离岸金融市场的互动也会更加频繁。与此同时，跨境资本的双向流动也有利于促进人民币境内外的双循环，但跨境资本流动方向的易变性，会在一定程度上增加人民币汇率双向波动的幅度，甚至可能与汇率波动方向形成正反馈效应，使汇率波动发生超调。资本项目"完全自由可兑换"在现实中并不存在，因为没有哪个国家会放弃对资本项目的管控，特别是当本国经济和金融部门受到跨境资本流动冲击，发生严重国际收支失衡时。在全球流动性总量紧缩的预期下，如何在金融市场有序对外开放，人民币汇率形成机制更加市场化和人民币国际化逐步发展的条件下促进在岸、离岸金融市场形成良性互动，将是未来改革的一个重要目标。

参考文献

［1］巴晴．香港离岸市场在调整中前行［J］．中国外汇，2016（8）：22-25.

［2］巴曙松，严敏．股票价格与汇率之间的动态关系——基于中国市场的经验分析［J］．南开经济研究，2009（3）：46-62.

［3］白晓燕，王书颖．内地与香港人民币汇差的影响因素研究［J］．金融理论与实践，2018（7）：24-32.

［4］卜林，李政，张馨月．短期国际资本流动、人民币汇率和资产价格——基于有向无环图的分析［J］．经济评论，2015（1）：140-151.

［5］卜林，刘淇．境内外人民币利率联动关系研究——基于非线性 Granger 因果关系检验［J］．南开经济研究，2018（4）：53-66.

［6］卜林，贾妍妍，周远．人民币利率定价权存在旁落境外的风险吗？［J］．南开学报（哲学社会科学版），2018（4）：33-44.

［7］程海星，程思，朱满洲．汇率是中国股市波动的重要因素吗［J］．武汉金融，2016（2）：10-13.

［8］陈创练，姚树洁，郑挺国，欧璟华．利率市场化、汇率改制与国际资本流动的关系研究［J］．经济研究，2017（4）：64-77.

［9］陈雁云，赵惟．人民币汇率变动对股票市场的影响［J］．现代财经，2006（3）：17-20.

［10］邓数红．人民币离岸与在岸利率、汇率的联动关系研究［D］．广州：华南理工大学，2019.

［11］邓燊，杨朝军．汇率制度改革后中国股市与汇市关系：人民币名义汇率与上证综合指数的实证研究［J］．金融研究，2007（12）：55-64.

［12］鄂志寰，贺晓博，谭萌．离岸市场发展加速人民币国际化进程［J］．当代金融家，2021（7）：68-70.

［13］方国豪．人民币汇率波动与股市波动在各种时期的动态分析［J］．金融理论与教学，2016（6）：26-30.

［14］方艳，贺学会，刘凌，曹亚晖．"沪港通"实现了我国资本市场国际化的初衷吗？——基于多重结构断点和 t-Copula-aDCC-GARCH 模型的实证分析［J］．国际金融研究，2016（11）：76-86.

［15］高铁梅．计量经济分析方法与建模 EViews 应用及实例［M］．北京：清华大学出版社，2009.

［16］管涛．重归真正的有管理浮动——记 2005 年"7·21"汇改［J］．中国金融，2018（8）：19-22.

［17］管涛．"一波三折"的人民币汇率形成机制改革［J］．中国经济周刊，2019（9）：132-133.

［18］郭敏，贾君怡．人民币外汇市场稳定性管理——基于内地与香港人民币汇率价差的视角［J］．国际贸易问题，2016（1）：155-165.

［19］郭彦峰，黄登仕，魏宇．人民币汇率形成机制改革后的股价和汇率相关性研究［J］．管理学报，2008（1）：49-53.

［20］何诚颖，刘林，徐向阳，王占海．外汇市场干预、汇率变动与股票价格波动——基于投资者异质性的理论模型与实证研究［J］．经济研究，2013（10）：29-42.

［21］何青，甘静芸，刘舫舸，张策．逆周期因子决定了人民币汇率走势吗［J］．经济理论与经济管理，2018（5）：57-70.

［22］贺力平，马伟．人民币离岸市场利率波动的新解释［J］．金融论坛，2019（10）：3-14.

［23］贺晓波，郝颖．中国金融开放进程中货币替代的影响因素研究［J］．中央财经大学学报，2015（4）：43-51.

［24］贺晓博．人民币离岸和在岸市场的联动渠道［J］．中国金融，2020（7）：69-71.

［25］黄金老．论金融脆弱性［J］．金融研究，2001（3）：41-49.

［26］贾凯威．基于收益与波动外溢的股市与汇市关联性研究——来自 VAR（1）-MGARCH（1,1）-BEKK 的证据［J］．暨南学报（哲学社会科学版），2015（7）：143-154.

［27］贾彦乐，张怀洋，乔桂明．人民币在离岸汇差波动特征及影响因素研究［J］．新金融，2016（8）：21-27.

［28］姜波克，李心丹．货币替代的理论分析［J］．中国社会科学，1998（3）：30-40.

［29］蒋先玲，刘微，叶丙南．汇率预期对境外人民币需求的影响［J］．国际金融研究，2012（10）：68-75.

［30］焦宜清．人民币离岸市场对境内货币政策的影响研究［D］．南京：南京理工大学，2018.

［31］李成，郭哲宇，王瑞君．中国货币政策与股票市场溢出效应研究——基于VAR-GARCH-BEKK 模型［J］．北京理工大学学报（社会科学版），2014（4）：83-91.

［32］李成刚，李峰，赵光辉．货币政策规则对国际资本流动与人民币汇率的时变影响——基于 TVP-SV-VAR 模型的实证检验［J］．中国管理科学，2021（10）：35-46.

［33］李胜男，安然．系列十八：中国金融市场已经形成复杂联动关系［R］．《IMI研究动态》2017 年上半年合辑中国人民大学国际货币研究所专题资料汇编，2017（3）：166-173.

［34］李扬．离岸与在岸市场的联动关系［J］．中国金融，2014（21）：86.